엑셀 2010

Excel 2010

엑셀 2010

Contents

Excel 2010

Contents

렉스미디어 자료 다운로드 방법

렉스미디어 사이트(www.rexmedia.net)에 접속한 후 [자료실]–[대용량 자료실]을 클릭하면
렉스미디어 출판사에서 제공하는 자료를 다운로드 할 수 있습니다.

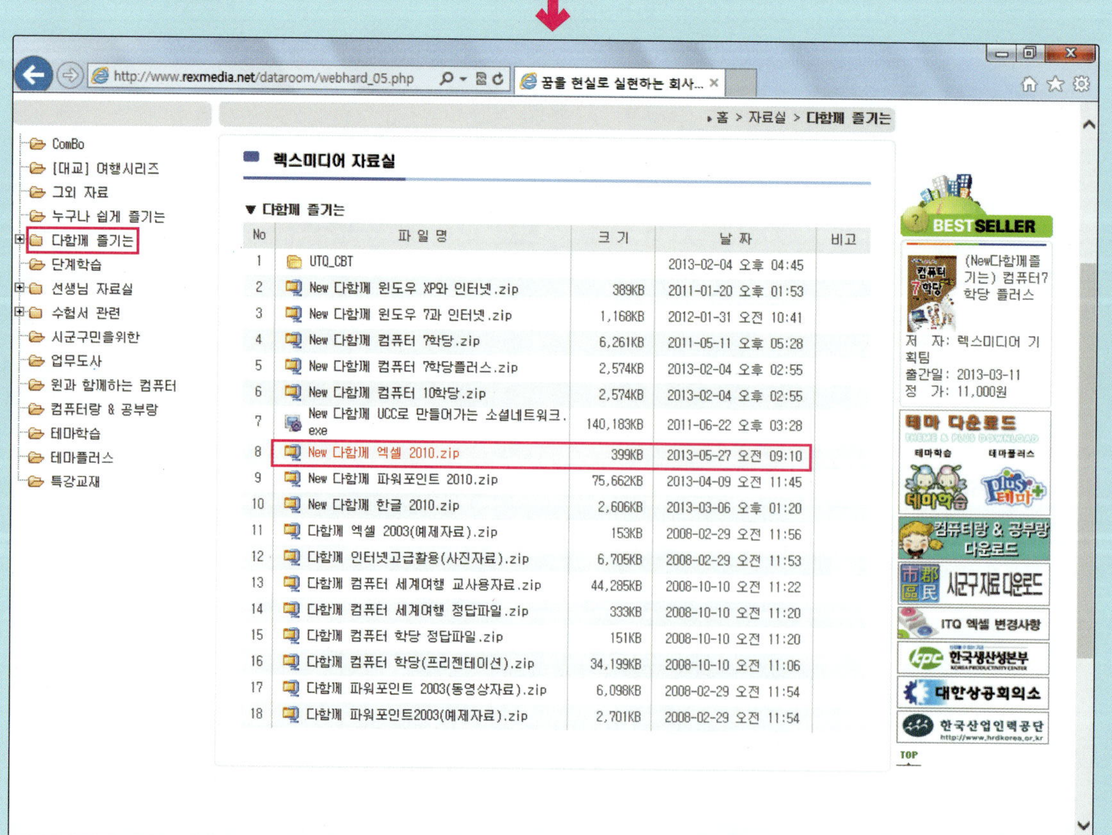

2010

Excel

엑셀 2010

엑셀 2010 화면 구성

Excel 2010

빠른 실행 도구 모음
자주 사용하는 명령을 빠르게 실행할 수 있도록 도구를 모아 놓은 곳입니다.

파일 탭
[파일] 탭을 클릭하면 백스테이지(Backstage) 보기로 전환됩니다. 백스테이지는 파일과 파일에 대한 데이터를 관리할 수 있는 곳입니다. 다시 기본 보기로 전환하려면 [홈], [삽입], [페이지 레이아웃] 등의 다른 탭을 클릭하면 됩니다.

리본 메뉴
메뉴와 도구 모음이 하나로 통합된 메뉴입니다. [홈], [삽입], [페이지 레이아웃] 등의 탭으로 구성되어 있고, 각 탭은 서로 관련 있는 명령들을 묶어서 표시한 그룹으로 구성되어 있습니다.

시트 탭
시트 이름이 표시되는 곳입니다. 시트 탭을 사용하여 시트 삽입, 시트 삭제, 시트 이름 바꾸기 등을 할 수 있습니다.

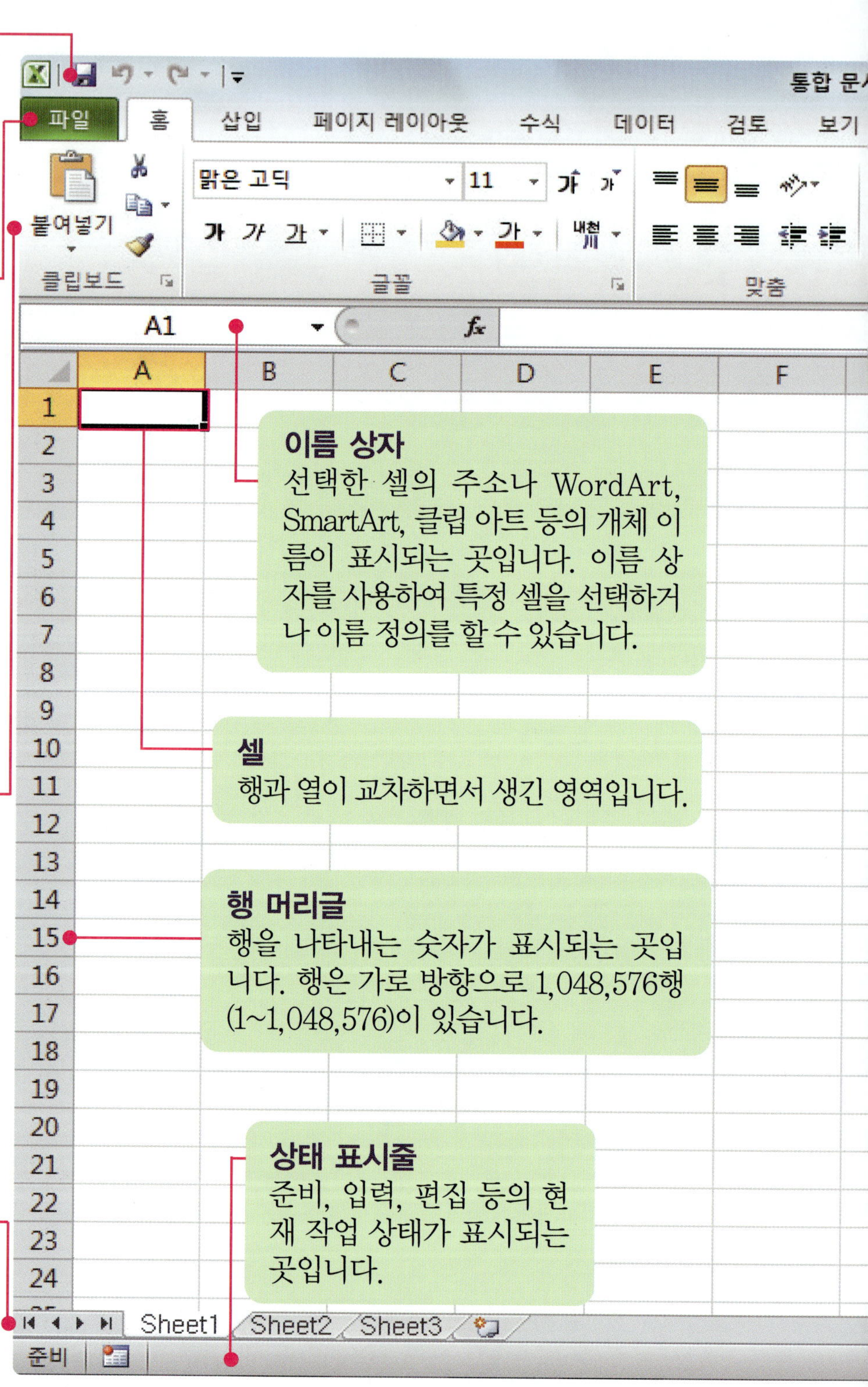

이름 상자
선택한 셀의 주소나 WordArt, SmartArt, 클립 아트 등의 개체 이름이 표시되는 곳입니다. 이름 상자를 사용하여 특정 셀을 선택하거나 이름 정의를 할 수 있습니다.

셀
행과 열이 교차하면서 생긴 영역입니다.

행 머리글
행을 나타내는 숫자가 표시되는 곳입니다. 행은 가로 방향으로 1,048,576행(1~1,048,576)이 있습니다.

상태 표시줄
준비, 입력, 편집 등의 현재 작업 상태가 표시되는 곳입니다.

엑셀 2010의 화면은 빠른 실행 도구 모음, 파일 탭, 리본 메뉴, 행 머리글, 열 머리글, 워크시트 등으로 구성되어 있습니다.

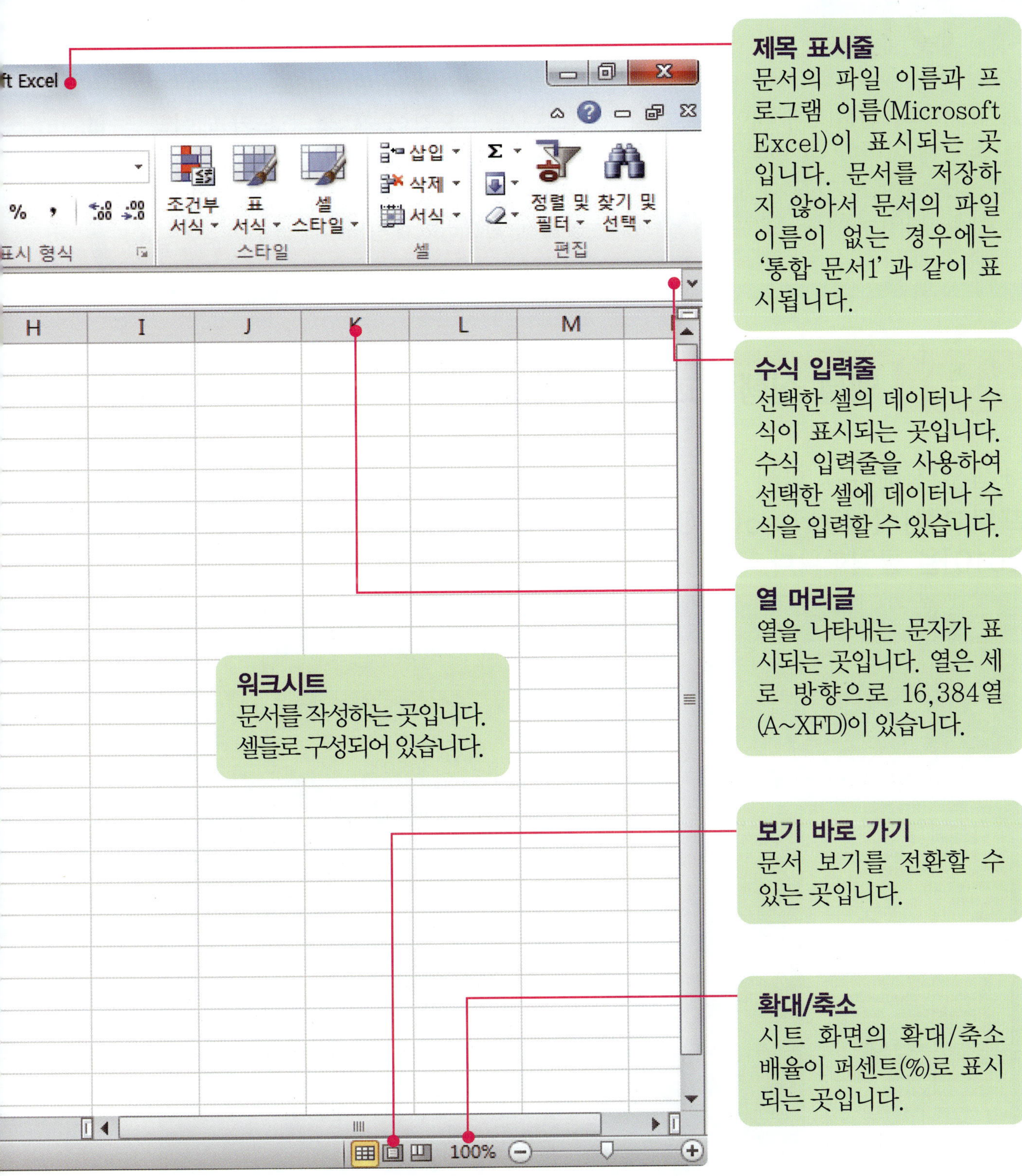

제목 표시줄
문서의 파일 이름과 프로그램 이름(Microsoft Excel)이 표시되는 곳입니다. 문서를 저장하지 않아서 문서의 파일 이름이 없는 경우에는 '통합 문서1'과 같이 표시됩니다.

수식 입력줄
선택한 셀의 데이터나 수식이 표시되는 곳입니다. 수식 입력줄을 사용하여 선택한 셀에 데이터나 수식을 입력할 수 있습니다.

열 머리글
열을 나타내는 문자가 표시되는 곳입니다. 열은 세로 방향으로 16,384열(A~XFD)이 있습니다.

워크시트
문서를 작성하는 곳입니다. 셀들로 구성되어 있습니다.

보기 바로 가기
문서 보기를 전환할 수 있는 곳입니다.

확대/축소
시트 화면의 확대/축소 배율이 퍼센트(%)로 표시되는 곳입니다.

엑셀 2010 시작하기

Chapter 01

계산 기능이 뛰어나서 매입매출장이나 거래명세서와 같이 표 형태로 된 데이터를 손쉽게 처리할 수 있는 프로그램을 '스프레드시트'라고 합니다. 엑셀은 스프레드시트 중에서 가장 대표적인 프로그램입니다. 엑셀을 사용하면 문서 작성, 차트 작성, 데이터 관리, 데이터 분석 등을 손쉽게 할 수 있습니다.

Step · 01 엑셀 실행하고 문서 작성하기

1 엑셀을 실행하기 위해 작업 표시줄에서 [시작] 단추를 클릭한 후 [모든 프로그램]-[Microsoft Office]를 클릭한 다음 [Microsoft Excel 2010]을 클릭합니다.

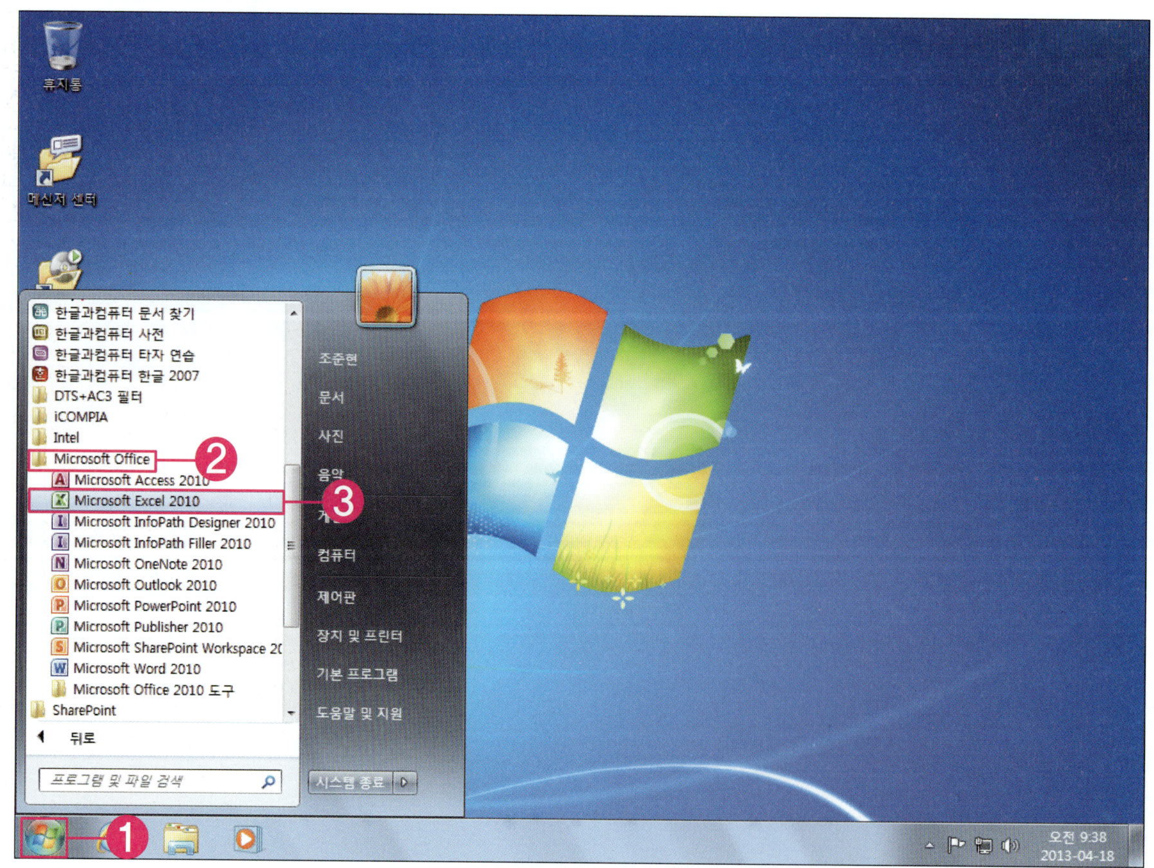

2 엑셀 화면이 나타나면 **B2셀을 선택**합니다.

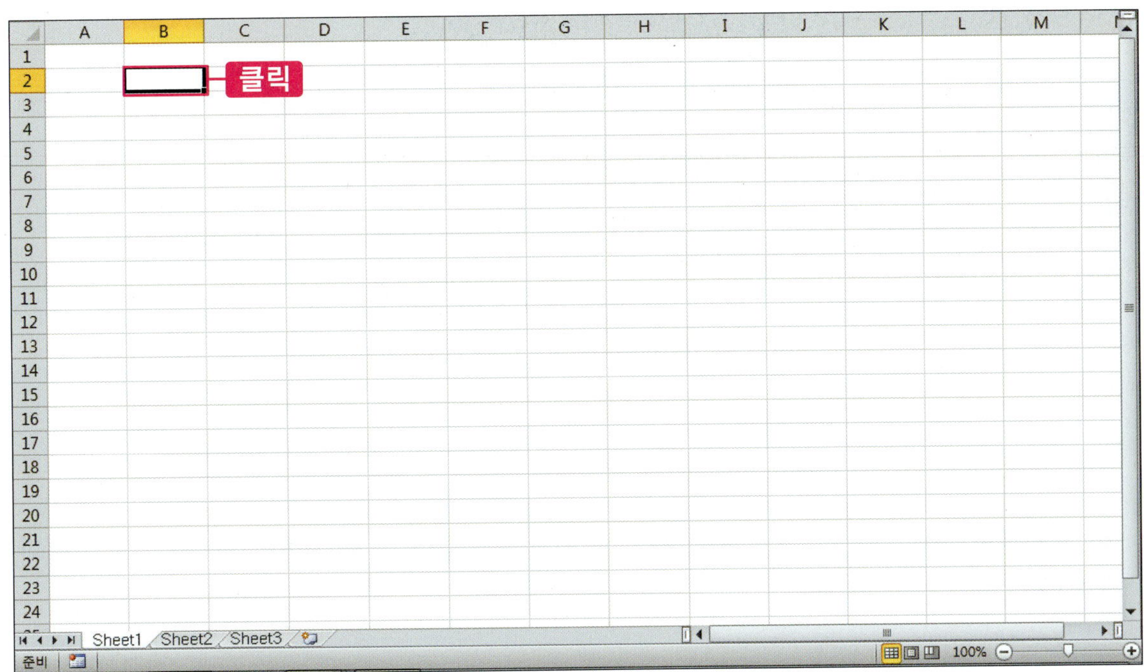

잠깐만요!

셀 선택하기

- **하나의 셀 선택** : 셀을 클릭합니다.
- **연속적인 셀 선택** : 셀 범위를 드래그하거나 첫 번째 셀을 선택한 후 Shift 를 누른 상태에서 마
지막 셀을 선택합니다.

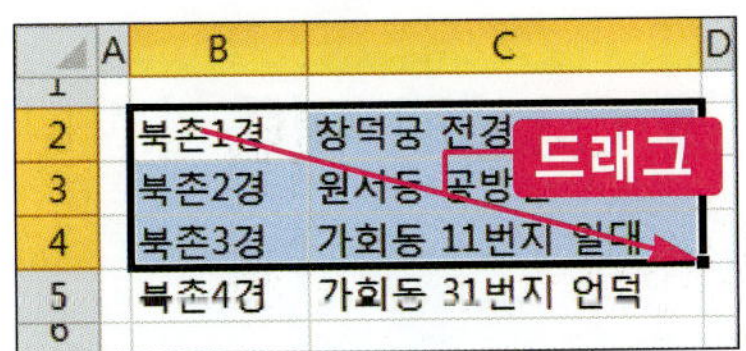

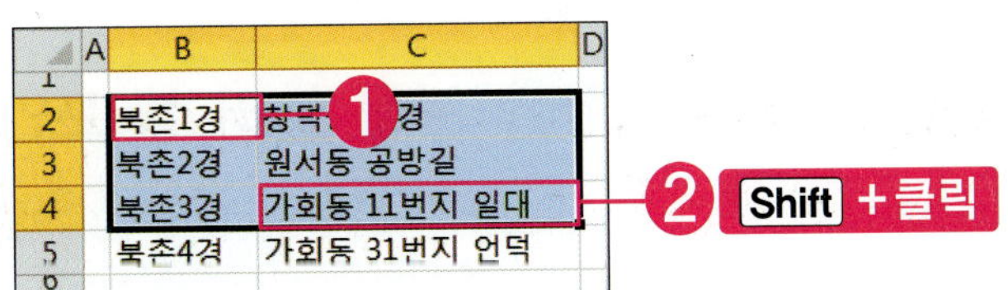

- **비연속적인 셀 선택** : 셀을 선택한 후 Ctrl 을 누른 상태에서 다른 셀을 선택합니다.

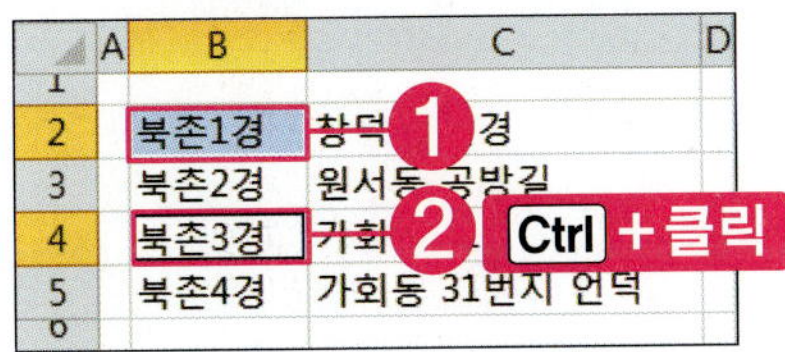

- **모든 셀 선택** : [모두 선택] 단추를 클릭하거나 Ctrl + A 를 누릅니다.

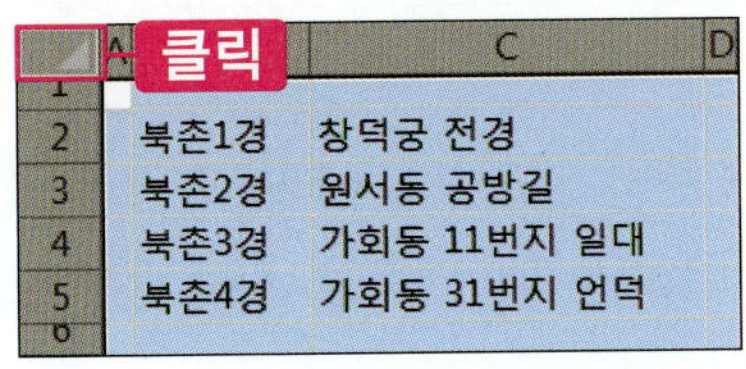

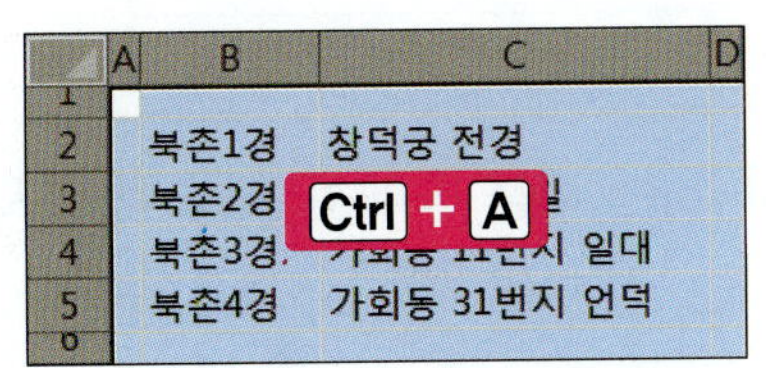

3 B2셀에 '북촌8경'을 입력한 후 Enter 를 눌러 셀 포인터를 B3셀로 이동시킵니다.

셀 포인터는 선택한 셀을 나타내는 것으로 셀의 테두리를 굵게 표시하여 선택하지 않은 셀과 구분합니다.

잠깐만요!

키보드를 사용하여 셀 포인터 이동하기

- ← / → / ↑ / ↓ : 왼쪽/오른쪽/위쪽/아래쪽으로 한 셀씩 이동시킵니다.
- Tab : 오른쪽으로 한 셀씩 이동시킵니다.
- Shift + Tab : 왼쪽으로 한 셀씩 이동시킵니다.
- Enter : 아래쪽으로 한 셀씩 이동시킵니다.
- Shift + Enter : 위쪽으로 한 셀씩 이동시킵니다.
- Ctrl + Home : A1셀로 이동시킵니다.
- Ctrl + End : 문서의 마지막 행, 마지막 열에 있는 셀로 이동시킵니다.

4 B3셀에 '북촌1경'을 입력한 후 → 를 눌러 셀 포인터를 C3셀로 이동시킵니다.

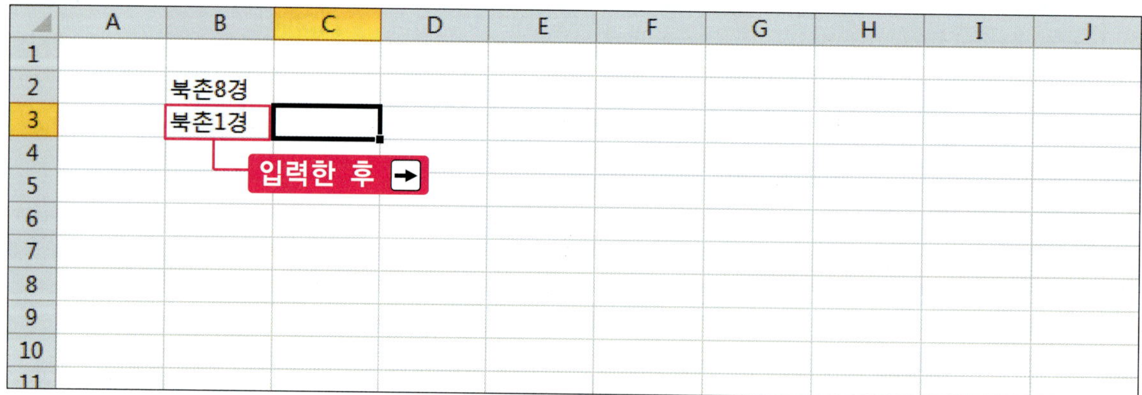

셀 내용을 자동 완성은 셀에 입력하는 내용 중에서 처음 몇 글자가 해당 열의 기존 내용과 일치하면 나머지 내용이 자동으로 입력되는 기능입니다. B3셀에 '북'을 입력하면 셀 내용을 자동 완성으로 인해 B2셀에 입력되어 있는 '북촌8경'이 나타나는데 무시하고 나머지 내용을 입력합니다.

5 같은 방법으로 **다음과 같이 데이터를 입력**합니다.

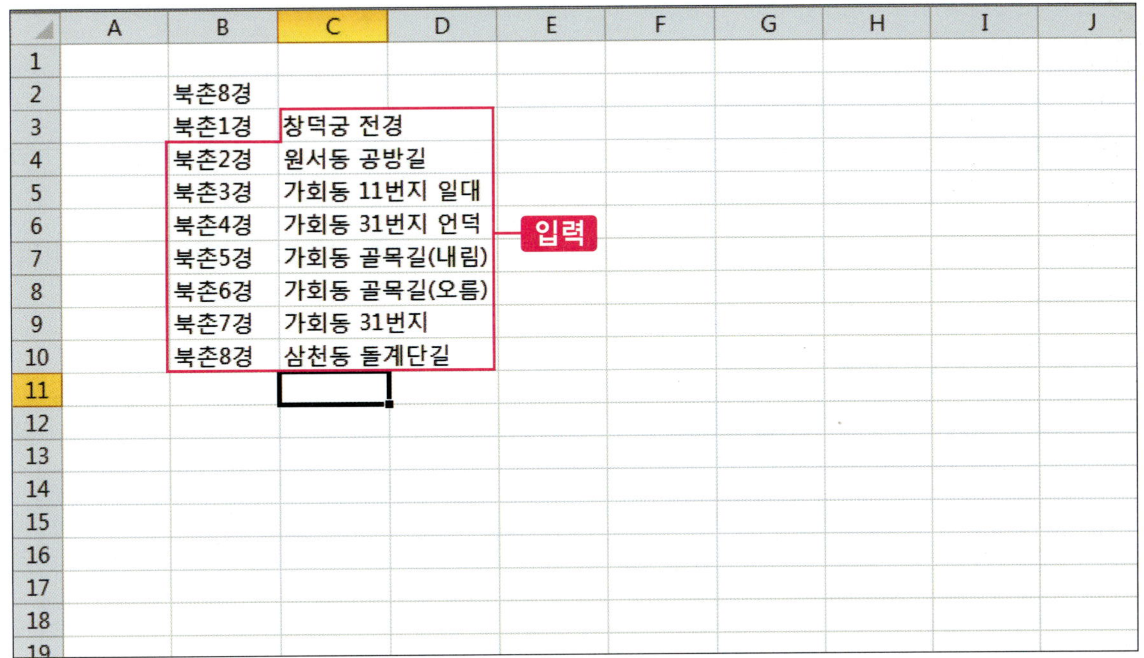

Tip

셀을 선택한 후 F2 를 누르거나 셀을 더블클릭하면 데이터를 수정할 수 있습니다.

6 A열 너비를 변경하기 위해 **A열 머리글을 선택**한 후 [홈] 탭-[셀] 그룹에서 **[서식]을 클릭**한 다음 **[열 너비]**를 클릭합니다.

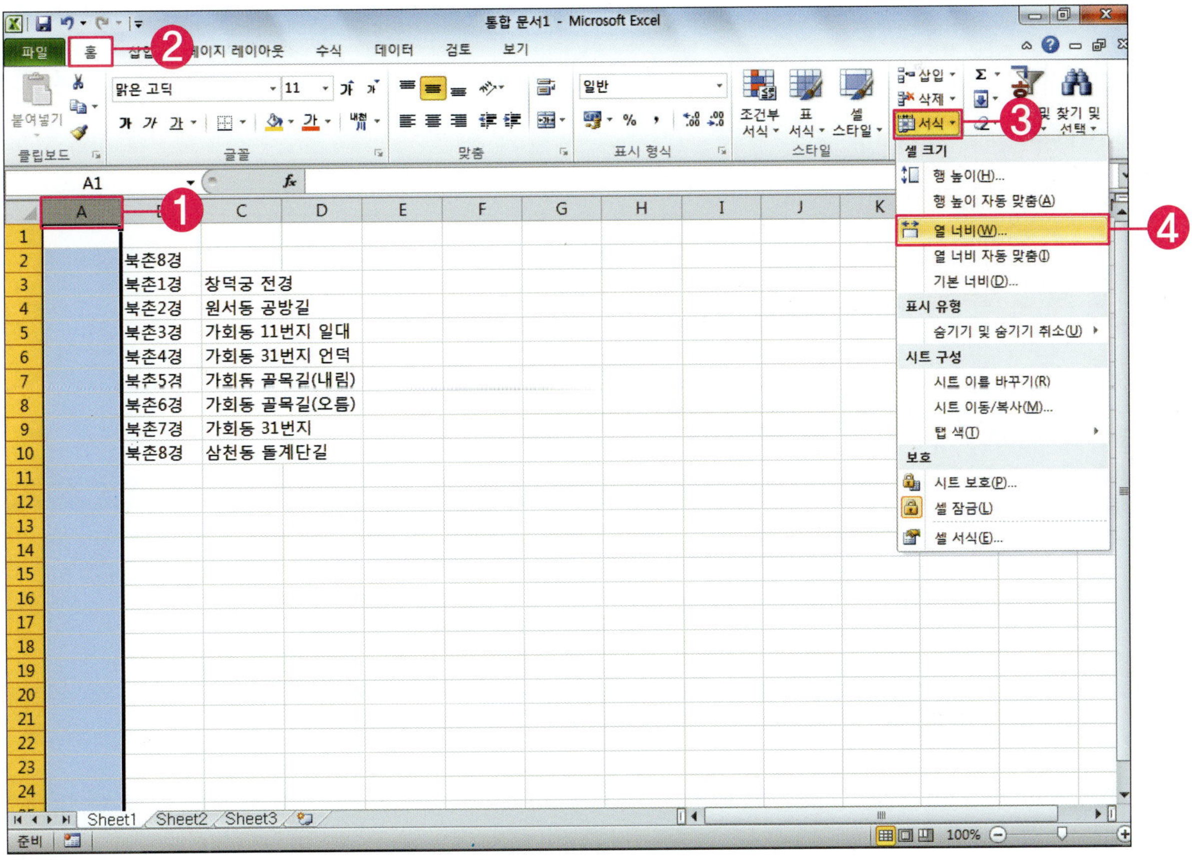

행/열 선택하기

- **하나의 행/열 선택** : 행/열 머리글을 클릭합니다.
- **연속적인 행/열 선택** : 행/열 머리글을 드래그하거나 첫 번째 행/열 머리글을 선택한 후 Shift 를 누른 상태에서 마지막 행/열 머리글을 선택합니다.
- **비연속적인 행/열 선택** : 행/열 머리글을 선택한 후 Ctrl 을 누른 상태에서 다른 행/열 머리글을 선택합니다.

열 너비를 변경하는 다른 방법

- **방법1** : 열 머리글의 경계선을 드래그합니다.

- **방법2** : 열 머리글을 선택한 후 [홈] 탭–[셀] 그룹에서 [서식]을 클릭한 다음 [열 너비 자동 맞춤]을 클릭하거나 열 머리글의 경계선을 더블클릭합니다. 이 방법을 사용하면 열 너비가 데이터에 맞게 변경됩니다.

7 [열 너비] 대화상자가 나타나면 **열 너비(1)를 입력**한 후 [확인] 단추를 클릭합니다.

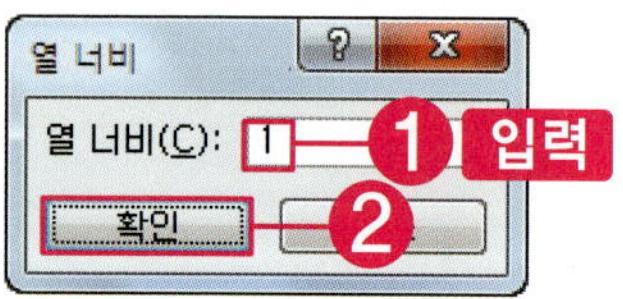

8 같은 방법으로 **C열 너비(19)를 변경**합니다.

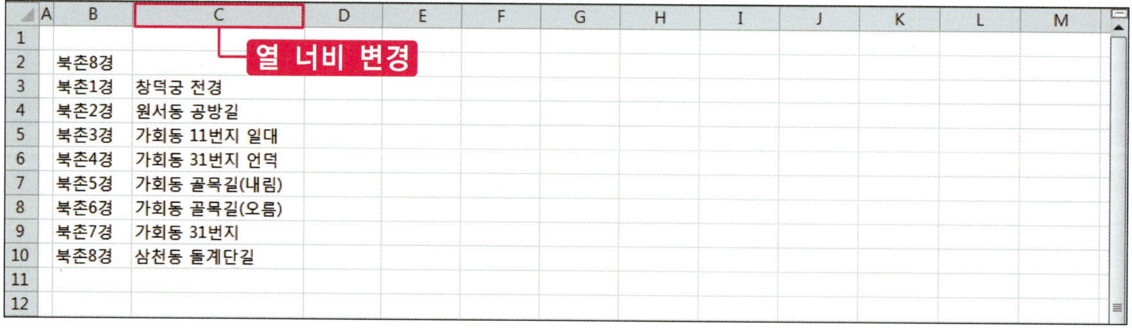

1 리본 메뉴를 최소화하기 위해 ⌃[리본 메뉴 최소화]를 클릭합니다.

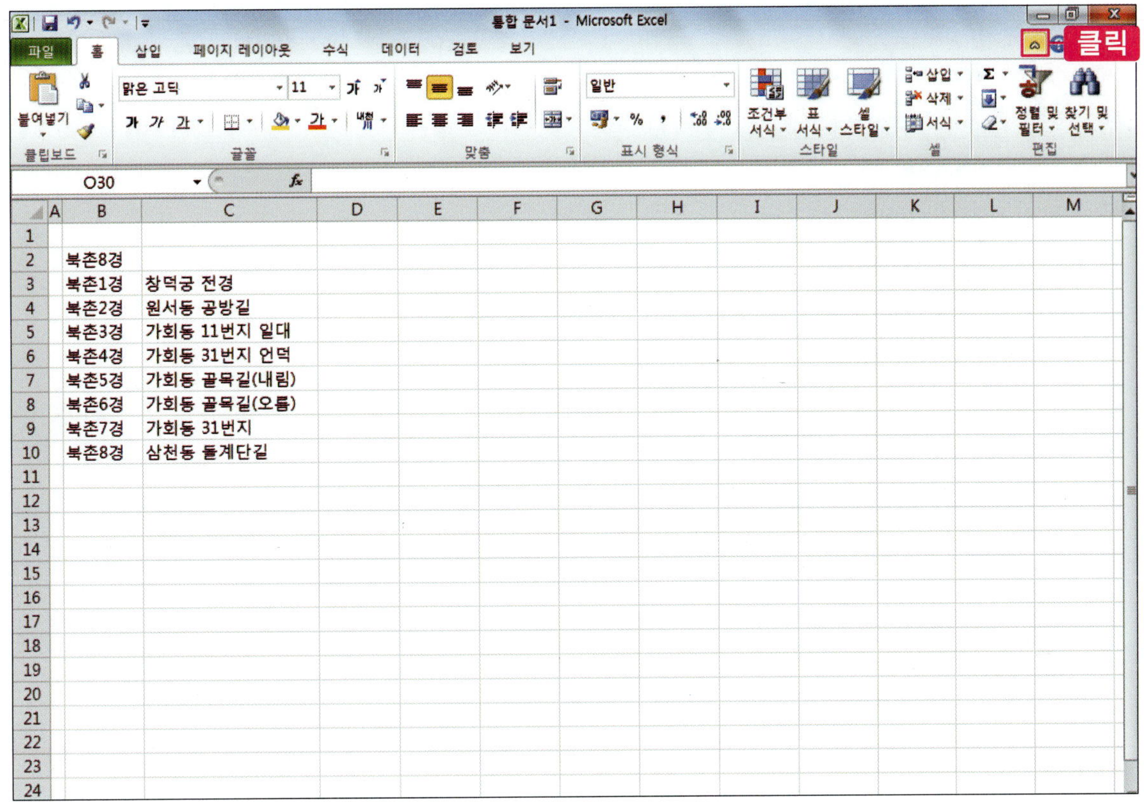

2 리본 메뉴가 최소화되면 리본 메뉴를 확장하기 위해 ⌄[리본 메뉴 확장]을 클릭합니다.

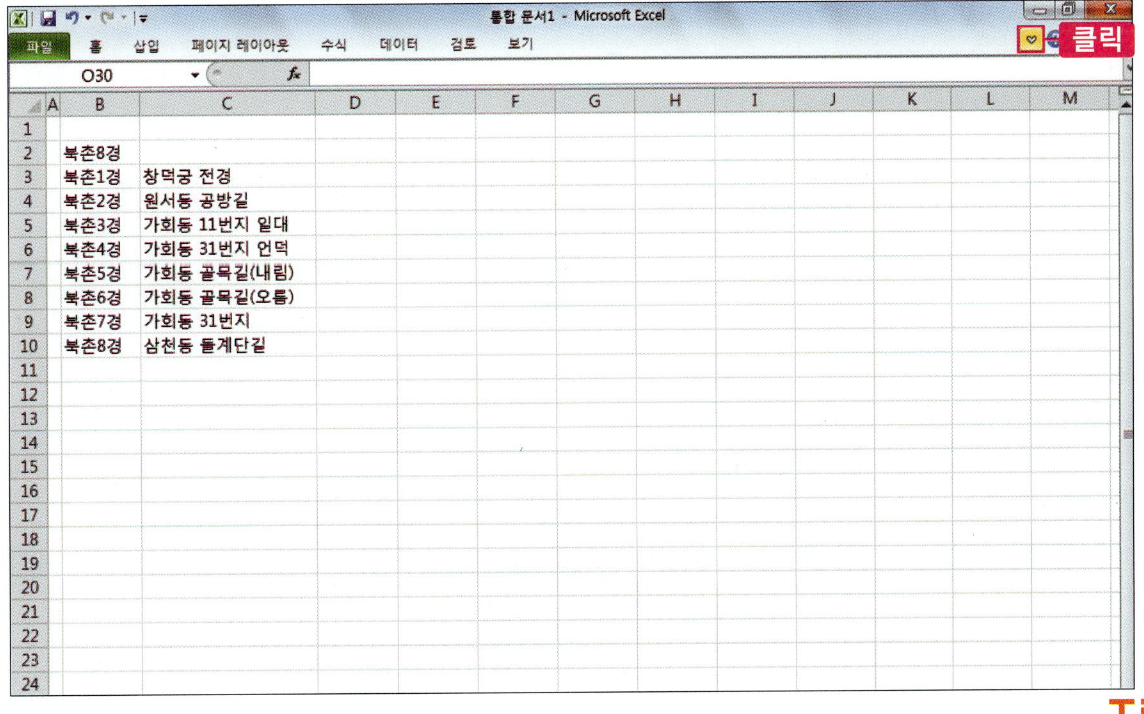

> **Tip**
>
> 리본 메뉴가 최소화되면 탭만 표시됩니다.

3 다음과 같이 리본 메뉴가 확장됩니다.

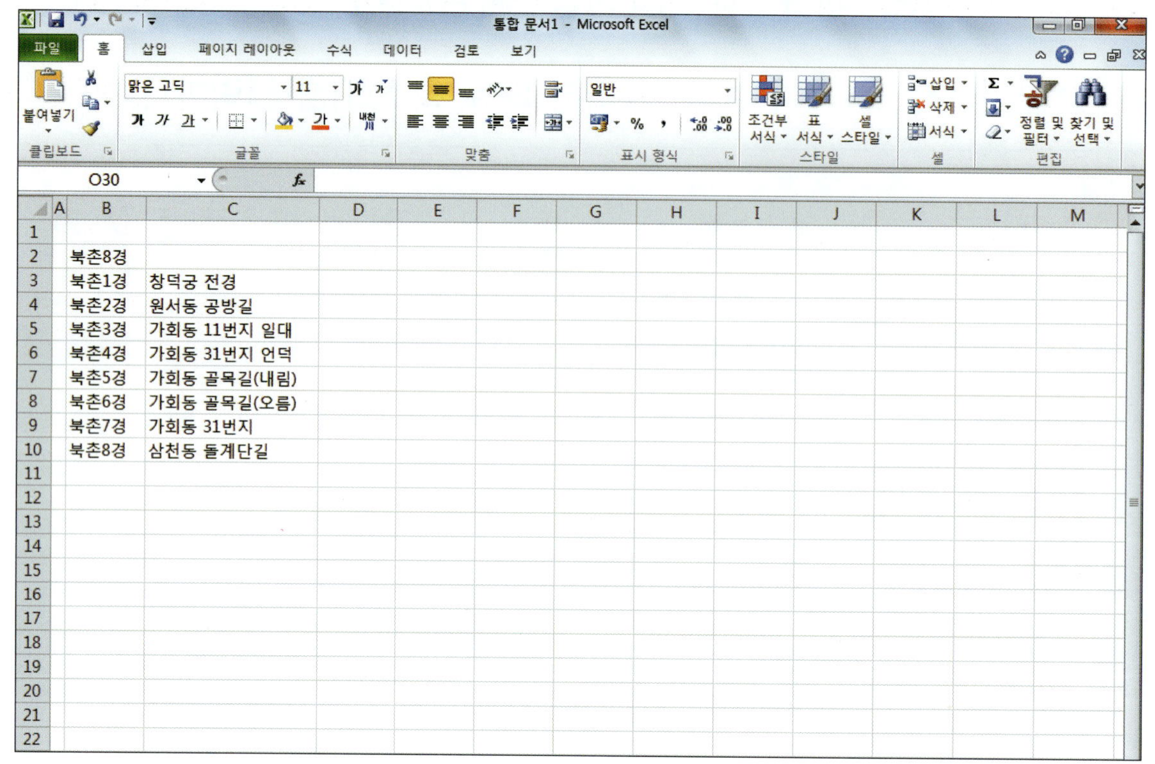

Tip

리본 메뉴가 확장되면 탭과 그룹이 모두 표시됩니다.

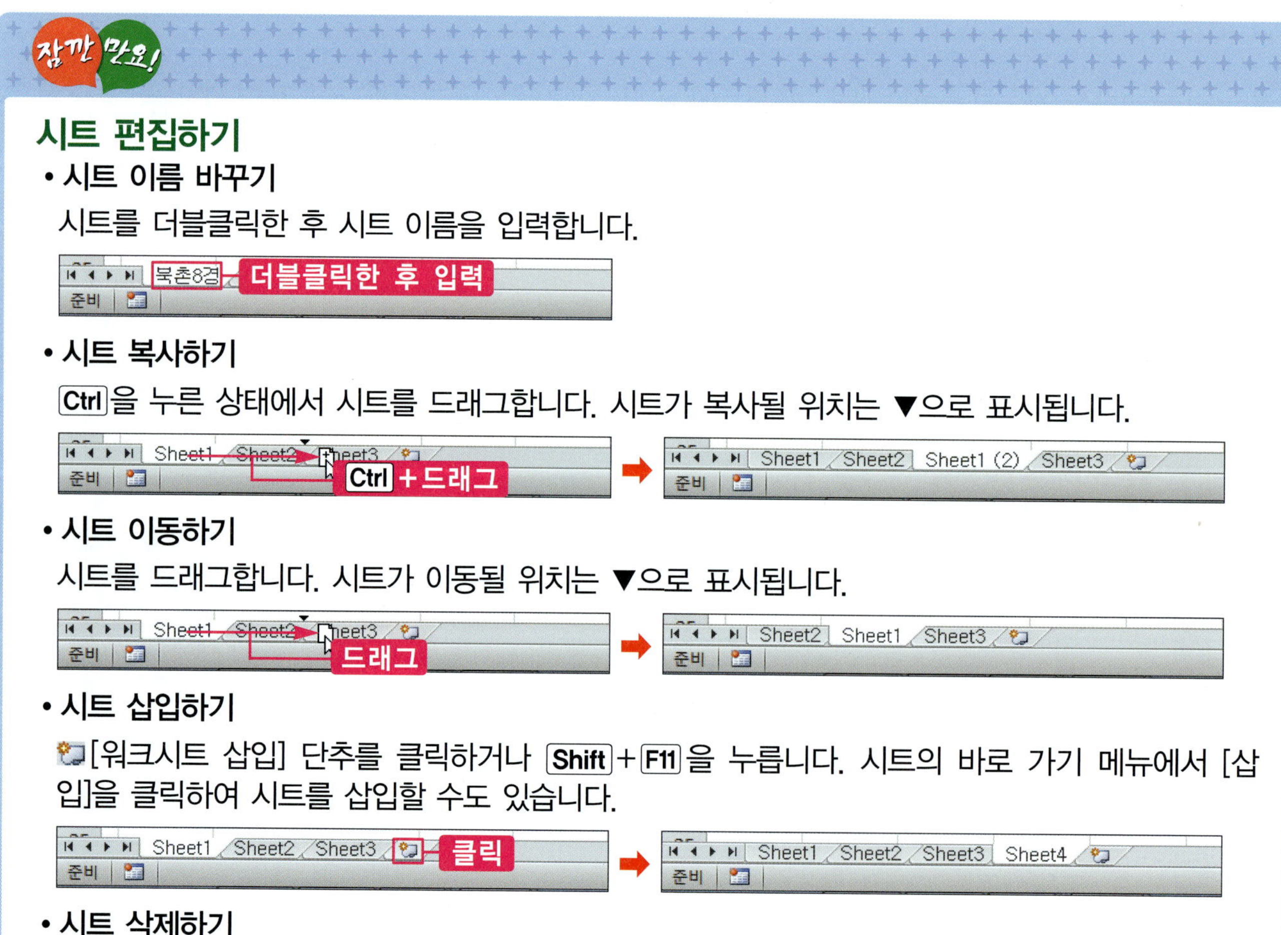

시트 편집하기

• 시트 이름 바꾸기

시트를 더블클릭한 후 시트 이름을 입력합니다.

• 시트 복사하기

Ctrl 을 누른 상태에서 시트를 드래그합니다. 시트가 복사될 위치는 ▼으로 표시됩니다.

• 시트 이동하기

시트를 드래그합니다. 시트가 이동될 위치는 ▼으로 표시됩니다.

• 시트 삽입하기

[워크시트 삽입] 단추를 클릭하거나 Shift + F11 을 누릅니다. 시트의 바로 가기 메뉴에서 [삽입]을 클릭하여 시트를 삽입할 수도 있습니다.

• 시트 삭제하기

시트의 바로 가기 메뉴에서 [삭제]를 클릭합니다.

1 시트 화면을 확대하기 위해 [보기] 탭-[확대/축소] 그룹에서 **[확대/축소]**를 **클릭**합니다.

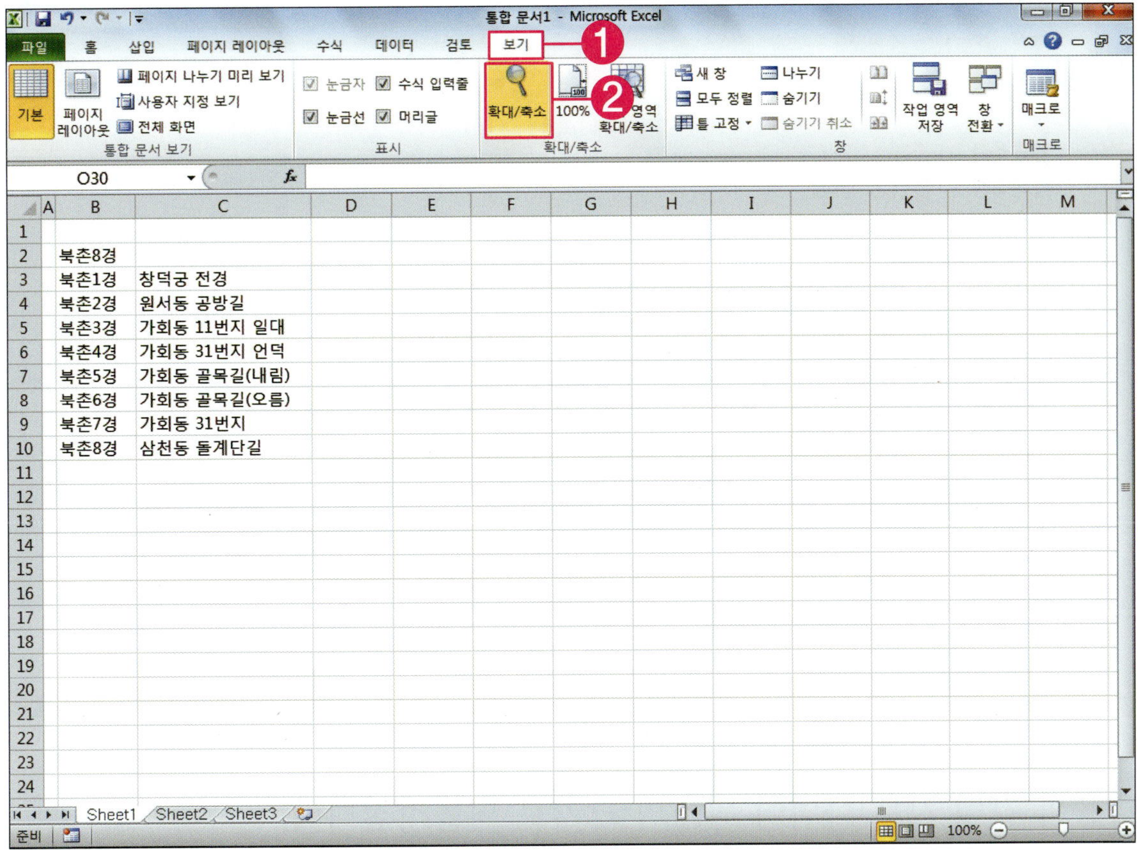

2 [확대/축소] 대화상자가 나타나면 **사용자 지정(150)을 입력**한 후 **[확인] 단추를 클릭**합니다.

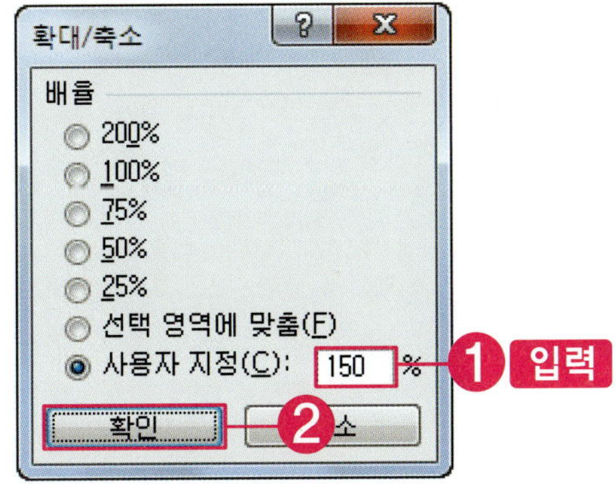

Tip

'150'을 입력하면 자동으로 확대/축소 배율이 '사용자 지정'으로 선택됩니다.

3 시트 화면이 확대되면 시트 화면을 원래의 크기로 되돌리기 위해 [보기] 탭-
[확대/축소] 그룹에서 **[100%]를 클릭**합니다.

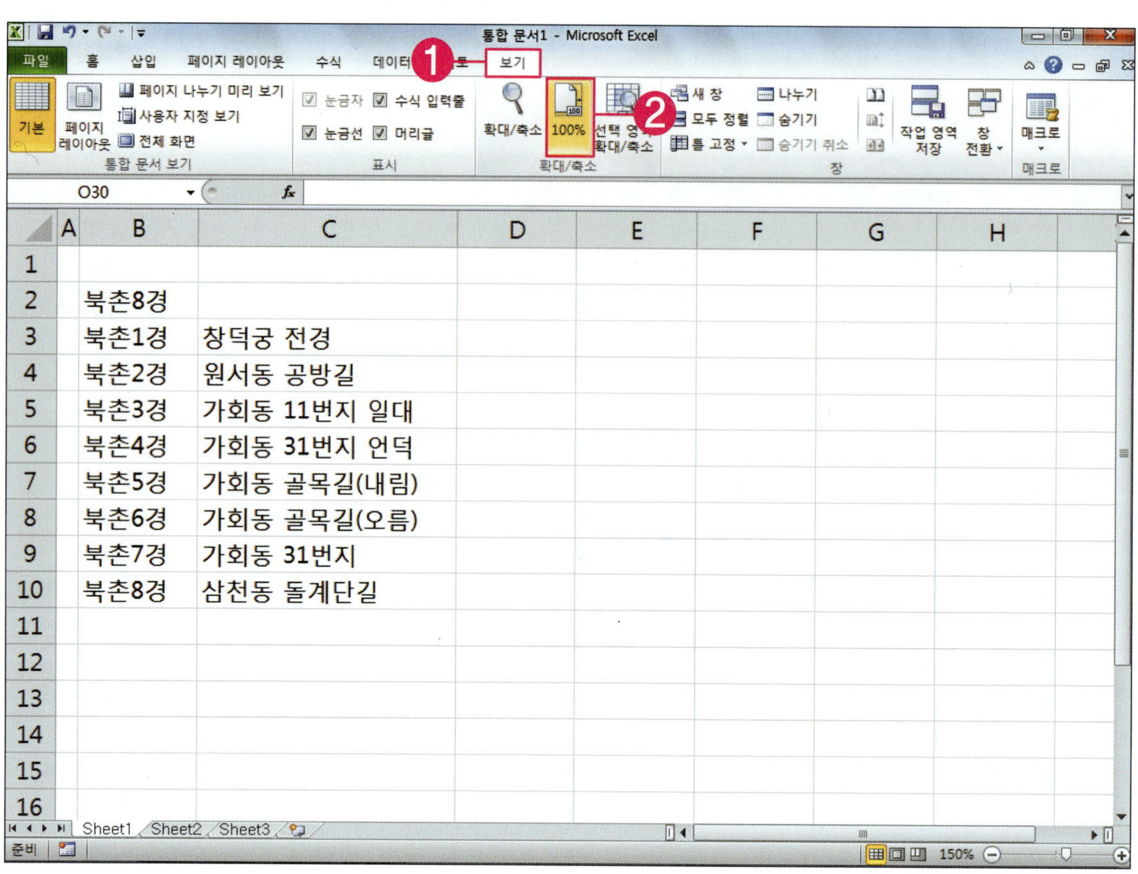

4 다음과 같이 시트 화면이 원래의 크기로 되돌려집니다.

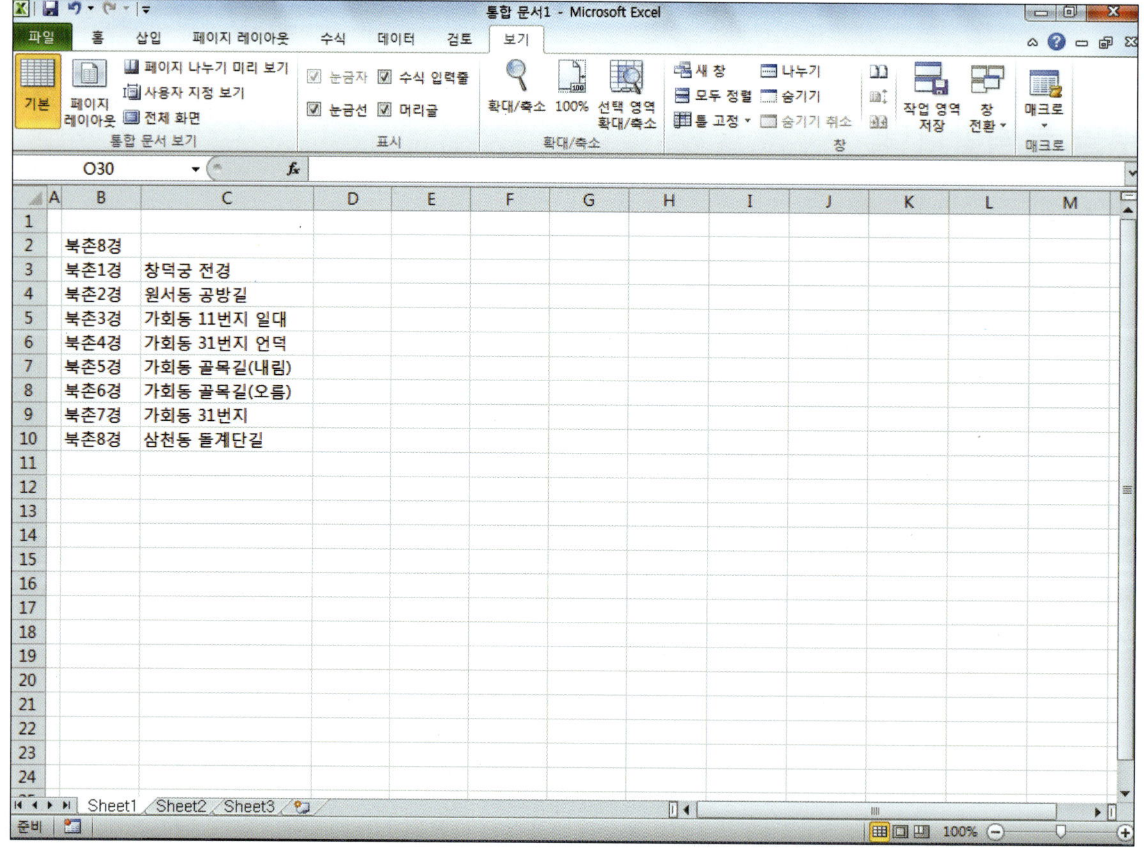

1 문서를 저장하기 위해 [파일] 탭에서 **[저장]**을 **클릭**합니다.

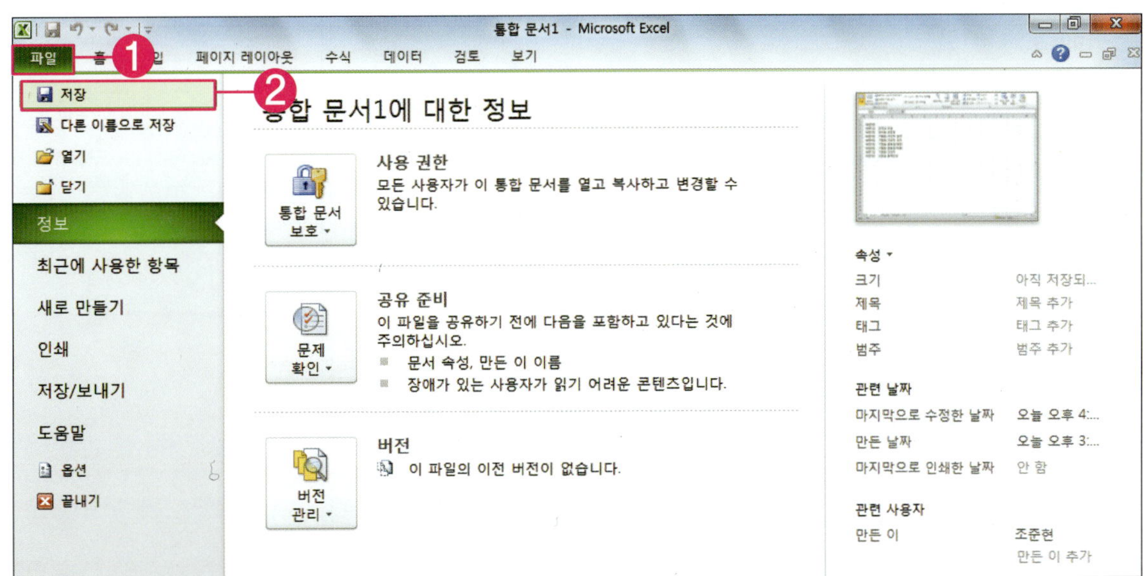

Tip

- 빠른 실행 도구 모음에서 ▣[저장]을 클릭하거나 Ctrl + S 를 눌러 문서를 저장할 수도 있습니다.
- 엑셀 2010에서는 문서를 저장하면 확장자가 'xlsx'인 통합 문서(하나 이상의 워크시트나 차트시트 등이 포함된 문서)로 저장됩니다.

잠깐 만요!

새 문서 만들기

다음과 같이 [파일] 탭에서 [새로 만들기]를 클릭한 후 [새 통합 문서]를 선택한 다음 [만들기]를 클릭하면 기존 문서를 그대로 둔 상태에서 새 문서를 만들 수 있습니다. Ctrl + N 을 누르면 기존 문서를 그대로 둔 상태에서 새 문서가 바로 만들어집니다.

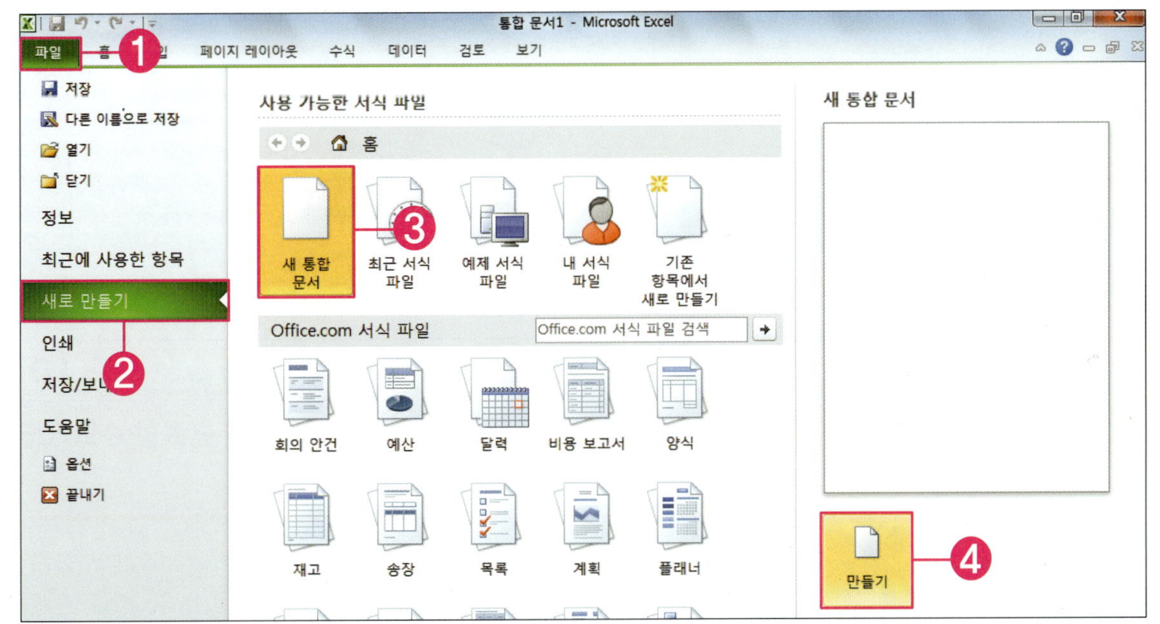

2 [다른 이름으로 저장] 대화상자가 나타나면 **위치(라이브러리\문서)를 지정**한 후 **파일 이름(북촌8경)을 입력**한 다음 [저장] 단추를 클릭합니다.

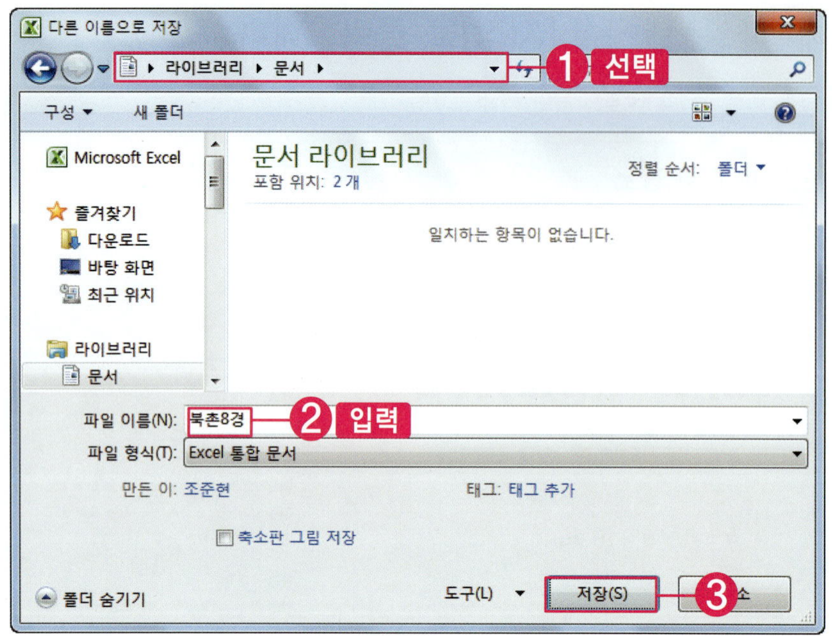

> **Tip**
>
> 파일 형식을 'Excel 97 - 2003 통합 문서'로 선택하면 확장자가 'xls'인 통합 문서로 저장하여 엑셀 97~엑셀 2003 버전에서도 문서를 열 수 있습니다.

3 문서가 저장되면 엑셀을 종료하기 위해 [파일] 탭에서 [끝내기]를 클릭합니다.

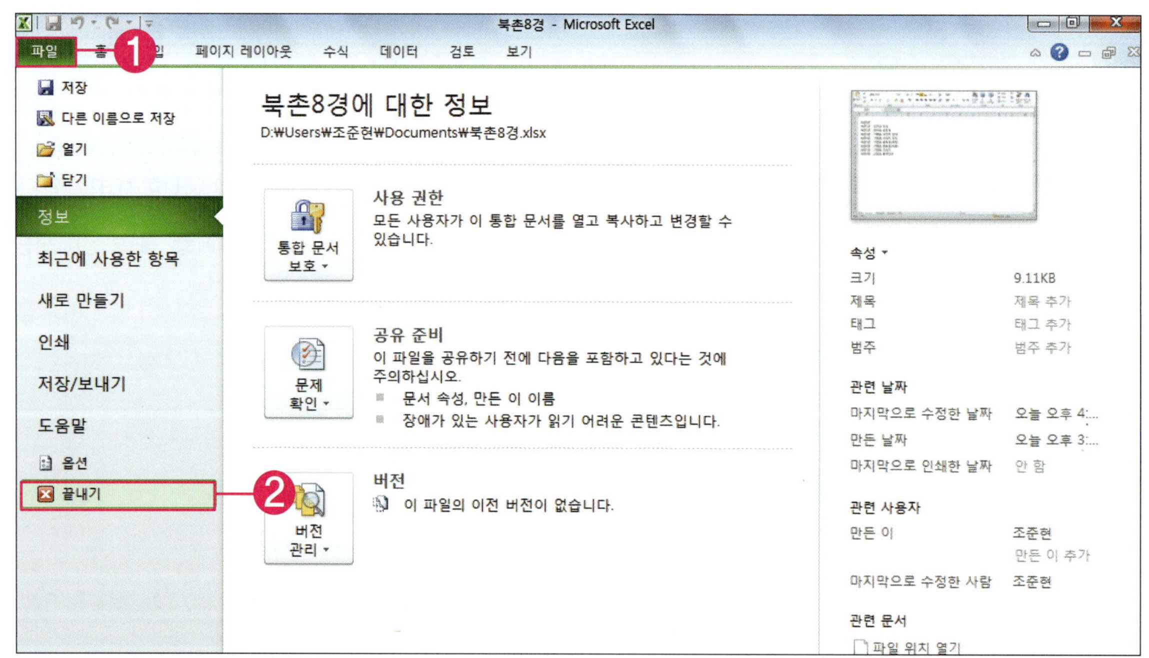

> **Tip**
>
> 엑셀 창 조절 단추에서 ✕ [닫기] 단추를 클릭하거나 Alt + F4 를 눌러 엑셀을 종료할 수도 있습니다.

4 엑셀이 종료됩니다.

문서 열기

[파일] 탭에서 [열기]를 클릭하거나 Ctrl + O 를 누르면 다음과 같이 [열기] 대화상자가 나타납니다. [열기] 대화상자에서 위치를 지정한 후 파일을 선택한 다음 [열기] 단추를 클릭하면 문서를 열 수 있습니다.

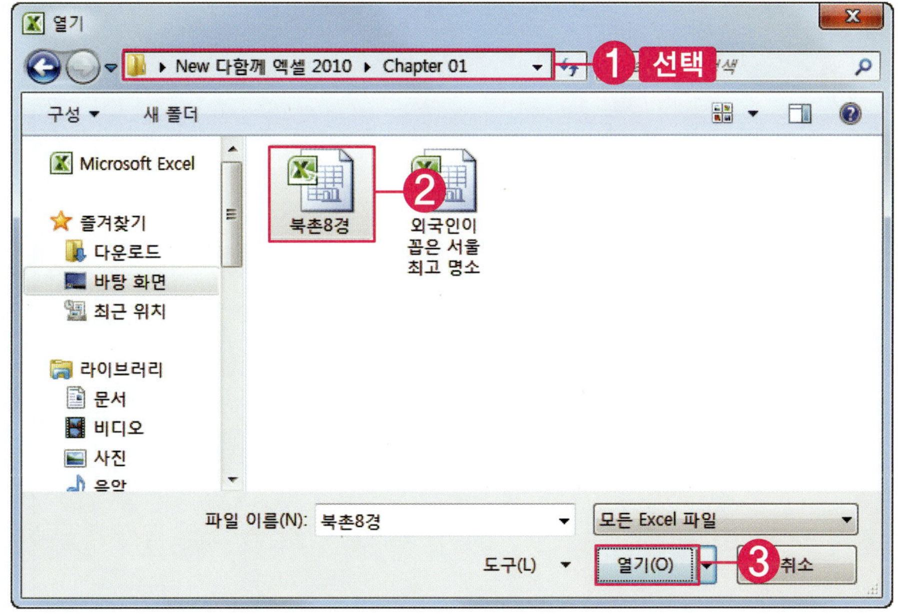

다른 이름으로 문서 저장하기

문서를 열어서 편집한 후 [파일] 탭에서 [저장]을 클릭하면 문서가 편집한 문서로 바꾸어집니다. 문서를 그대로 둔 상태에서 편집한 문서를 저장하려면 다음과 같이 [파일] 탭에서 [다른 이름으로 저장]을 클릭하거나 F12 를 눌러 다른 이름으로 문서를 저장해야 합니다.

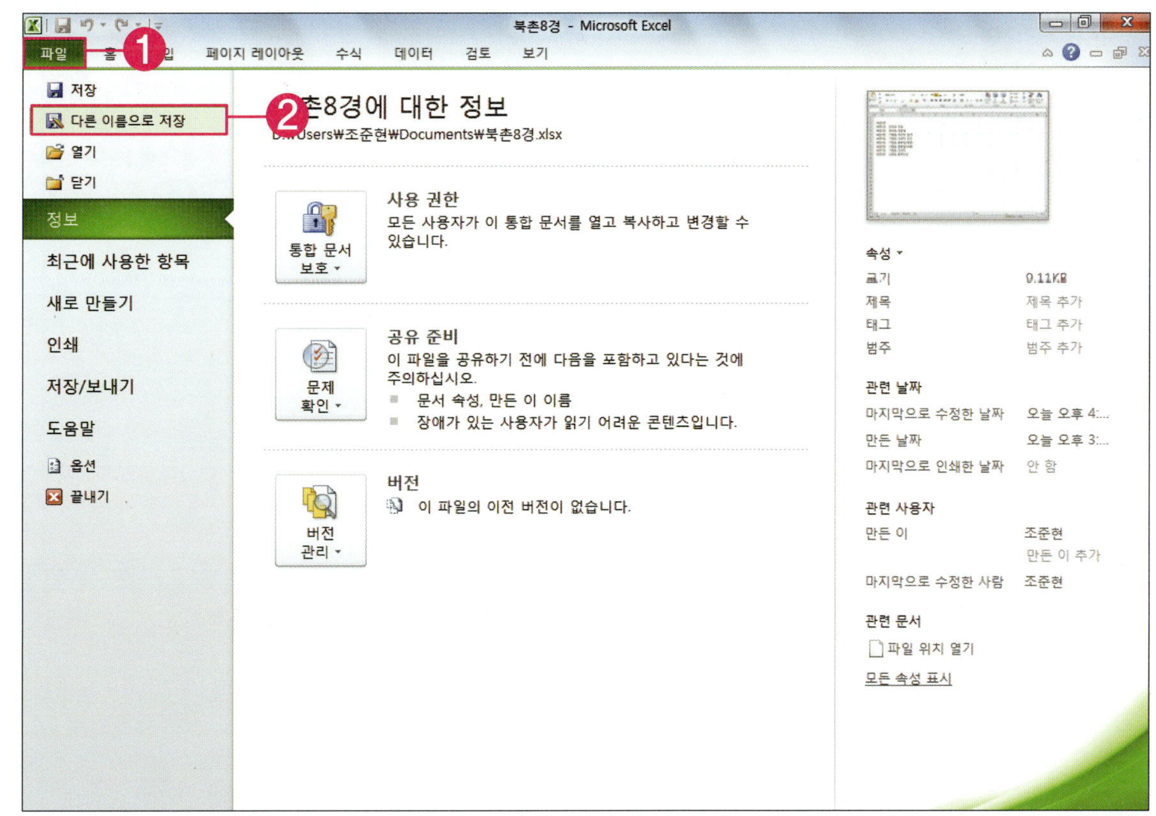

01 엑셀을 실행한 후 다음과 같이 문서를 작성해 보세요.

- **열 너비 : A열(1)**

	A	B	C	D	E	F	G	H	I	J	K
1											
2		외국인이 꼽은 서울 최고 명소									
3		순위	명소								
4		1	남산								
5		2	명동								
6		3	경복궁								
7		4	인사동								
8		5	동대문								
9		6	서울숲								
10											
11											
12											
13											
14											
15											
16											
17											
18											
19											

02 다음과 같이 C7셀 값을 '북촌'으로 수정해 보세요.

	A	B	C	D	E	F	G	H	I	J	K
1											
2		외국인이 꼽은 서울 최고 명소									
3		순위	명소								
4		1	남산								
5		2	명동								
6		3	경복궁								
7		4	북촌								
8		5	동대문								
9		6	서울숲								
10											
11											
12											
13											
14											
15											
16											
17											
18											
19											

03 다음과 같이 시트 화면의 확대/축소 배율(160%)을 변경해 보세요.

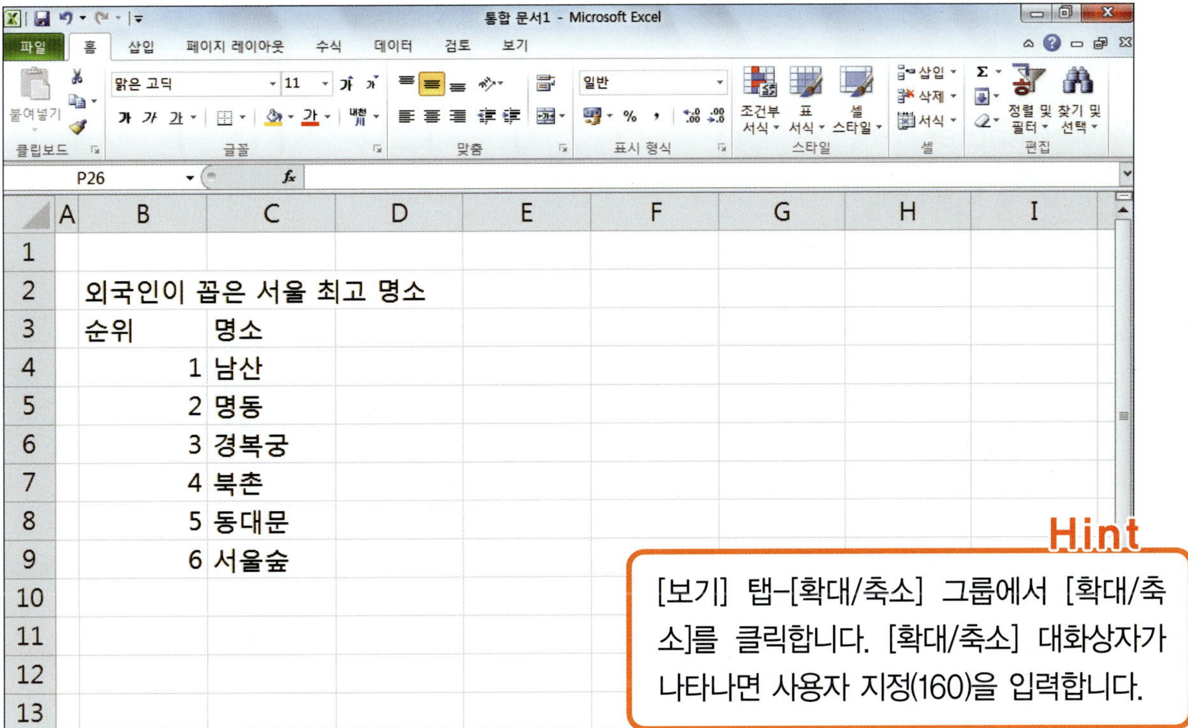

Hint

[보기] 탭–[확대/축소] 그룹에서 [확대/축소]를 클릭합니다. [확대/축소] 대화상자가 나타나면 사용자 지정(160)을 입력합니다.

04 다음과 같이 시트 화면의 확대/축소 배율(100%)을 변경한 후 '외국인이 꼽은 서울 최고 명소'로 저장해 보세요.

- **저장 위치** : 라이브러리\문서
- **파일 형식** : Excel 통합 문서

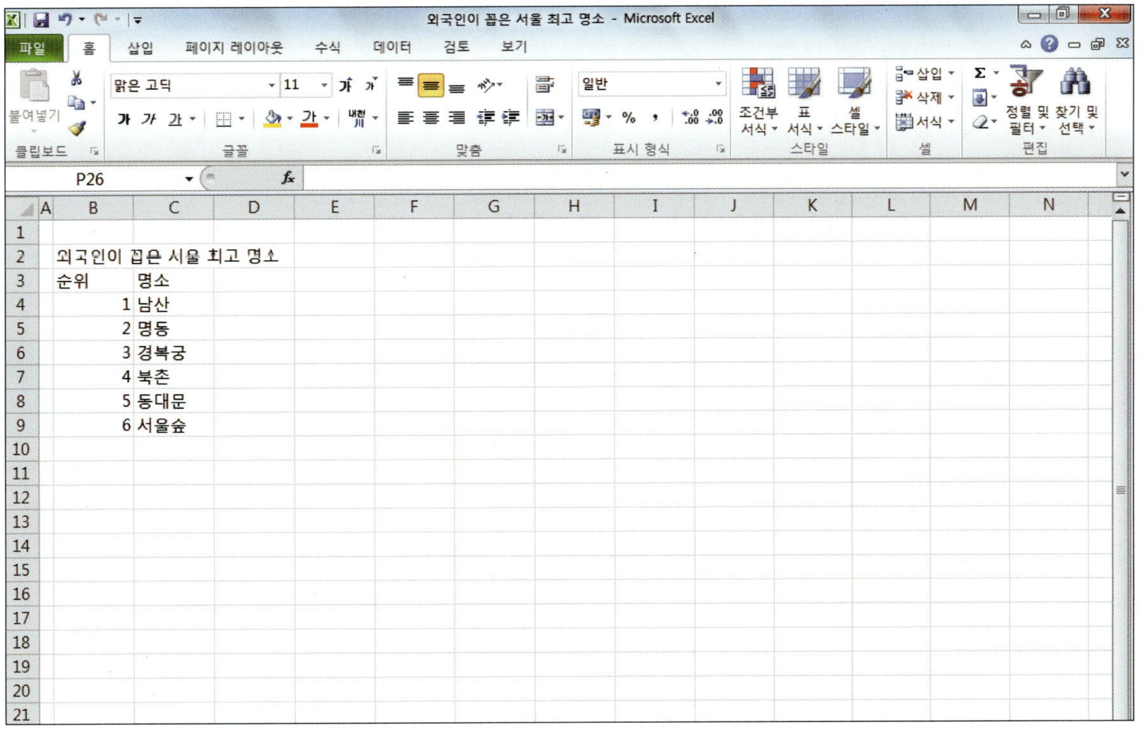

Chapter 02

데이터 입력하기

엑셀에는 한글, 영문, 한자, 기호 등의 계산할 수 없는 문자 데이터와 숫자, 날짜, 시간 등의 계산할 수 있는 수치 데이터가 있습니다. 데이터를 입력하면 기본적으로 문자 데이터는 셀의 왼쪽에 맞추어 입력되고, 수치 데이터는 셀의 오른쪽에 맞추어 입력됩니다.

Step · 01 한자 입력하기

1 엑셀을 실행한 후 다음과 같이 문서를 작성합니다.
- 열 너비 : A열(1), C:G열(16)

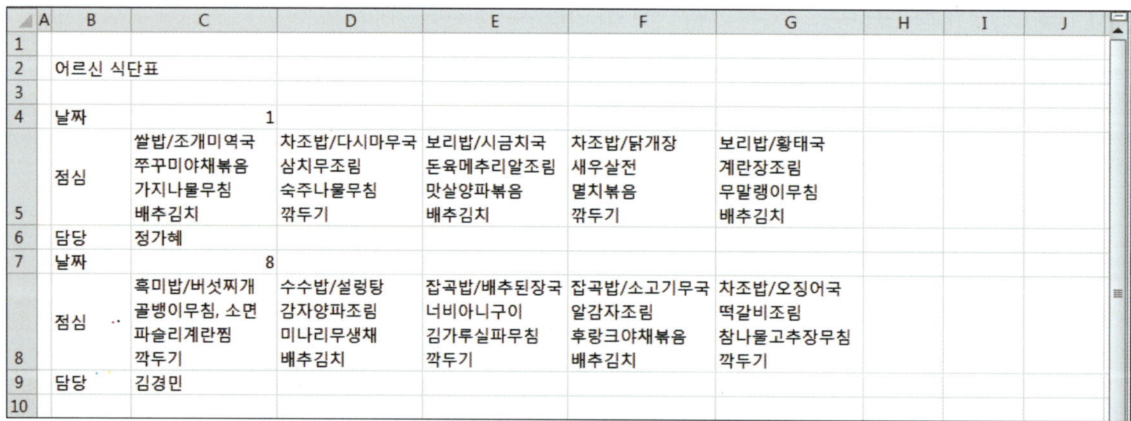

	A	B	C	D	E	F	G	H	I	J
1										
2		어르신 식단표								
3										
4		날짜	1							
5		점심	쌀밥/조개미역국 쭈꾸미야채볶음 가지나물무침 배추김치	차조밥/다시마무국 삼치무조림 숙주나물무침 깍두기	보리밥/시금치국 돈육메추리알조림 맛살양파볶음 배추김치	차조밥/닭개장 새우살전 멸치볶음 깍두기	보리밥/황태국 계란장조림 무말랭이무침 배추김치			
6		담당	정가혜							
7		날짜	8							
8		점심	흑미밥/버섯찌개 골뱅이무침, 소면 파슬리계란찜 깍두기	수수밥/설렁탕 감자양파조림 미나리무생채 배추김치	잡곡밥/배추된장국 너비아니구이 김가루실파무침 깍두기	잡곡밥/소고기무국 알감자조림 후랑크야채볶음 배추김치	차조밥/오징어국 떡갈비조림 참나물고추장무침 깍두기			
9		담당	김경민							
10										

잠깐만요!

한 셀에 두 줄 이상 입력하기

다음과 같이 Alt + Enter 를 사용하면 원하는 곳에서 줄을 바꾸어 한 셀에 두 줄 이상 입력할 수 있습니다.

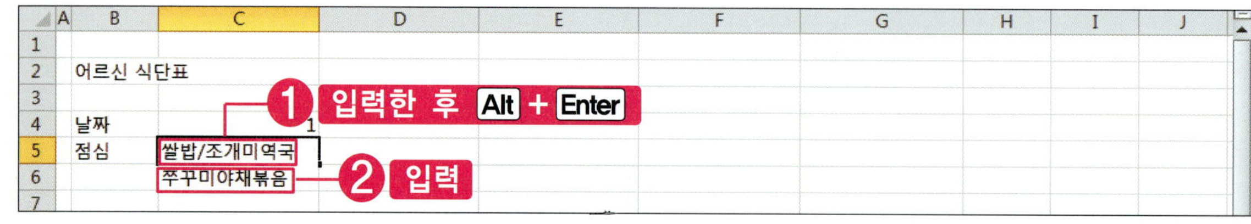

2 B2셀을 더블클릭한 후 '식단표'를 드래그하여 선택한 다음 [검토] 탭-[언어] 그룹에서 [한글/한자 변환]을 클릭합니다.

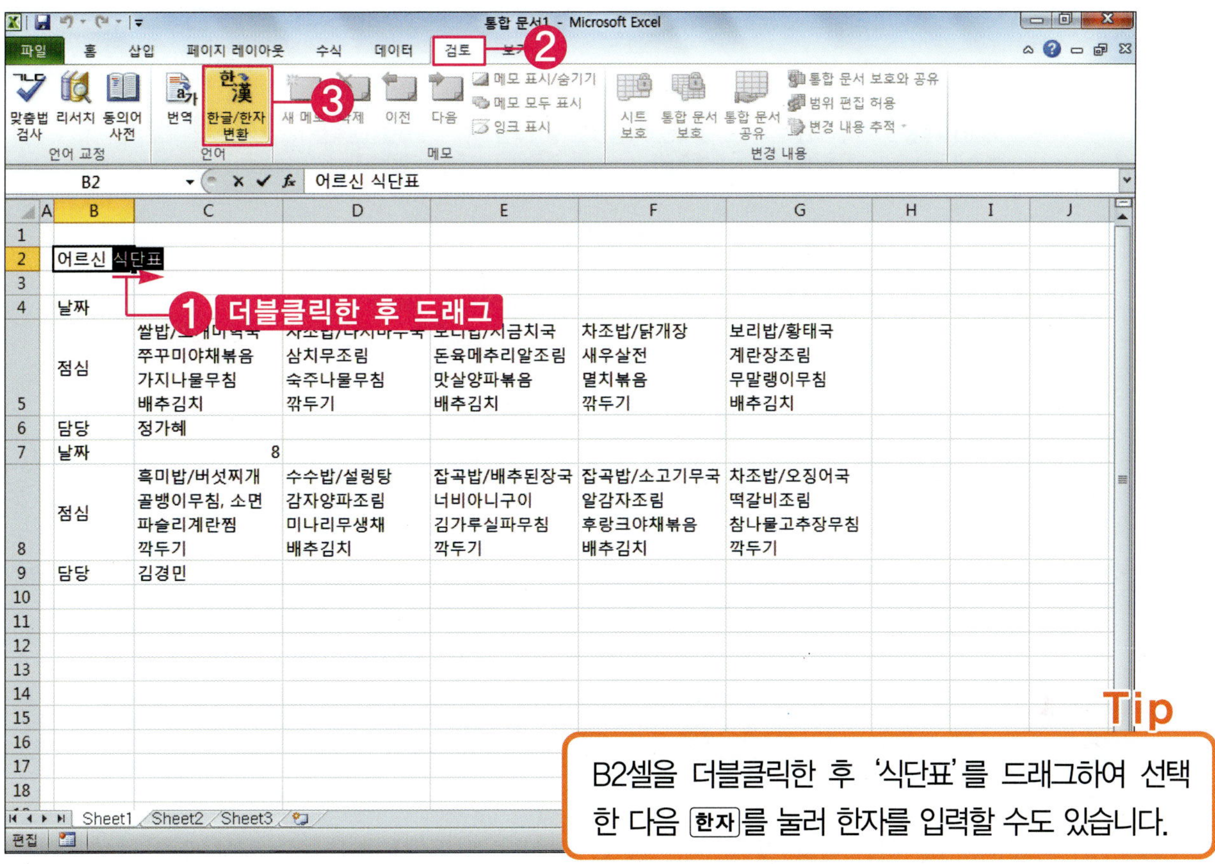

Tip

B2셀을 더블클릭한 후 '식단표'를 드래그하여 선택한 다음 한자를 눌러 한자를 입력할 수도 있습니다.

3 [한글/한자 변환] 대화상자가 나타나면 한자(食單表)와 입력 형태(漢字)를 선택한 후 [변환] 단추를 클릭합니다.

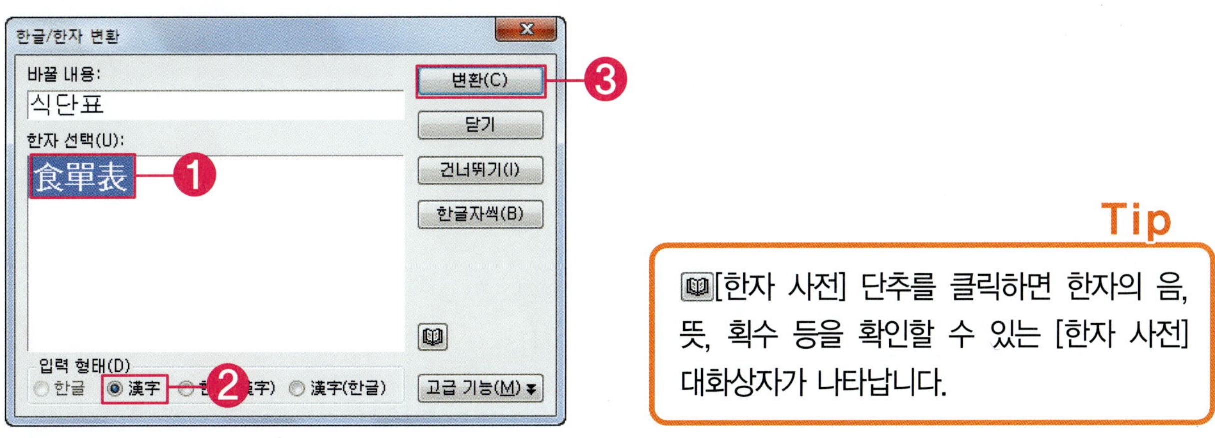

Tip

[한자 사전] 단추를 클릭하면 한자의 음, 뜻, 획수 등을 확인할 수 있는 [한자 사전] 대화상자가 나타납니다.

입력 형태

- **한글** : 食單表 → 식단표
- **漢字** : 식단표 → 食單表
- **한글(漢字)** : 식단표 → 식단표(食單表)
- **漢字(한글)** : 식단표 → 食單表(식단표)

4 다음과 같이 한글 '식단표'가 한자 '食單表'로 변환됩니다.

날짜 입력하기

엑셀에서 날짜는 연도, 월, 일을 '2013-11-5'와 같이 하이픈(-)이나 '2013/11/5'와 같이 슬래시(/)로 구분하여 입력합니다. Ctrl + ; 을 누르면 현재 시스템 날짜가 입력됩니다.

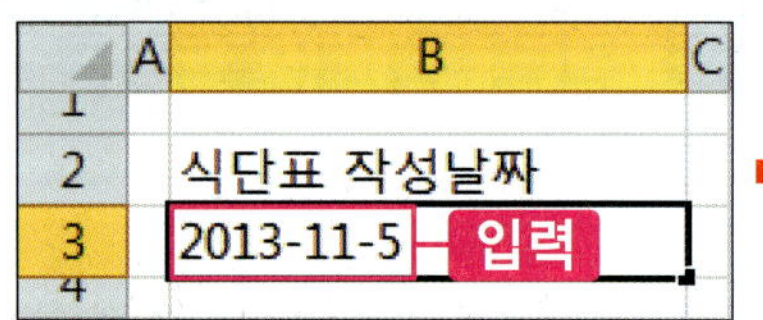

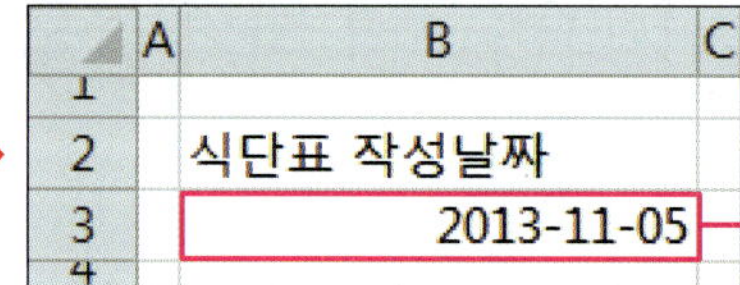

'2013-11-5'를 입력하면 날짜 데이터로 인식하여 '2013-11-05'가 표시되고, 셀의 오른쪽에 맞추어 입력됩니다.

시간 입력하기

엑셀에서 시간은 시, 분, 초를 '10:9:32'와 같이 콜론(:)으로 구분하여 입력합니다. Ctrl + Shift + ; 을 누르면 현재 시스템 시간이 입력됩니다.

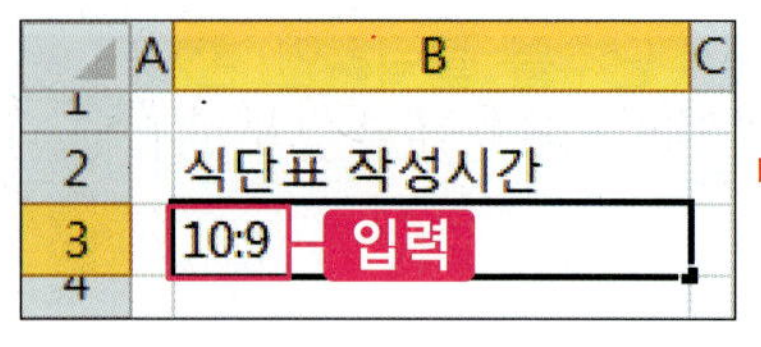

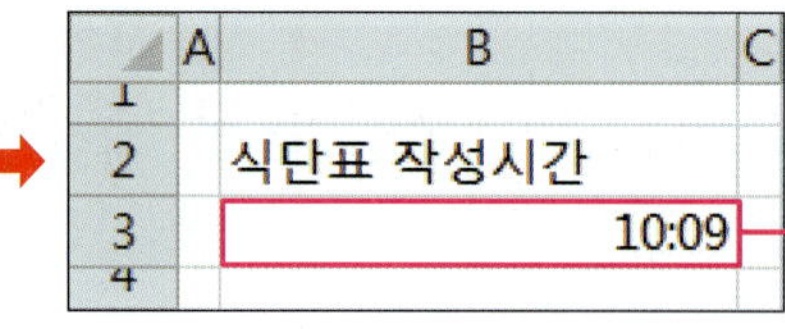

'10:9'를 입력하면 시간 데이터로 인식하여 '10:09'가 표시되고, 셀의 오른쪽에 맞추어 입력됩니다.

1 B2셀을 더블클릭한 후 커서를 '어르신' 앞에 둔 다음 [삽입] 탭-[기호] 그룹에서 [기호]를 클릭합니다.

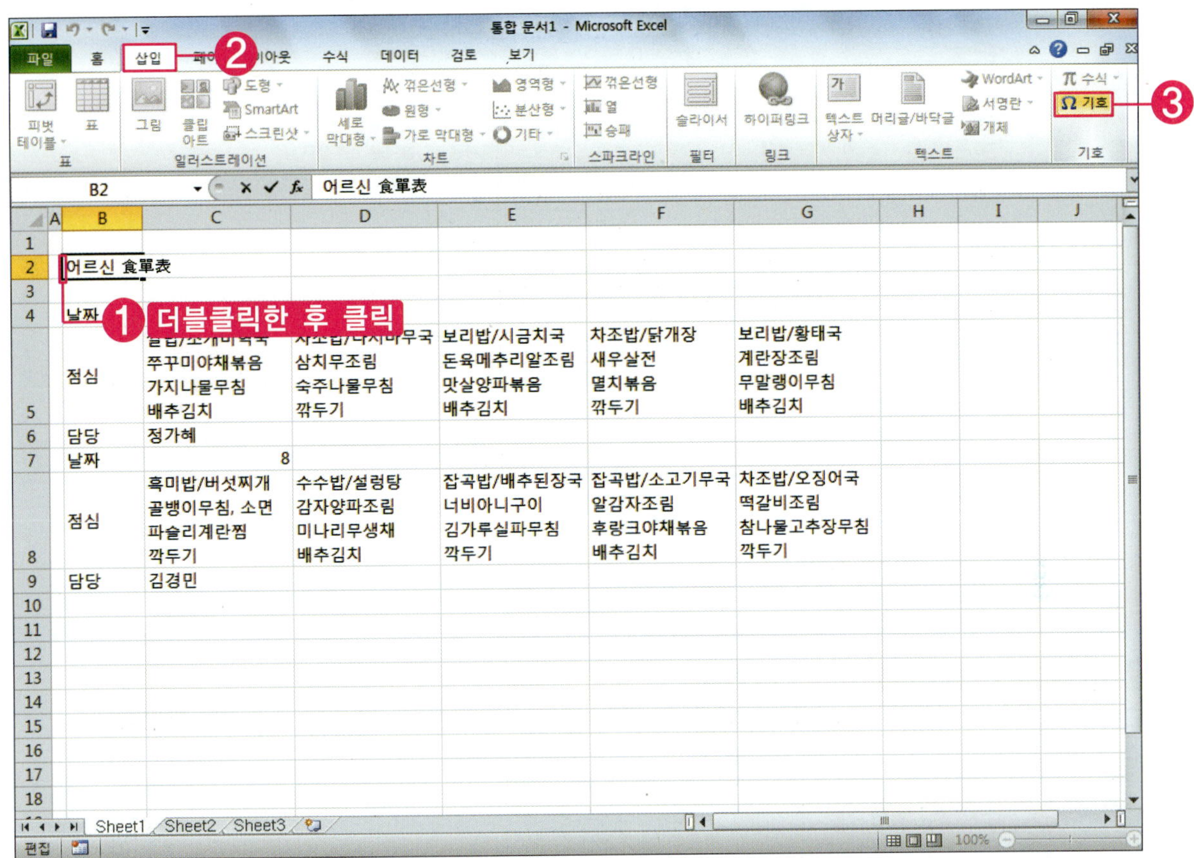

2 [기호] 대화상자가 나타나면 [기호] 탭에서 **글꼴(맑은 고딕)**과 **하위 집합(도형)**을 **지정**한 후 ▶ 기호를 **선택**한 다음 [삽입] 단추를 **클릭**하여 ▶ 기호가 삽입되면 [닫기] 단추를 **클릭**합니다.

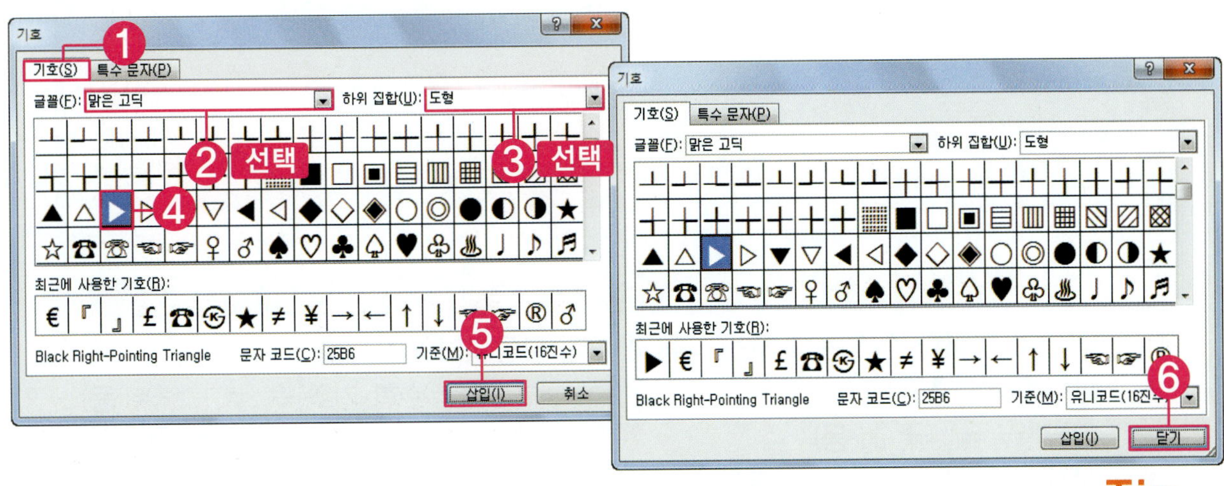

Tip

[삽입] 단추를 클릭하면 [취소] 단추가 [닫기] 단추로 변경됩니다.

3 다음과 같이 ▶ 기호가 입력됩니다.

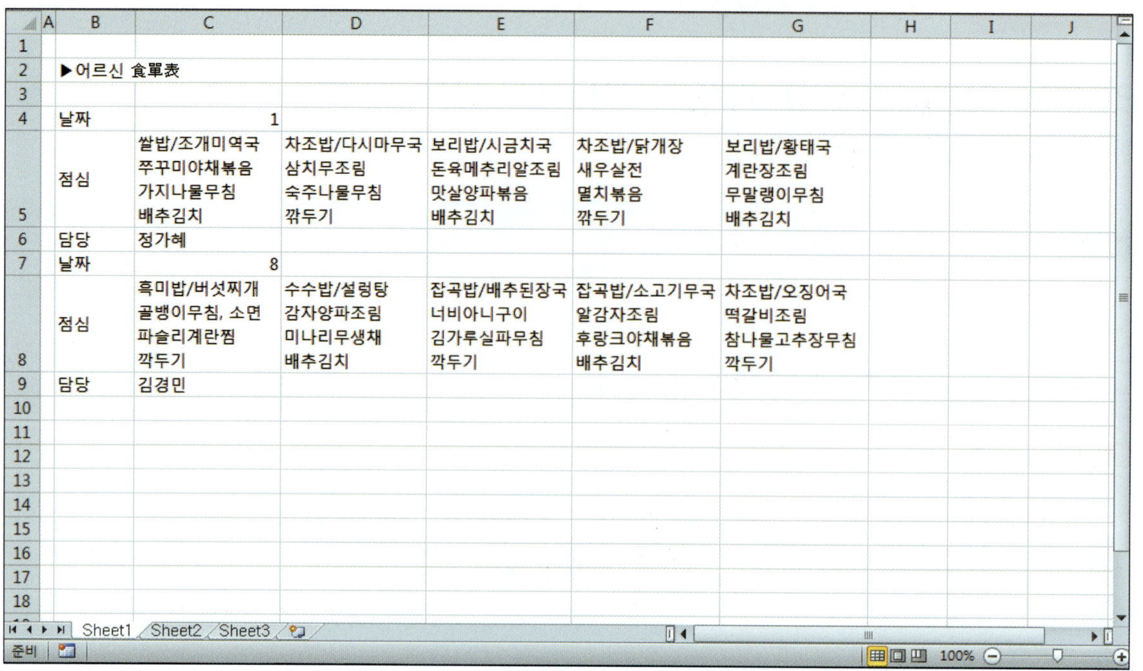

한글 자음을 사용하여 기호 입력하기

다음과 같이 한글 자음(ㄱ~ㅎ)을 입력한 후 한자 를 눌러 기호를 입력할 수도 있습니다.

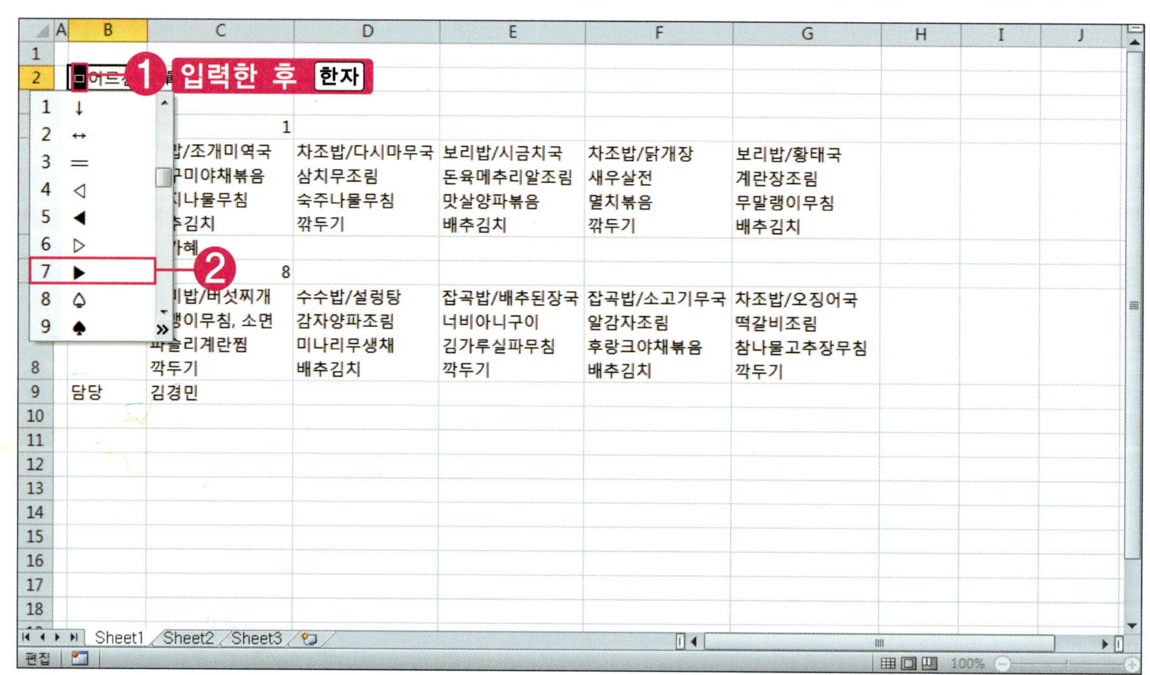

한글 자음별로 입력할 수 있는 기호는 다음과 같이 분류되어 있습니다.

- **ㄴ** : 괄호(《, 》, 【, 】 등)
- **ㄹ** : 단위(₩, ㎣, ㎦, ㎍ 등)
- **ㅂ** : 상자 그리기(─, │, ┬, ┼ 등)
- **ㅇ** : 원/괄호 영문, 원/괄호 숫자(ⓐ, (a), ①, (1) 등)
- **ㅊ** : 분수, 첨자($\frac{1}{3}$, $\frac{2}{3}$, ¹, ₄ 등)
- **ㄷ** : 수학 기호(÷, ≠, ∴, ≒ 등)
- **ㅁ** : 도형(●, □, ▲, ♥ 등)
- **ㅅ** : 원/괄호 한글(㉠, ㉮, (ㄱ), (가) 등)
- **ㅈ** : 숫자, 로마 숫자(0, 9, ⅰ, Ⅹ 등)
- **ㅎ** : 로마 문자(Δ, Θ, Ω, π 등)

1 첫 번째 주의 날짜를 입력하기 위해 **C4:G4셀 범위를 선택**한 후 [홈] 탭−[편집] 그룹에서 ⬇[**채우기**]를 **클릭**한 다음 [**계열**]을 **클릭**합니다.

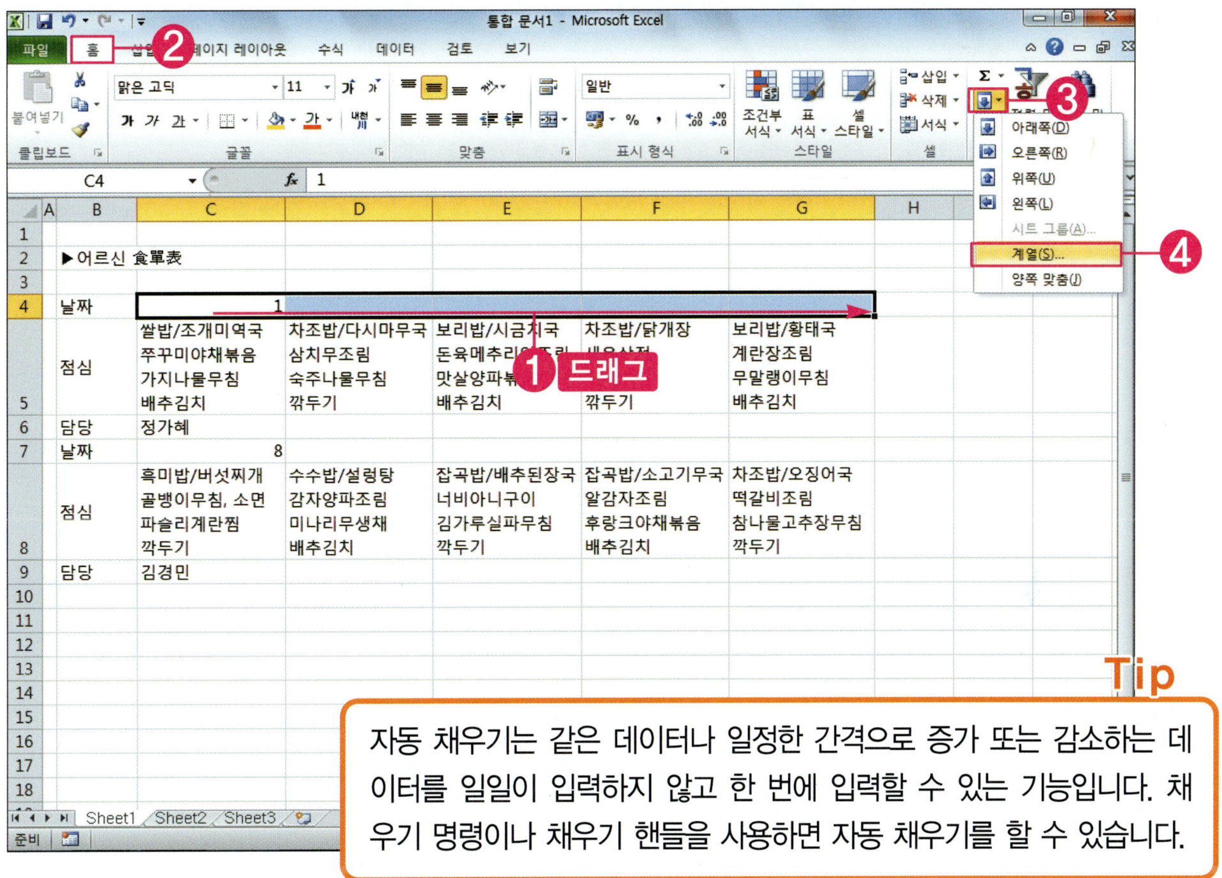

> **Tip**
>
> 자동 채우기는 같은 데이터나 일정한 간격으로 증가 또는 감소하는 데이터를 일일이 입력하지 않고 한 번에 입력할 수 있는 기능입니다. 채우기 명령이나 채우기 핸들을 사용하면 자동 채우기를 할 수 있습니다.

잠깐만요!

아래쪽/오른쪽/위쪽/왼쪽
셀 범위를 선택한 후 [홈] 탭−[편집] 그룹에서 ⬇[채우기]를 클릭한 다음 [아래쪽]/[오른쪽]/[위쪽]/[왼쪽]을 클릭하면 선택한 셀 범위의 맨 위쪽/맨 왼쪽/맨 아래쪽/맨 오른쪽 셀에 있는 데이터가 선택한 셀 범위의 다른 셀에 입력됩니다.

2 [연속 데이터] 대화상자가 나타나면 **방향(행)과 유형(선형)을 선택**한 후 **단계 값(1)을 입력**한 다음 [**확인**] 단추를 **클릭**합니다.

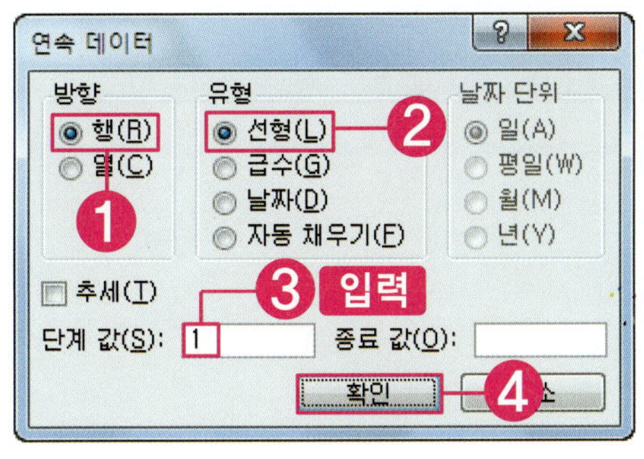

> **Tip**
>
> [선형]을 선택하면 단계 값을 더한 값이 입력되고, [급수]를 선택하면 단계 값을 곱한 값이 입력됩니다.

3 다음과 같이 첫 번째 주의 날짜가 입력됩니다.

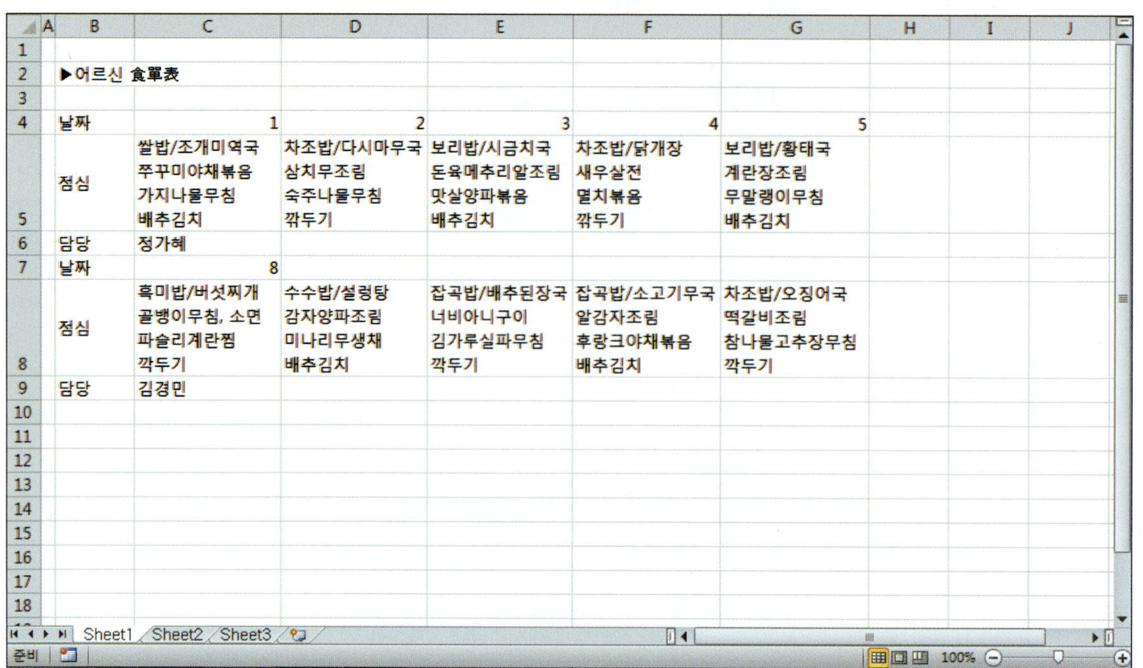

종료 값

[연속 데이터] 대화상자에서 [종료 값]을 입력하면 종료 값까지만 입력됩니다. 다음은 C4:G4셀 범위를 선택한 후 [연속 데이터] 대화상자에서 [방향]은 '행', [유형]은 '선형'을 선택한 다음 [단계 값]에 '1', [종료 값]에 '4'를 입력한 경우입니다.

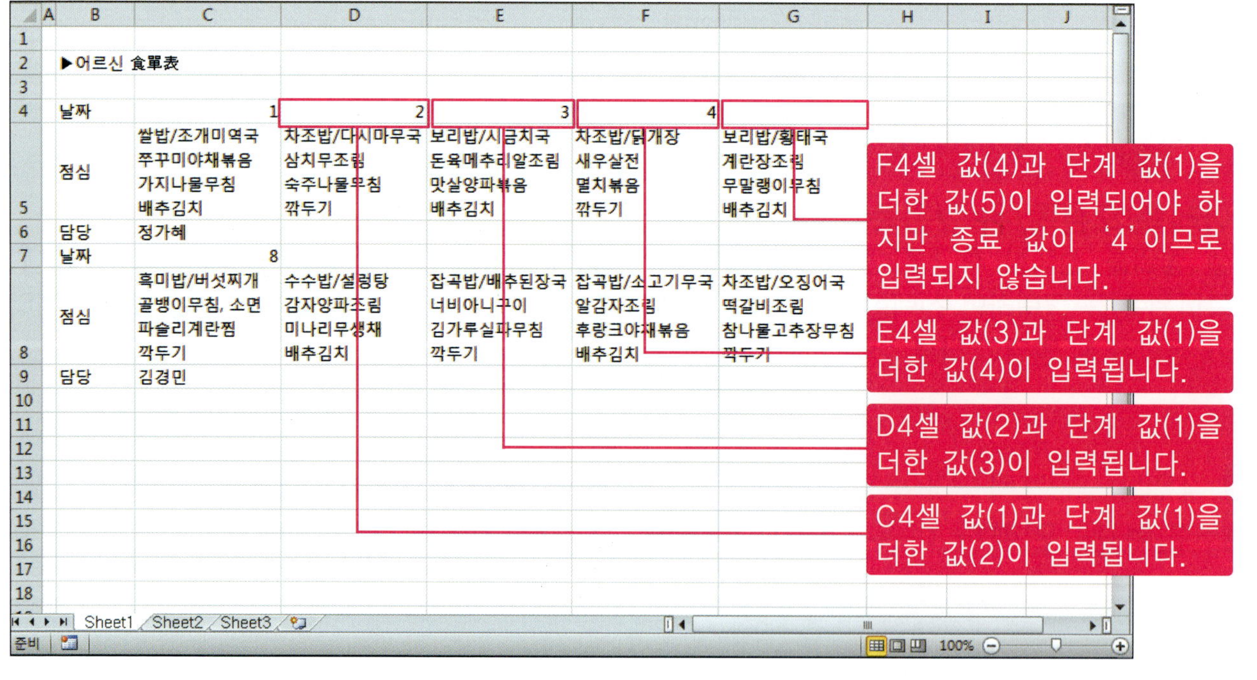

4 두 번째 주의 날짜를 입력하기 위해 **C7셀을 선택**한 후 **Ctrl**을 누른 상태에서 **채우기 핸들을 G5셀까지 드래그**합니다.

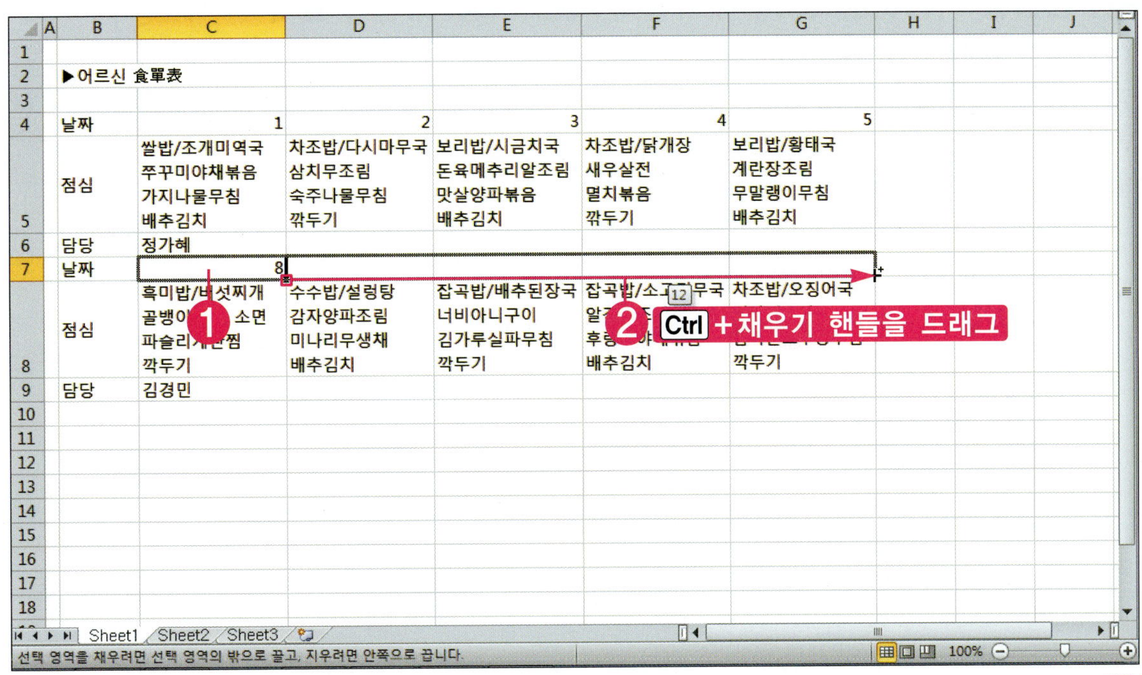

Tip

채우기 핸들은 셀 포인터 오른쪽 아래에 있는 정사각형( )을 말합니다.

5 다음과 같이 두 번째 주의 날짜가 입력됩니다.

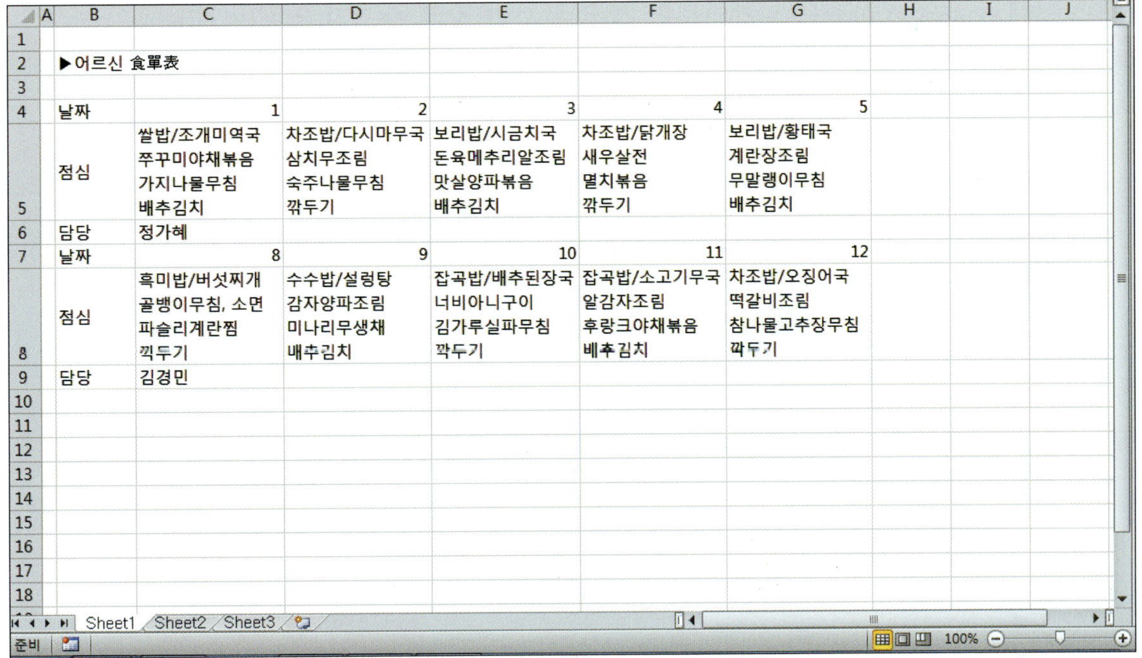

채우기 핸들을 사용하는 경우, 데이터에 따른 자동 채우기 결과

- **문자** : 같은 문자가 입력됩니다.

- **숫자** : 채우기 핸들을 드래그하면 같은 숫자가 입력되고, Ctrl을 누른 상태에서 채우기 핸들을 드래그하면 1씩 증가한 숫자가 입력됩니다.

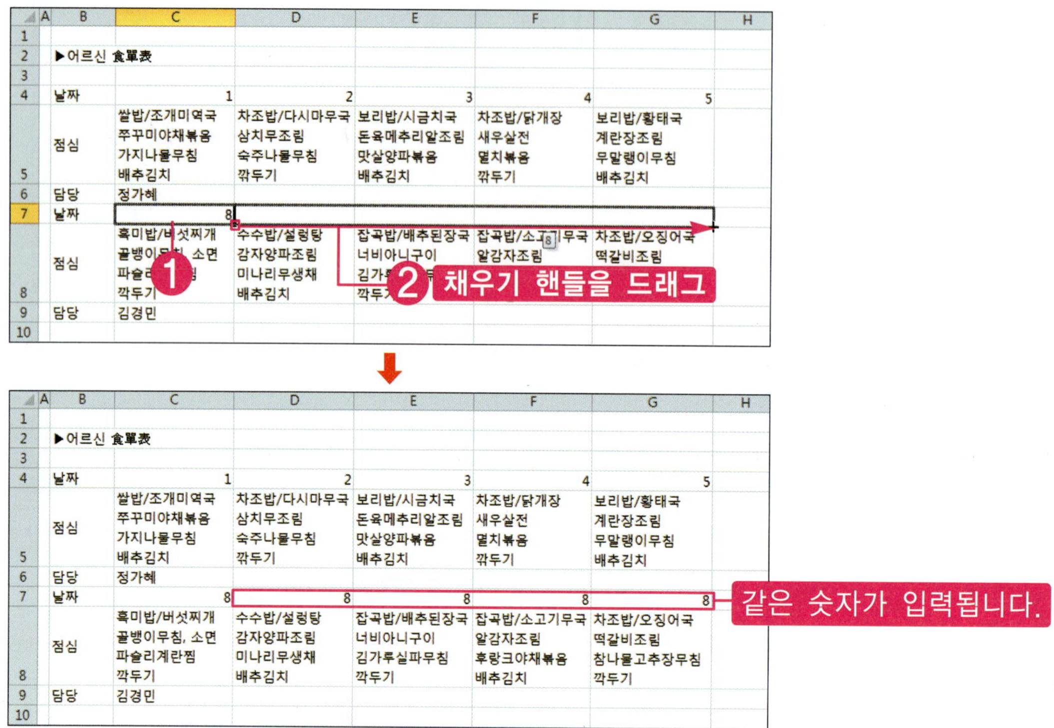

- **문자와 숫자 조합** : 채우기 핸들을 드래그하면 같은 문자와 1씩 증가한 숫자가 입력되고, Ctrl을 누른 상태에서 채우기 핸들을 드래그하면 같은 문자와 같은 숫자가 입력됩니다.

- **날짜** : 채우기 핸들을 드래그하면 1일씩 증가한 날짜가 입력되고, Ctrl을 누른 상태에서 채우기 핸들을 드래그하면 같은 날짜가 입력됩니다.

1 사용자 지정 목록에 담당을 등록하기 위해 [파일] 탭에서 **[옵션]**을 클릭합니다.

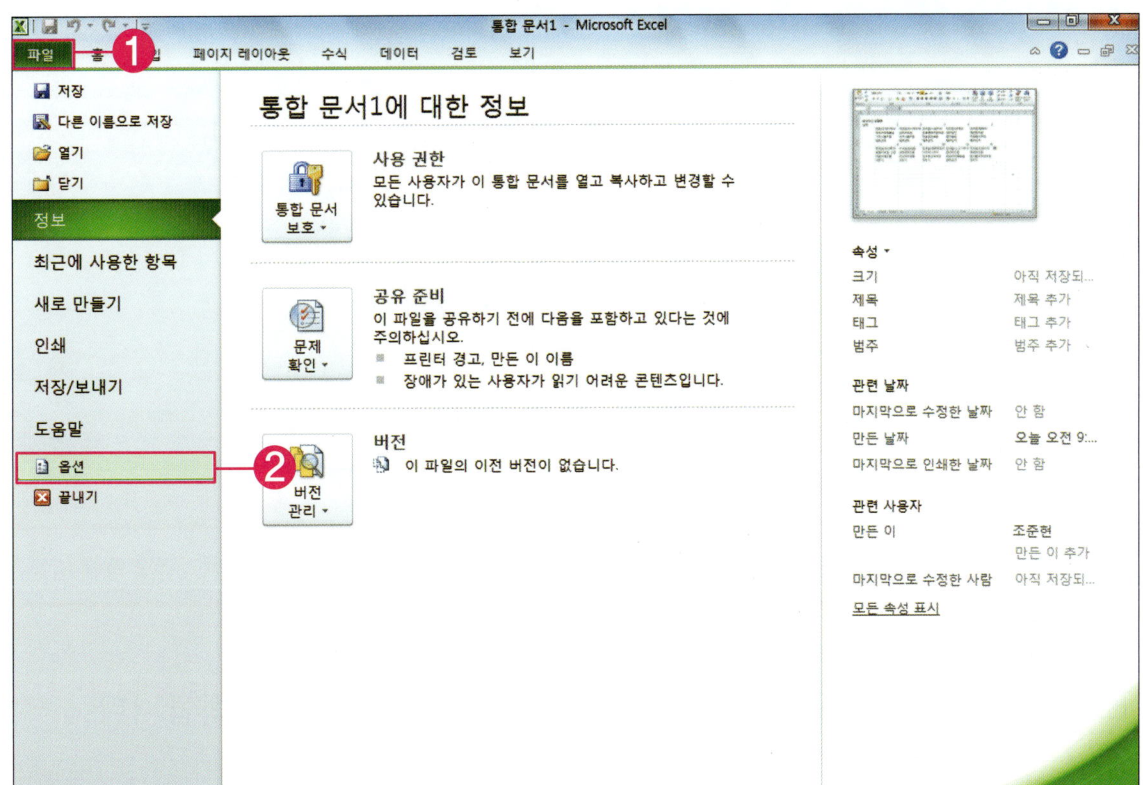

2 [Excel 옵션] 대화상자가 나타나면 [고급]에서 **[사용자 지정 목록 편집]** 단추를 클릭합니다.

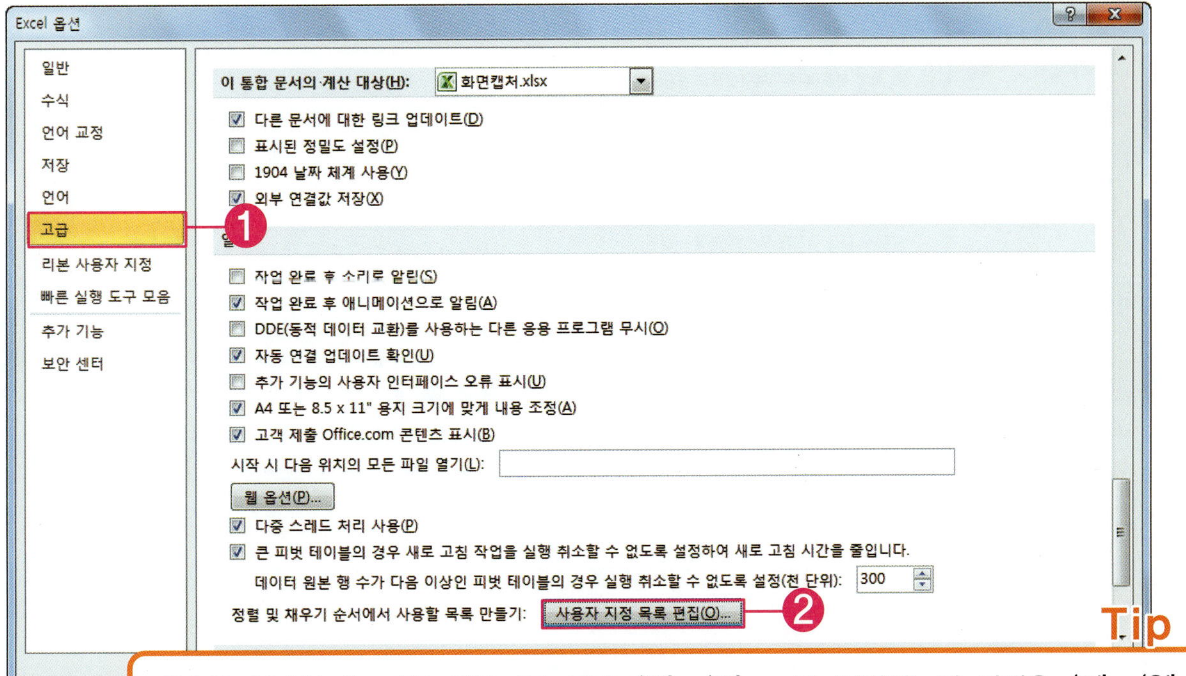

Tip

'일'을 입력한 후 자동 채우기를 하면 '월', '화', …가 입력되는데 이것은 '일', '월', '화', …가 사용자 지정 목록에 등록되어 있기 때문입니다. 자주 사용하는 데이터는 사용자 지정 목록에 등록한 후 자동 채우기를 하면 그 만큼 문서를 손쉽게 작성할 수 있습니다.

3 [사용자 지정 목록] 대화상자가 나타나면 **목록 항목(정가혜, 김경민)을 입력**한 후 **[추가] 단추를 클릭**하여 목록 항목이 사용자 지정 목록에 등록되면 **[확인] 단추를 클릭**합니다.

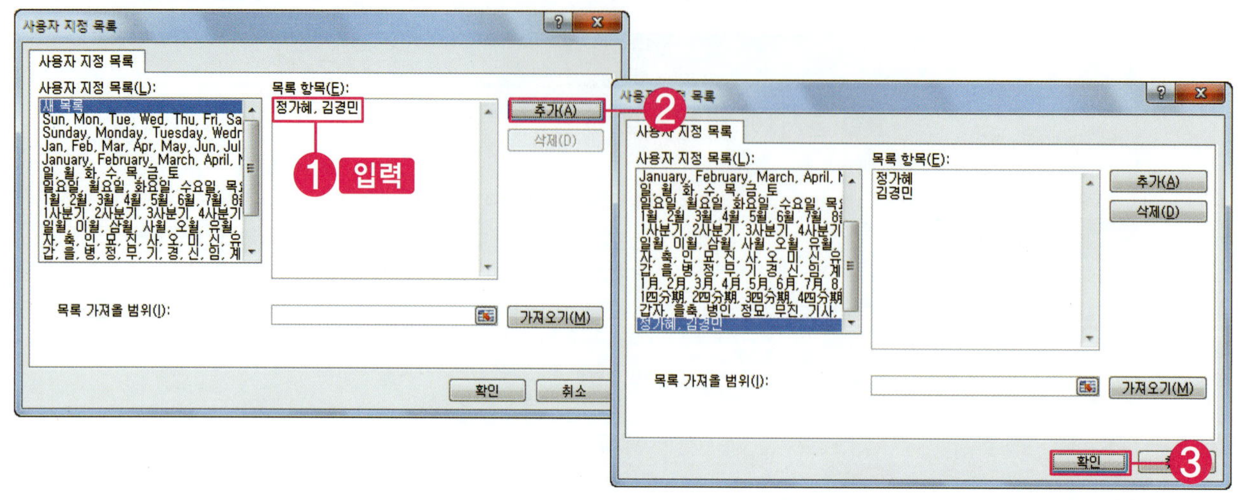

Tip

> 목록 항목의 각 항목은 Enter 를 누르거나 쉼표(,)로 구분하여 입력합니다.

4 [Excel 옵션] 대화상자가 다시 나타나면 **[확인] 단추를 클릭**합니다.

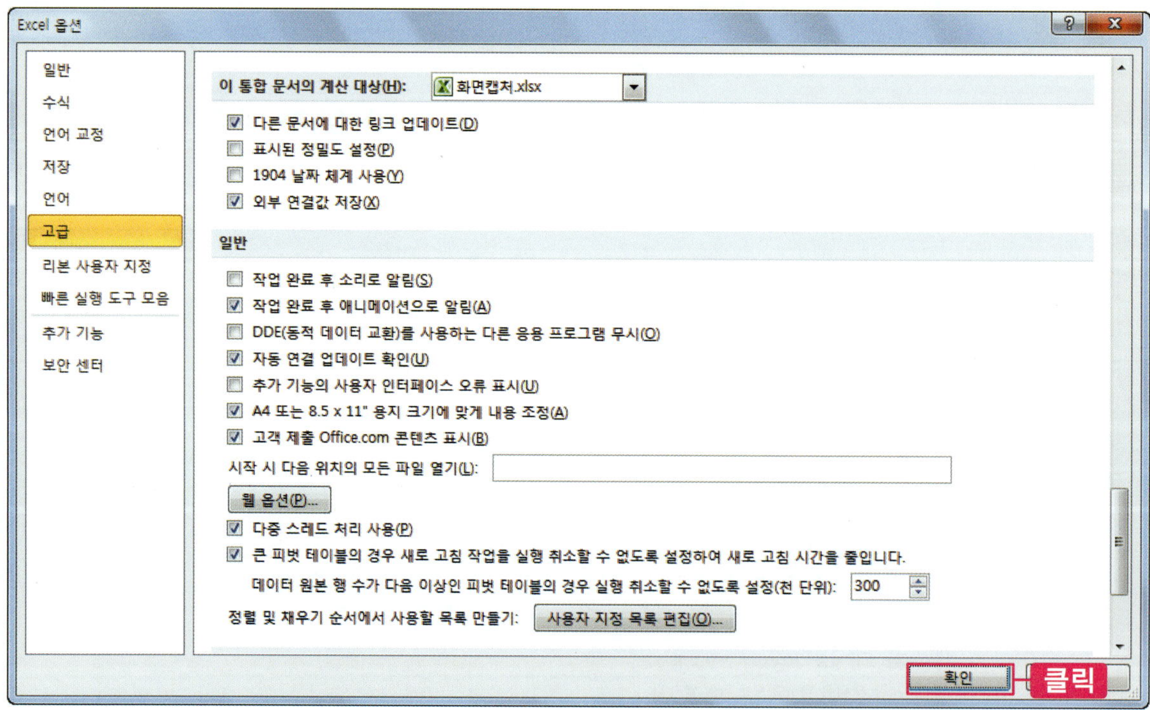

5 담당을 입력하기 위해 **C6셀을 선택**한 후 **채우기 핸들을 G6셀까지 드래그**합니다.

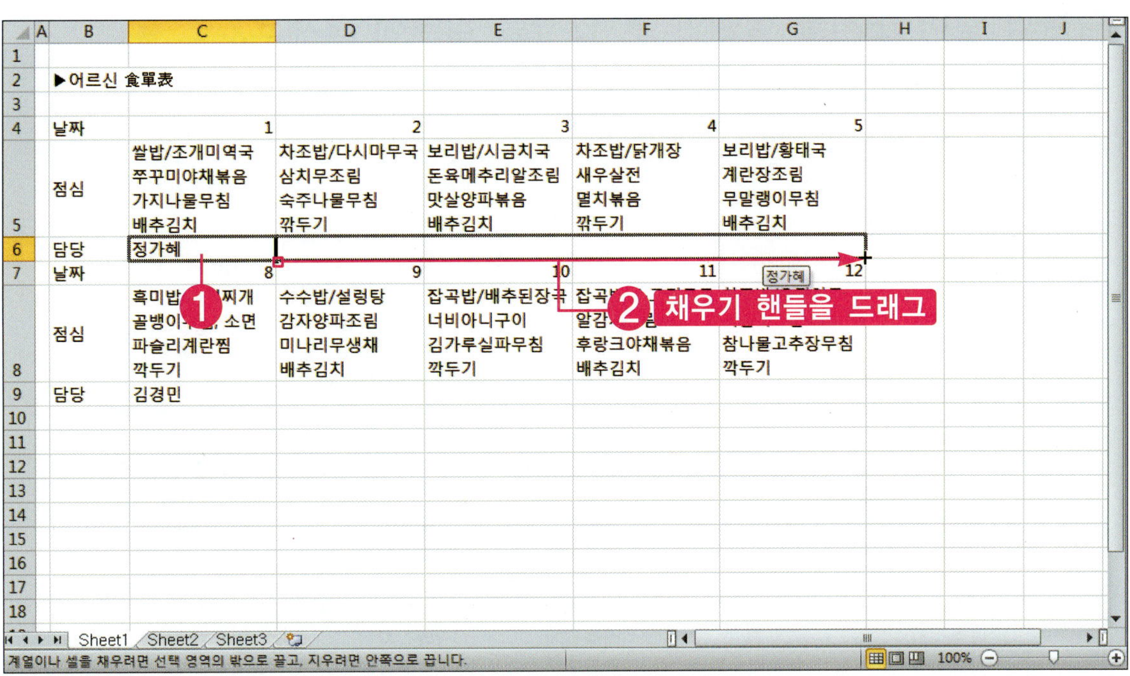

6 같은 방법으로 **다음과 같이 C9:G9셀 범위에 담당을 입력**합니다.

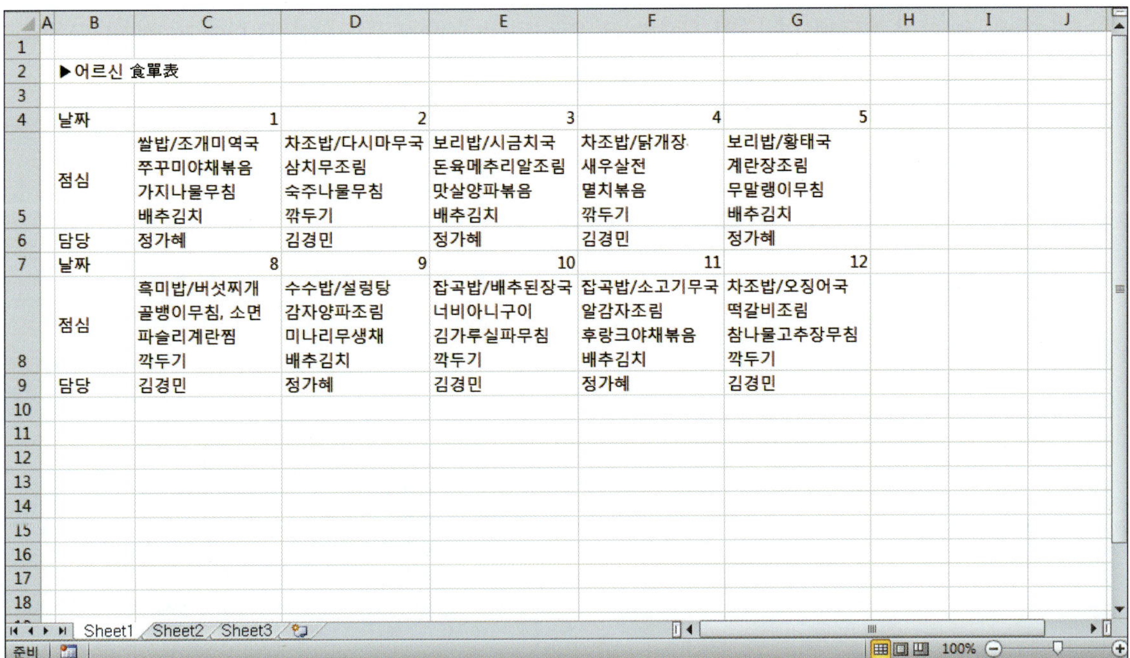

01 다음과 같이 문서를 작성한 후 한자를 입력해 보세요.

• 열 너비 : A열(1), B열(5), C:G열(17)

	A	B	C	D	E	F	G	H
1								
2		보호작업장 식단표						
3								
4		요일	월(月)	화(火)	수(水)	목(木)	금(金)	
5		날짜				08월 01일		
6						혼합잡곡밥 두부된장국 메추리알조림 사과무생채 배추김치	수수밥 비지찌개 폭찹 건새우마늘쫑볶음 깍두기	
7						옥수수부추죽	브로콜리채소죽	
8			08월 05일					
9			혼합잡곡밥 닭개장 뱅어포구이 도라지나물 배추김치	옥수수밥 시금치된장국 떡사태찜 물미역무침 깍두기	친환경차조밥 유부장국 치킨까스/소스 양상추샐러드 배추김치	율무밥 조갯살콩나물국 고등어우거지조림 감자야채볶음 백김치	친환경차조밥 참치김치찌개 장떡 취나물무침 깍두기	
10			쇠고기죽	현미버섯죽	단팥죽	두부아욱죽	고구마죽	
11								
12								
13								
14								

Hint

> F5셀에 '8-1'을 입력하면 날짜 데이터로 인식하여 '08월 01일'이 표시되고, 셀의 오른쪽에 맞추어 입력됩니다. 같은 방법으로 C8셀의 데이터도 입력합니다.

02 다음과 같이 기호를 입력해 보세요.

	A	B	C	D	E	F	G	H
1								
2		◑보호작업장 식단표◑						
3								
4		요일	월(月)	화(火)	수(水)	목(木)	금(金)	
5		날짜				08월 01일		
6						혼합잡곡밥 두부된장국 메추리알조림 사과무생채 배추김치	수수밥 비지찌개 폭찹 건새우마늘쫑볶음 깍두기	
7						옥수수부추죽	브로콜리채소죽	
8			08월 05일					
9			혼합잡곡밥 닭개장 뱅어포구이 도라지나물 배추김치	옥수수밥 시금치된장국 떡사태찜 물미역무침 깍두기	친환경차조밥 유부장국 치킨까스/소스 양상추샐러드 배추김치	율무밥 조갯살콩나물국 고등어우거지조림 감자야채볶음 백김치	친환경차조밥 참치김치찌개 장떡 취나물무침 깍두기	
10			쇠고기죽	현미버섯죽	단팥죽	두부아욱죽	고구마죽	
11								
12								
13								
14								

03 다음과 같이 채우기 명령을 사용하여 날짜를 입력해 보세요.

	A	B	C	D	E	F	G	H
1								
2		◑보호작업장 식단표◑						
3								
4		요일	월(月)	화(火)	수(水)	목(木)	금(金)	
5		날짜				08월 01일	08월 02일	
6						혼합잡곡밥 두부된장국 메추리알조림 사과무생채 배추김치	수수밥 비지찌개 폭찹 건새우마늘쫑볶음 깍두기	
7						옥수수부추죽	브로콜리채소죽	
8			08월 05일	08월 06일	08월 07일	08월 08일	08월 09일	
9			혼합잡곡밥 닭개장 뱅어포구이 도라지나물 배추김치	옥수수밥 시금치된장국 떡사태찜 물미역무침 깍두기	친환경차조밥 유부장국 치킨까스/소스 양상추샐러드 배추김치	율무밥 조갯살콩나물국 고등어우거지조림 감자야채볶음 백김치	친환경차조밥 참치김치찌개 장떡 취나물무침 깍두기	
10			쇠고기죽	현미버섯죽	단팥죽	두부아욱죽	고구마죽	
11								
12								
13								
14								

04 다음과 같이 사용자 지정 목록에 데이터(날짜, 점심, 간식)를 등록한 후 채우기 핸들을 사용하여 데이터를 입력해 보세요.

	A	B	C	D	E	F	G	H
1								
2		◑보호작업장 식단표◑						
3								
4		요일	월(月)	화(火)	수(水)	목(木)	금(金)	
5		날짜				08월 01일	08월 02일	
6		점심				혼합잡곡밥 두부된장국 메추리알조림 사과무생채 배추김치	수수밥 비지찌개 폭찹 건새우마늘쫑볶음 깍두기	
7		간식				옥수수부추죽	브로콜리채소죽	
8		날짜	08월 05일	08월 06일	08월 07일	08월 08일	08월 09일	
9		점심	혼합잡곡밥 닭개장 뱅어포구이 도라지나물 배추김치	옥수수밥 시금치된장국 떡사태찜 물미역무침 깍두기	친환경차조밥 유부장국 치킨까스/소스 양상추샐러드 배추김치	율무밥 조갯살콩나물국 고등어우거지조림 감자야채볶음 백김치	친환경차조밥 참치김치찌개 장떡 취나물무침 깍두기	
10		간식	쇠고기죽	현미버섯죽	단팥죽	두부아욱죽	고구마죽	
11								
12								
13								
14								

셀 서식 지정하기

Chapter 03

셀 서식은 셀과 셀에 입력한 데이터를 원하는 모양으로 변경할 수 있는 기능으로 글꼴 서식, 맞춤 서식, 테두리 서식, 채우기 서식, 표시 형식이 있습니다. 셀 서식을 지정하면 문서를 보기 쉽고 예쁘게 꾸밀 수 있습니다.

Step · 01 글꼴 서식 지정하기

1 엑셀을 실행한 후 다음과 같이 문서를 작성합니다.

• 열 너비 : A열(1), B:D열(18)

◢ A	B	C	D	E	F	G	H
1							
2	천만관객 한국영화						
3							
4	영화명	개봉일	관객수				
5	괴물	2006-07-27	13019740				
6	도둑들	2012-07-25	12983334				
7	7번방의 선물	2013-01-23	12735359				
8	광해, 왕이 된 남자	2012-09-13	12319542				
9	왕의 남자	2005-12-29	12302831				
10	태극기 휘날리며	2004-02-05	11746135				
11	해운대	2009-07-22	11453338				
12	실미도	2003-12-24	11081000				
13							
14							
15							
16							
17							
18							
19							
20							

2 B2셀을 **선택**한 후 [홈] 탭-[글꼴] 그룹에서 **[추가 옵션]**을 클릭합니다.

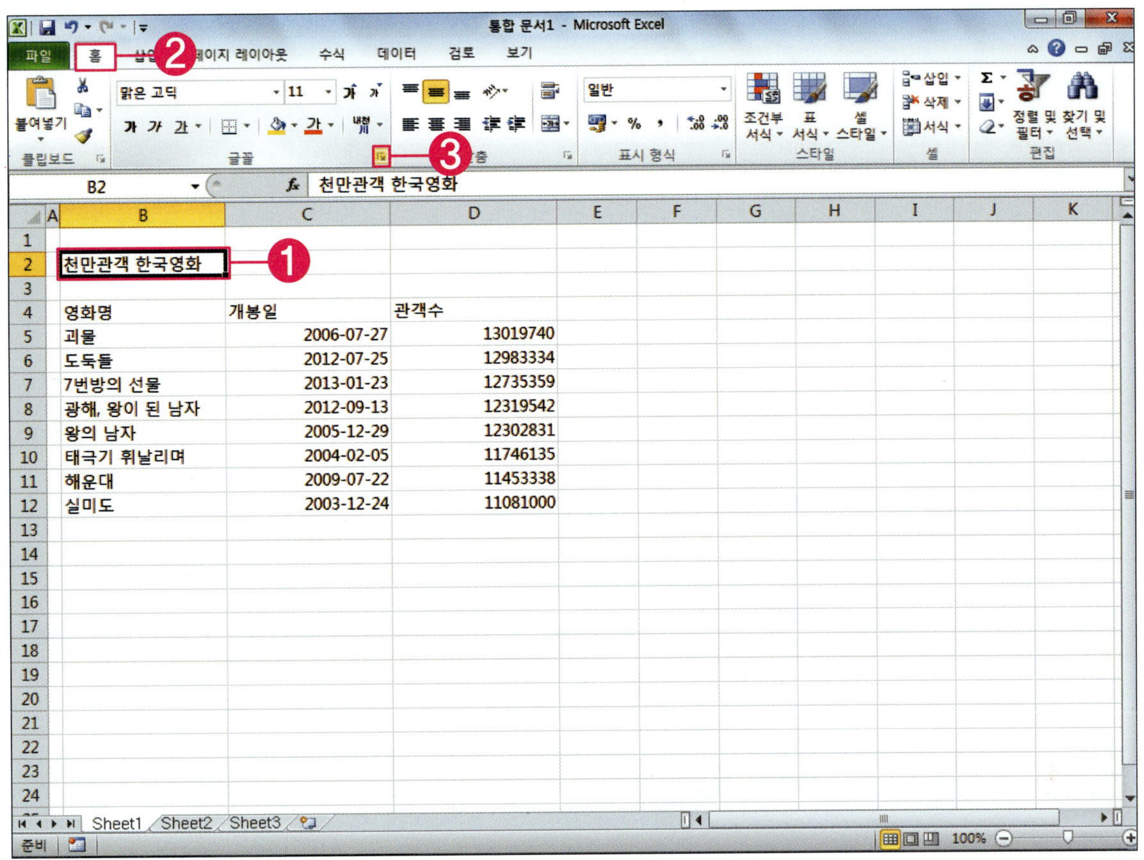

3 [셀 서식] 대화상자의 [글꼴] 탭이 나타나면 **글꼴(HY강B), 크기(16), 색(진한 파랑, 텍스트 2)**을 지정한 후 [확인] 단추를 클릭합니다.

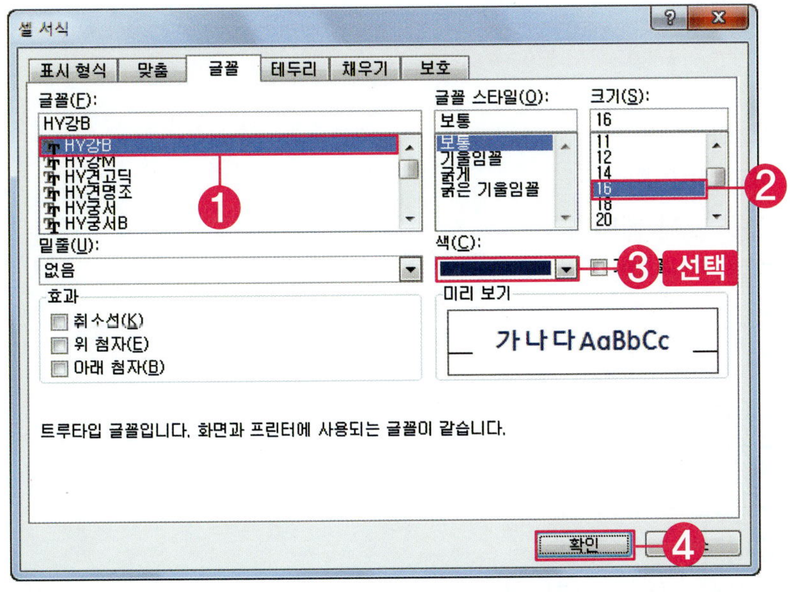

Tip

셀의 바로 가기 메뉴에서 [셀 서식]을 클릭하거나 Ctrl+1을 눌러 [셀 서식] 대화상자가 나타나게 할 수도 있습니다.

4 다음과 같이 글꼴 서식이 지정됩니다.

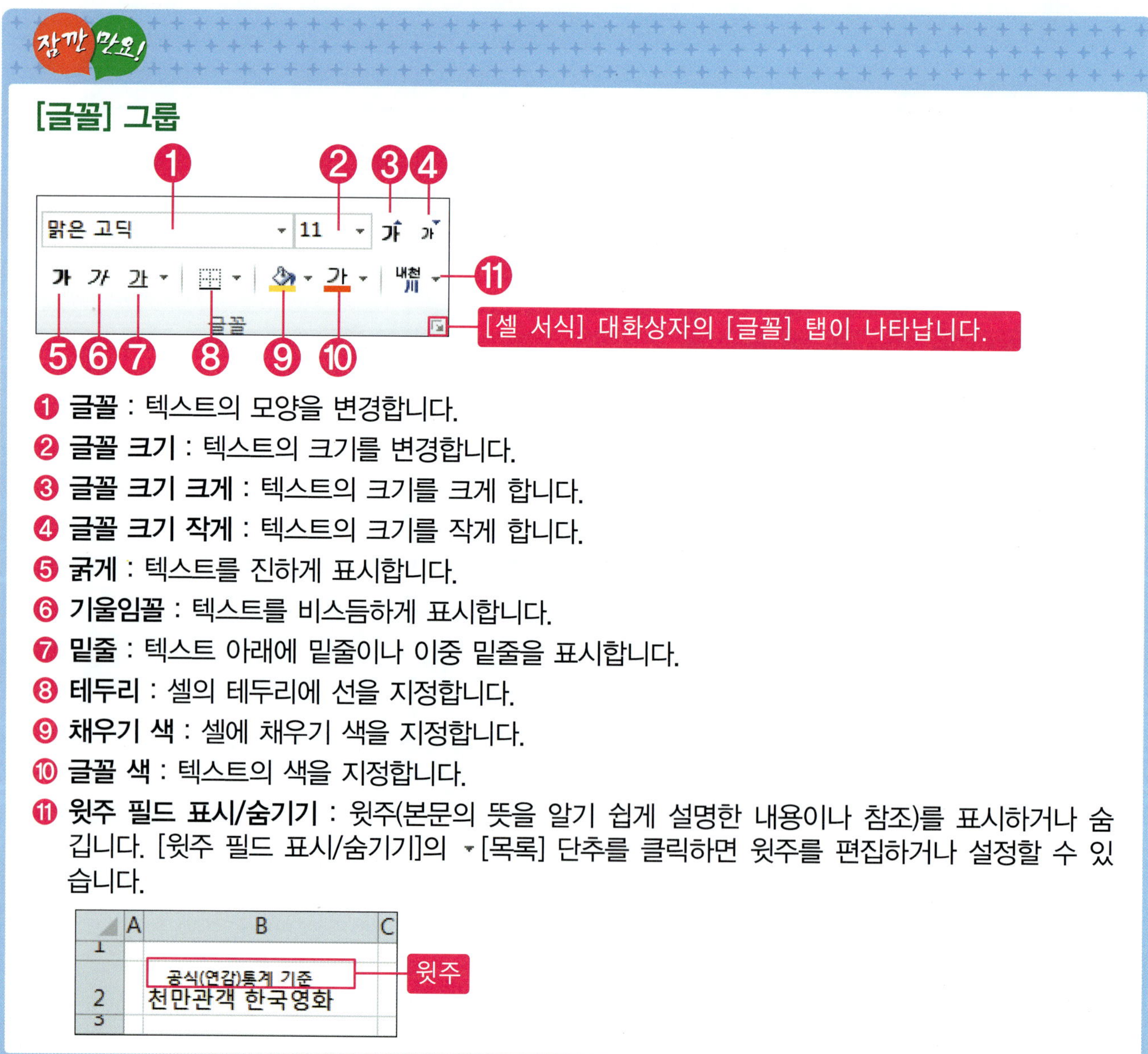

잠깐만요!

[글꼴] 그룹

[셀 서식] 대화상자의 [글꼴] 탭이 나타납니다.

❶ **글꼴** : 텍스트의 모양을 변경합니다.

❷ **글꼴 크기** : 텍스트의 크기를 변경합니다.

❸ **글꼴 크기 크게** : 텍스트의 크기를 크게 합니다.

❹ **글꼴 크기 작게** : 텍스트의 크기를 작게 합니다.

❺ **굵게** : 텍스트를 진하게 표시합니다.

❻ **기울임꼴** : 텍스트를 비스듬하게 표시합니다.

❼ **밑줄** : 텍스트 아래에 밑줄이나 이중 밑줄을 표시합니다.

❽ **테두리** : 셀의 테두리에 선을 지정합니다.

❾ **채우기 색** : 셀에 채우기 색을 지정합니다.

❿ **글꼴 색** : 텍스트의 색을 지정합니다.

⓫ **윗주 필드 표시/숨기기** : 윗주(본문의 뜻을 알기 쉽게 설명한 내용이나 참조)를 표시하거나 숨깁니다. [윗주 필드 표시/숨기기]의 ▾[목록] 단추를 클릭하면 윗주를 편집하거나 설정할 수 있습니다.

1 B2:D2셀 범위를 **선택**한 후 [홈] 탭–[맞춤] 그룹에서 ▦[**병합하고 가운데 맞춤**]을 **클릭**합니다.

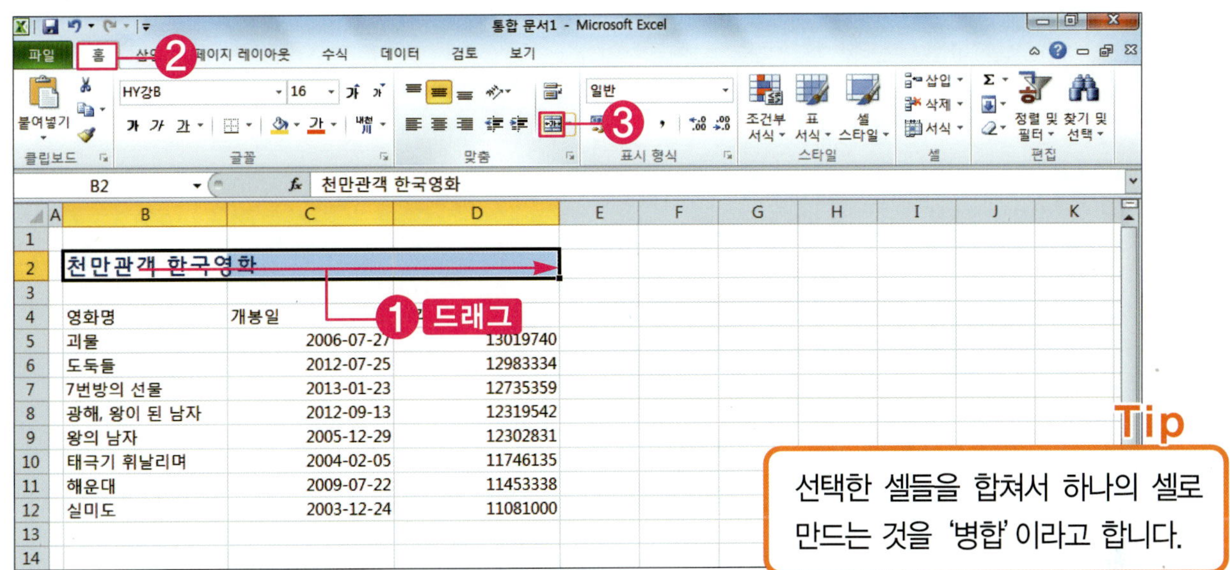

Tip
선택한 셀들을 합쳐서 하나의 셀로 만드는 것을 '병합'이라고 합니다.

잠깐 만요!

[맞춤] 그룹

[셀 서식] 대화상자의 [맞춤] 탭이 나타납니다.

❶ **위쪽 맞춤** : 셀의 위쪽에 텍스트를 표시합니다.

❷ **가운데 맞춤** : 세로 방향으로 셀의 가운데에 텍스트를 표시합니다.

❸ **아래쪽 맞춤** : 셀의 아래쪽에 텍스트를 표시합니다.

❹ **방향** : 텍스트를 회전시키거나 세로 쓰기를 합니다.

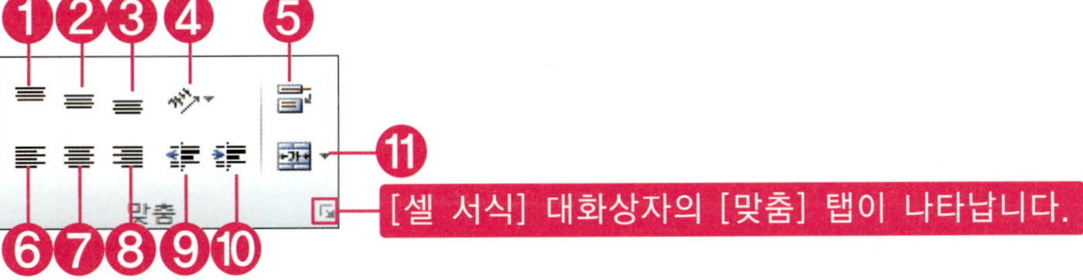

❺ **텍스트 줄 바꿈** : 열 너비에 맞게 줄을 바꾸어 여러 줄로 텍스트를 표시합니다. 열 너비를 변경하면 줄이 자동으로 조정됩니다.

❻ **텍스트 왼쪽 맞춤** : 셀의 왼쪽에 텍스트를 표시합니다.

❼ **가운데 맞춤** : 가로 방향으로 셀의 가운데에 텍스트를 표시합니다.

❽ **텍스트 오른쪽 맞춤** : 셀의 오른쪽에 텍스트를 표시합니다.

❾ **내어쓰기** : 셀의 왼쪽 테두리와 텍스트 사이의 여백을 줄입니다.

❿ **들여쓰기** : 셀의 왼쪽 테두리와 텍스트 사이의 여백을 늘립니다.

⓫ **병합하고 가운데 맞춤** : 선택한 셀들을 병합한 후 가로 방향으로 병합된 셀의 가운데에 텍스트를 표시합니다.

B4:D4셀 범위와 B5:B12셀 범위를 선택한 후 [홈] 탭-[맞춤] 그룹에서
[가운데 맞춤]을 클릭합니다.

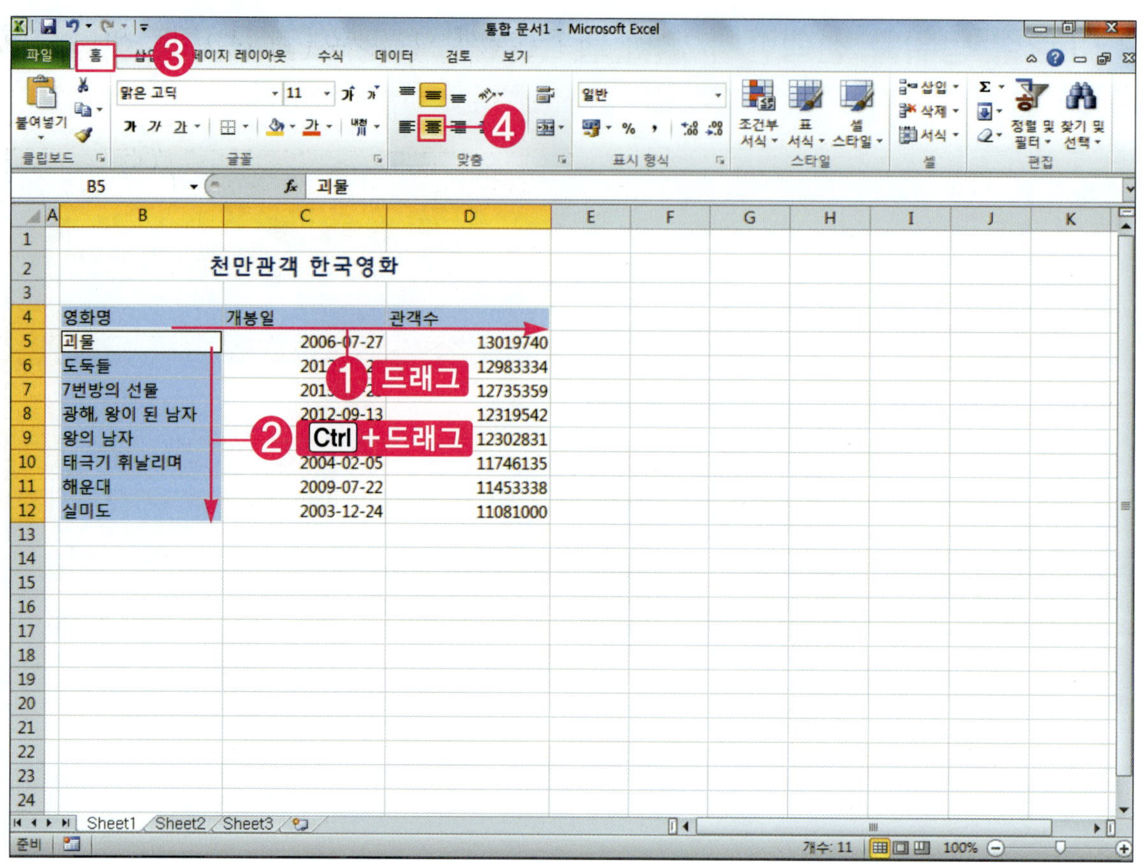

다음과 같이 맞춤 서식이 지정됩니다.

1 테두리 서식을 지정하기 위해 **B2셀을 선택**한 후 [홈] 탭-[글꼴] 그룹에서 ▦ **[테두리]의 ▾[목록] 단추를 클릭**한 다음 **[아래쪽 이중 테두리]를 클릭**합니다.

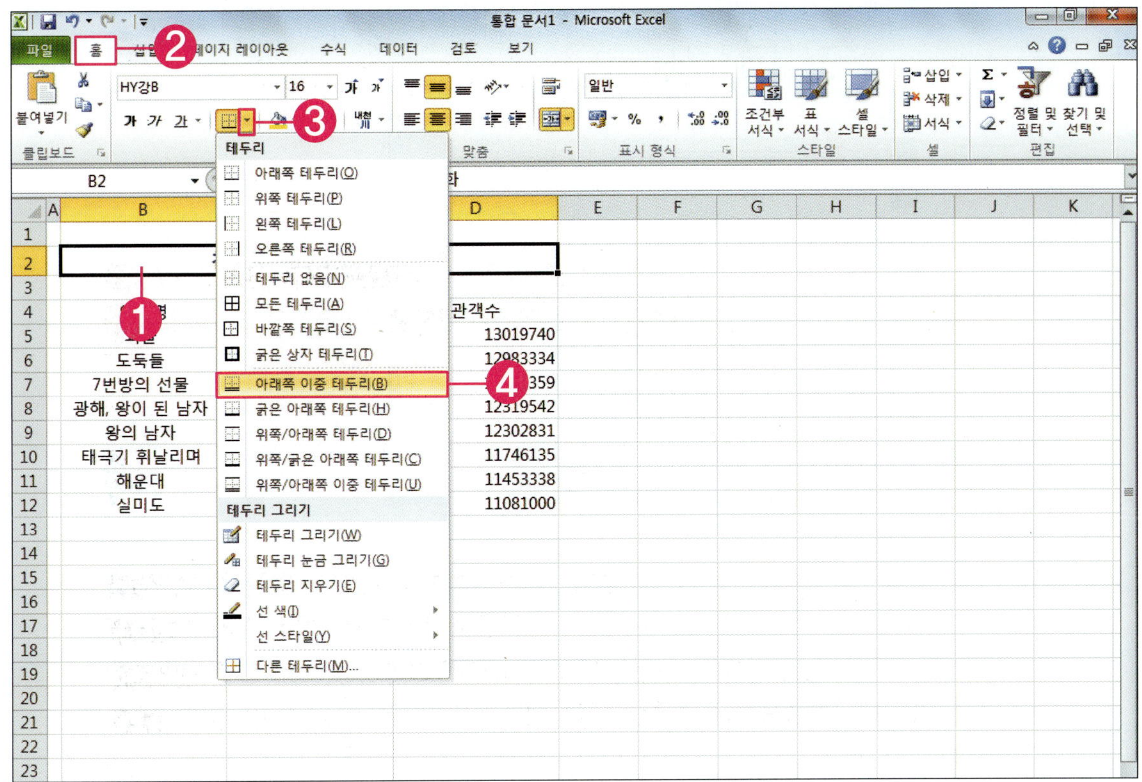

2 B4:D12셀 범위를 **선택**한 후 [홈] 탭-[글꼴] 그룹에서 ▫[추가 옵션]을 클릭합니다.

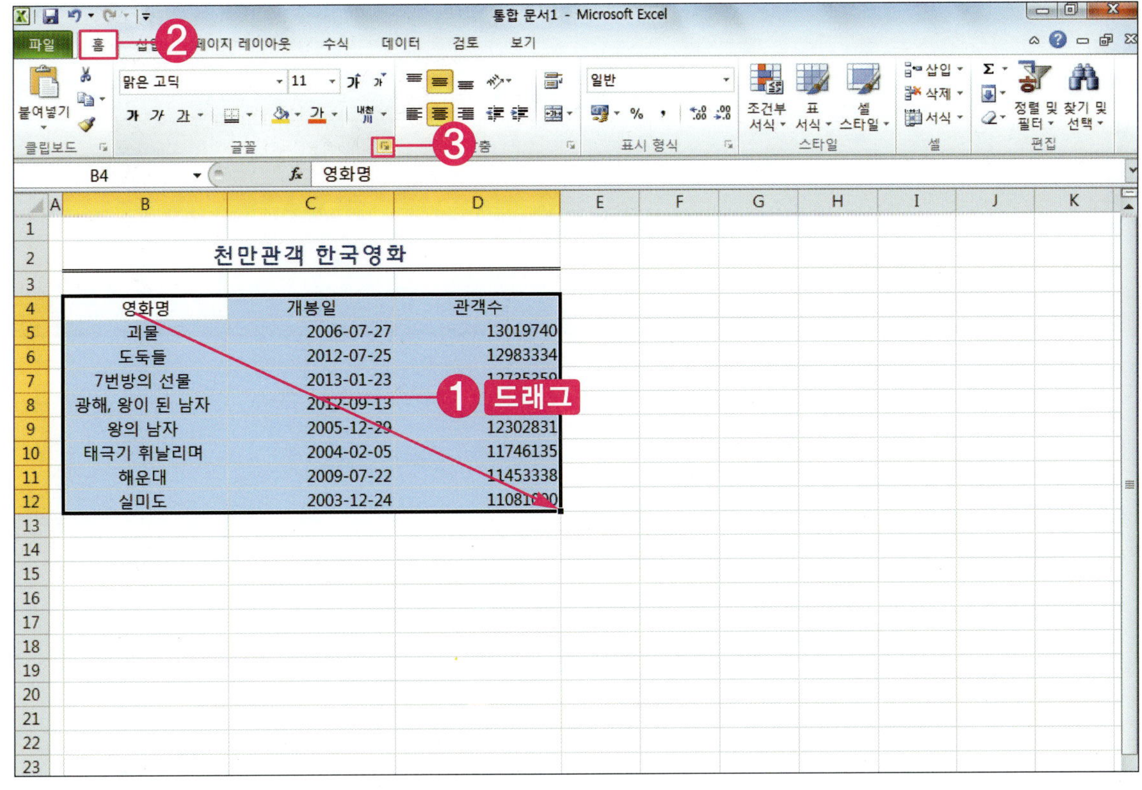

3 [셀 서식] 대화상자의 [글꼴] 탭이 나타나면 [테두리] 탭에서 **선 색(진한 파랑, 텍스트 2)을 선택**한 후 **선 스타일(──)을 지정**한 다음 ▦와 ▦를 클릭합니다. 그런 다음 ▦[안쪽]을 클릭한 후 [확인] 단추를 클릭합니다.

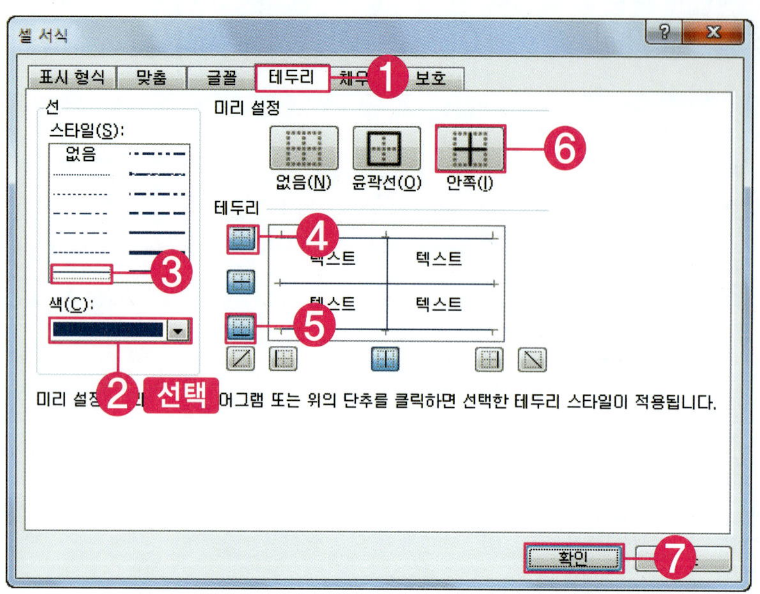

4 다음과 같이 테두리 서식이 지정됩니다.

영화명	개봉일	관객수
천만관객 한국영화		
괴물	2006-07-27	13019740
도둑들	2012-07-25	12983334
7번방의 선물	2013-01-23	12735359
광해, 왕이 된 남자	2012-09-13	12319542
왕의 남자	2005-12-29	12302831
태극기 휘날리며	2004-02-05	11746135
해운대	2009-07-22	11453338
실미도	2003-12-24	11081000

5 채우기 서식을 지정하기 위해 **B4:D4셀 범위를 선택**한 후 [홈] 탭-[글꼴] 그룹에서 **[채우기 색]**의 **[목록] 단추를 클릭**한 다음 **[진한 파랑, 텍스트 2, 60% 더 밝게]를 클릭**합니다.

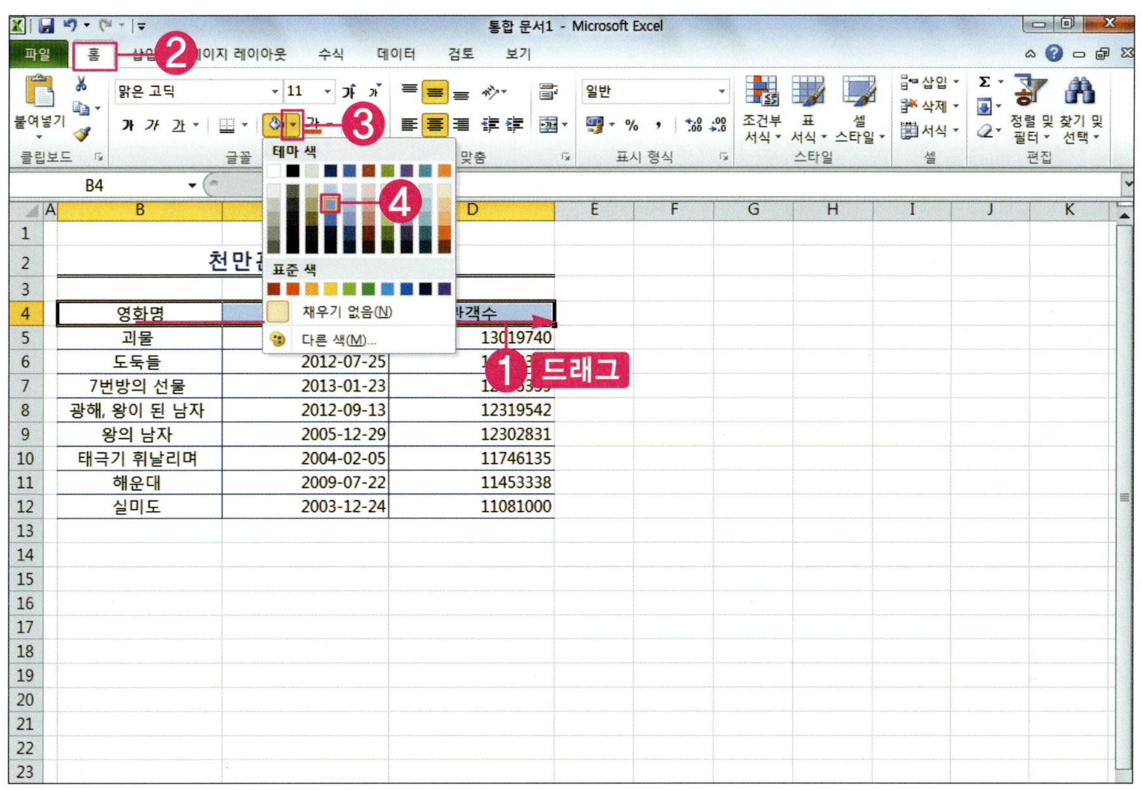

6 B6:D6셀 범위와 B8:D8셀 범위를 **선택**한 후 [홈] 탭-[글꼴] 그룹에서 **[채우기 색]**의 **[목록] 단추를 클릭**한 다음 **[빨강, 강조 2, 80% 더 밝게]를 클릭**합니다.

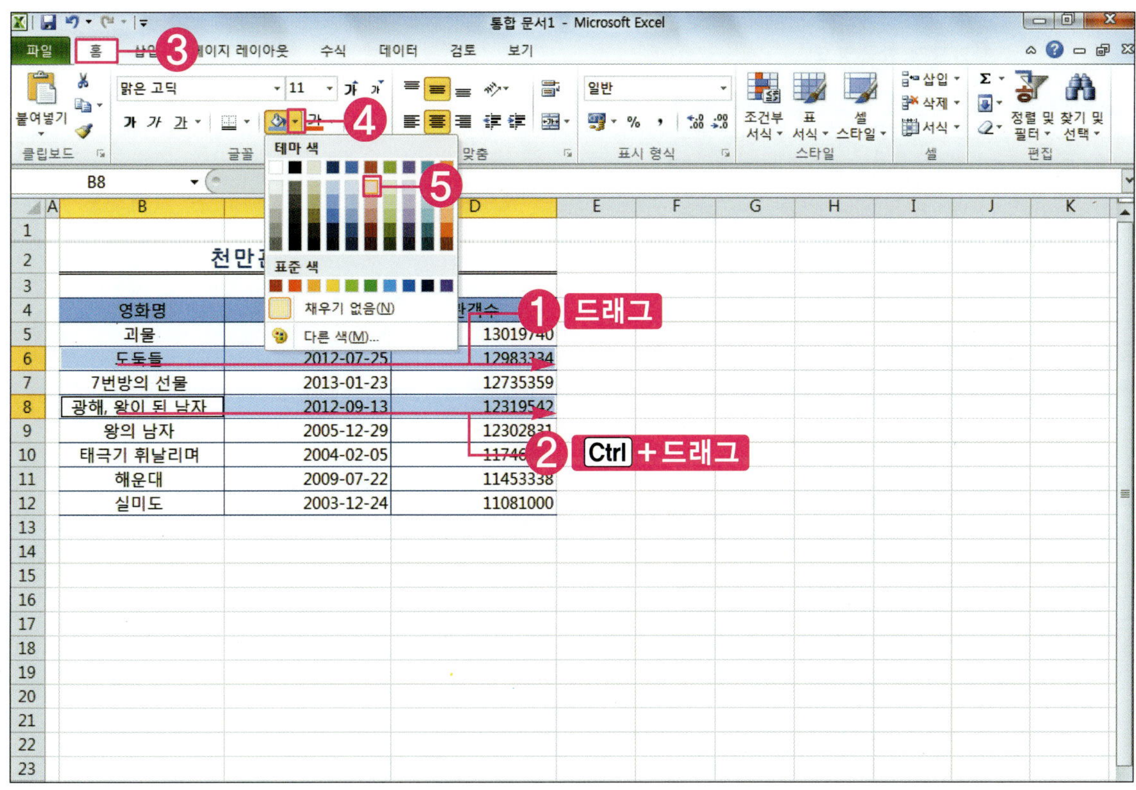

	A	B	C	D
2		천만관객 한국영화		
4		영화명	개봉일	관객수
5		괴물	2006-07-27	13019740
6		도둑들	2012-07-25	12983334
7		7번방의 선물	2013-01-23	12735359
8		광해, 왕이 된 남자	2012-09-13	12319542
9		왕의 남자	2005-12-29	12302831
10		태극기 휘날리며	2004-02-05	11746135
11		해운대	2009-07-22	11453338
12		실미도	2003-12-24	11081000

잠깐만요!

서식 복사하기

다음과 같이 셀을 선택한 후 [홈] 탭-[클립보드] 그룹에서 ⏳[서식 복사]를 클릭한 다음 다른 셀을 클릭하면 선택한 셀에 지정된 서식을 복사하여 다른 셀에 서식을 손쉽게 지정할 수 있습니다. [홈] 탭-[클립보드] 그룹에서 ⏳[서식 복사]를 클릭하면 서식 복사를 한 번만 할 수 있고, 더블클릭하면 Esc 를 눌러 해제할 때까지 할 수 있습니다.

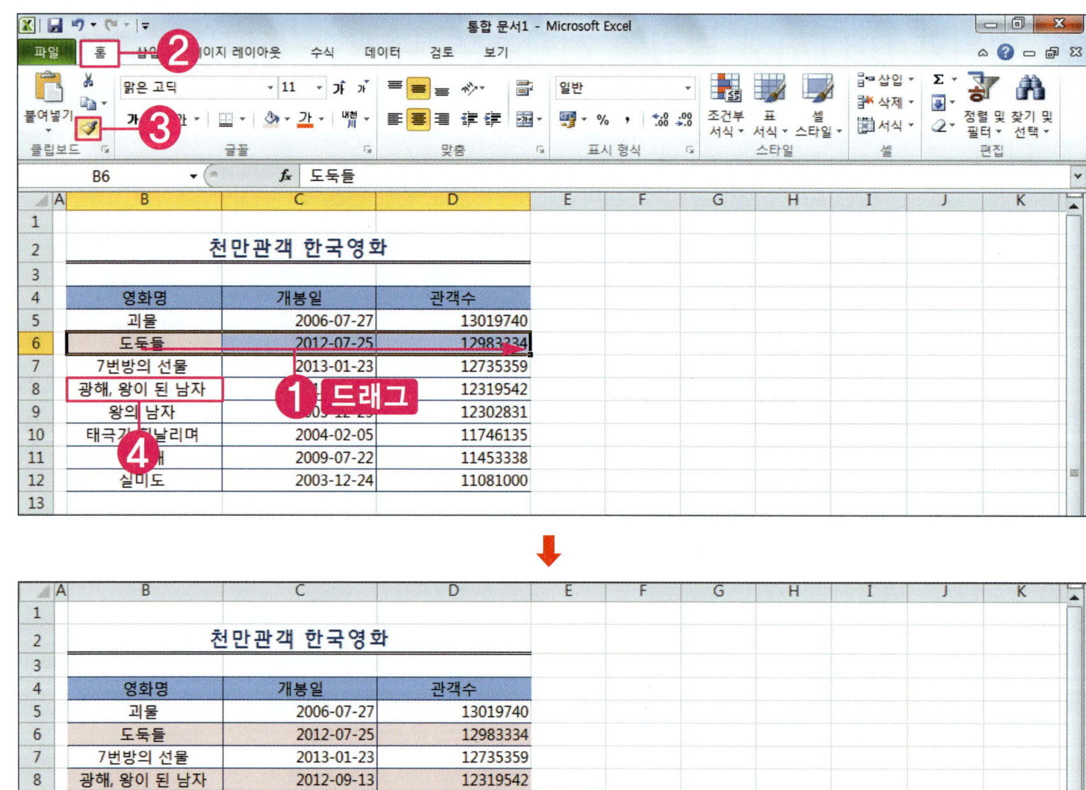

1 D5:D12셀 범위를 선택한 후 [홈] 탭-[표시 형식] 그룹에서 ，[쉼표 스타일]을 클릭합니다.

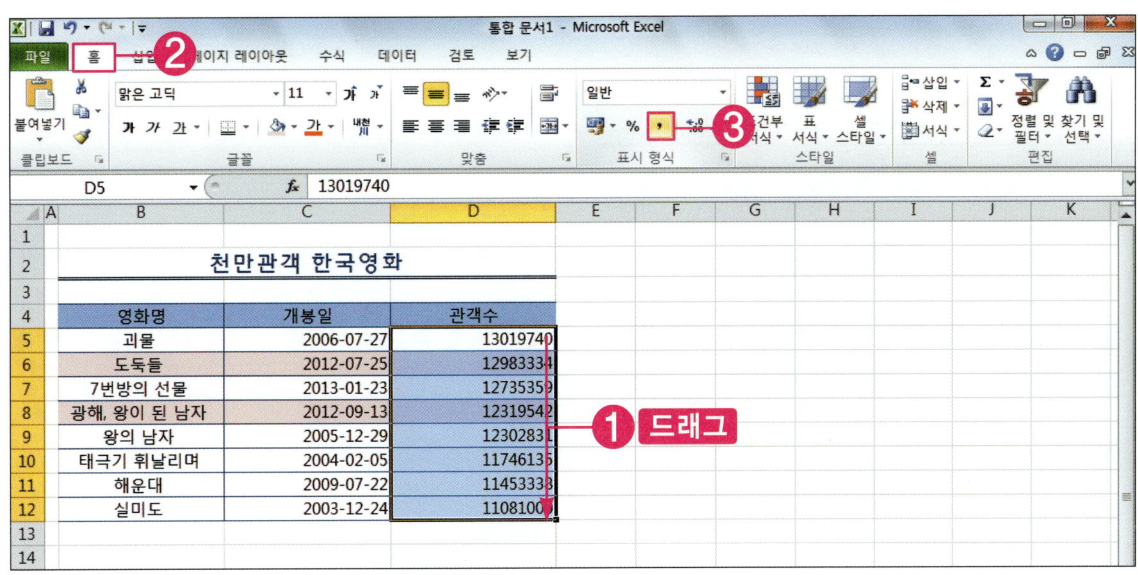

잠깐만요!

[표시 형식] 그룹

[셀 서식] 대화상자의 [표시 형식] 탭이 나타납니다.

❶ **표시 형식** : 셀 값이 표시되는 방법을 지정합니다. 일반은 표시 형식을 지정하지 않은 것을 말합니다.

A	B	C	D	E	F	G	H	I
	일반		간단한 날짜		자세한 날짜		시간	
	100		2013-11-05		2013년 11월 5일 화요일		오전 9:45:30	

❷ **회계 표시 형식** : 통화 기호를 사용하여 셀 값을 표시합니다.

A	B	C	D	E	F	G	H	I
	₩ 한국어		$ 영어(미국)		€ 유로(€ 123)		¥ 일본어	
	₩　　1,500.00		$　　1,500.00		€　　1,500.00		¥　　1,500.00	

❸ **백분율 스타일** : 셀 값에 100을 곱한 값을 백분율 기호(%)와 함께 표시합니다.

❹ **쉼표 스타일** : 천 단위 구분 기호(,)를 사용하여 셀 값을 표시합니다.

❺ **자릿수 늘림** : 소수 자릿수를 늘려 셀 값을 자세히 표시합니다.

❻ **자릿수 줄임** : 소수 자릿수를 줄여 셀 값을 간단히 표시합니다.

2 C5:C12셀 범위를 **선택**한 후 [홈] 탭-[표시 형식] 그룹에서 ▣[추가 옵션]을 **클릭**합니다.

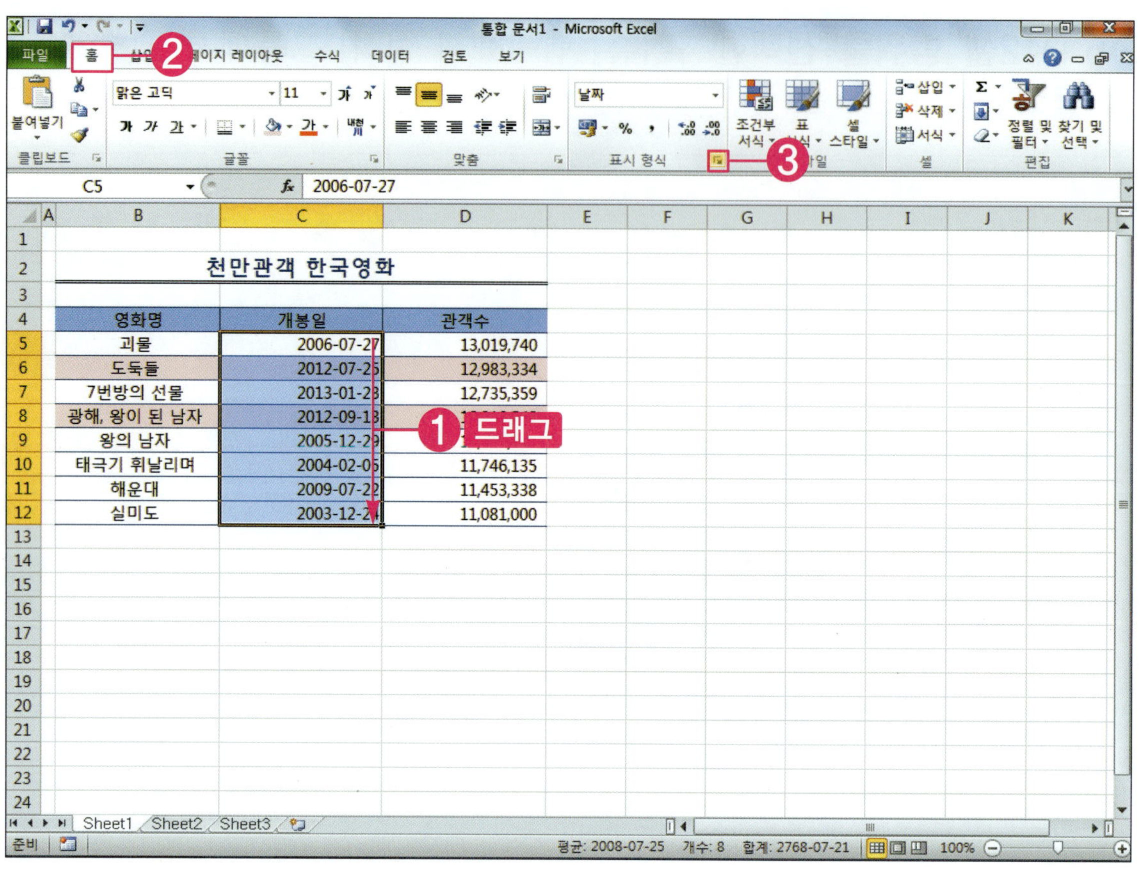

3 [셀 서식] 대화상자의 [표시 형식] 탭이 나타나면 **범주(날짜)를 지정**한 후 **형식(2001년 3월 14일)을 선택**한 다음 [확인] 단추를 클릭합니다.

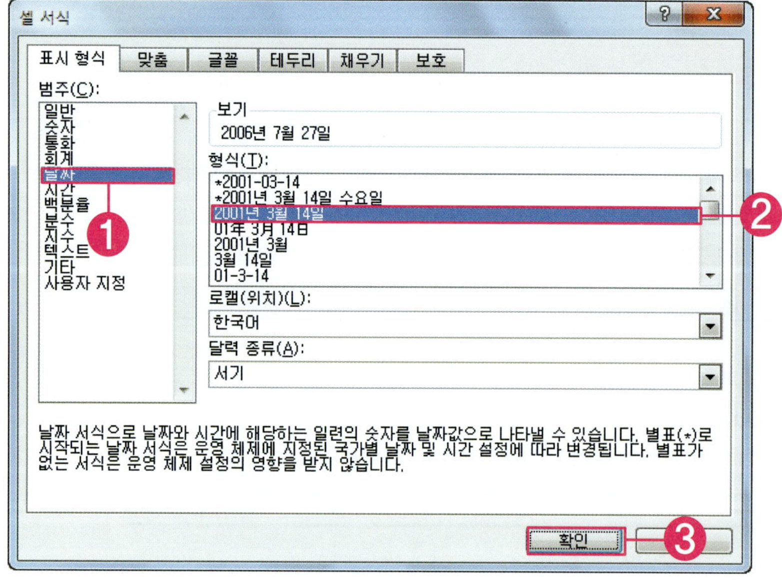

 다음과 같이 표시 형식이 지정됩니다.

	A	B	C	D	E	F	G	H	I	J	K
1											
2			천만관객 한국영화								
3											
4		영화명	개봉일	관객수							
5		괴물	2006년 7월 27일	13,019,740							
6		도둑들	2012년 7월 25일	12,983,334							
7		7번방의 선물	2013년 1월 23일	12,735,359							
8		광해, 왕이 된 남자	2012년 9월 13일	12,319,542							
9		왕의 남자	2005년 12월 29일	12,302,831							
10		태극기 휘날리며	2004년 2월 5일	11,746,135							
11		해운대	2009년 7월 22일	11,453,338							
12		실미도	2003년 12월 24일	11,081,000							

사용자 지정 표시 형식

[셀 서식] 대화상자의 [표시 형식] 탭에서 범주를 '사용자 지정'으로 지정하면 직접 표시 형식을 지정하여 숫자, 날짜, 시간 등을 원하는 형식으로 표시할 수 있습니다.

다음은 사용자 지정 표시 형식에 사용되는 주요 서식 코드입니다.

서식 코드	설명
#	• 숫자의 자릿수가 형식에 지정된 자릿수보다 많은 경우, 숫자를 형식에 지정된 소수 자릿수 아래에서 반올림하여 형식에 지정된 소수 자릿수로 표시합니다.❶ • 숫자의 자릿수가 형식에 지정된 자릿수보다 적은 경우, 숫자를 그대로 표시합니다.❷
0	• 숫자의 자릿수가 형식에 지정된 자릿수보다 많은 경우, 숫자를 형식에 지정된 소수 자릿수 아래에서 반올림하여 형식에 지정된 소수 자릿수로 표시합니다.❸ • 숫자의 자릿수가 형식에 지정된 자릿수보다 적은 경우, 숫자를 그대로 표시하고 숫자의 자릿수보다 많은 형식에 지정된 자릿수에는 '0'을 표시합니다.❹
,	• 천 단위마다 천 단위 구분 기호(,)를 표시합니다.❺ • 쉼표 서식 코드(,) 다음에 다른 서식 코드가 없는 경우, 천 단위로 나눈 숫자를 반올림하여 표시합니다.❻
@	• 문자의 표시 위치를 지정합니다.❼

	A	B	C	D	E
2		데이터	형식	결과값	
3	❶	12.56	#.#	12.6	
4	❷	12.56	###.###	12.56	
5	❸	12.56	0.0	12.6	
6	❹	12.56	000.000	012.560	
7	❺	456789	#,##0	456,789	
8	❻	456789	#,	457	
9	❼	아슬란	@" 주식회사"	아슬란 주식회사	

01 다음과 같이 문서를 작성한 후 글꼴 서식을 지정해 보세요.

- **열 너비** : A열(1), C열(30), D:F열(12)
- **B2셀** : 글꼴(HY수평선B), 글꼴 스타일(기울임꼴), 글꼴 크기(18), 글꼴 색(파랑, 강조 1)
- **B4:F4셀 범위/E9셀** : 글꼴(HY동녘M), 글꼴 크기(12)

A	B	C	D	E	F	G	H
1							
2	역대 박스오피스 순위						
3							
4	순위	영화명	개봉일	관객수	스크린수		
5	1	아바타	2009-12-17	13624328	912		
6	2	트랜스포머 3	2011-06-29	7784807	1409		
7	3	미션임파서블:고스트프로토콜	2011-12-15	7575899	1038		
8	4	트랜스포머: 패자의 역습	2009-06-24	7505700	1129		
9				국적	외국		
10							
11							
12							
13							
14							
15							
16							
17							
18							
19							
20							

02 다음과 같이 맞춤 서식을 지정해 보세요.

- **B2:F2셀 범위** : [병합하고 가운데 맞춤]
- **B4:F4셀 범위/B5:B8셀 범위/E9:F9셀 범위** : [가운데 맞춤]

A	B	C	D	E	F	G	H
1							
2		역대 박스오피스 순위					
3							
4	순위	영화명	개봉일	관객수	스크린수		
5	1	아바타	2009-12-17	13624328	912		
6	2	트랜스포머 3	2011-06-29	7784807	1409		
7	3	미션임파서블:고스트프로토콜	2011-12-15	7575899	1038		
8	4	트랜스포머: 패자의 역습	2009-06-24	7505700	1129		
9				국적	외국		
10							
11							
12							
13							
14							
15							
16							
17							
18							
19							
20							

03 다음과 같이 테두리 서식과 채우기 서식을 지정해 보세요.

- C5:C8셀 범위 : 채우기 색(황록색, 강조 3, 60% 더 밝게)
- E9셀 : 채우기 색(자주, 강조 4, 60% 더 밝게)

	A	B	C	D	E	F	G	H
1								
2			역대 박스오피스 순위					
3								
4		순위	영화명	개봉일	관객수	스크린수		
5		1	아바타	2009-12-17	13624328	912		
6		2	트랜스포머 3	2011-06-29	7784807	1409		
7		3	미션임파서블:고스트프로토콜	2011-12-15	7575899	1038		
8		4	트랜스포머: 패자의 역습	2009-06-24	7505700	1129		
9					국적	외국		
10								
11								
12								
13								
14								
15								
16								
17								
18								
19								
20								

04 다음과 같이 표시 형식을 지정해 보세요.

- E5:E8셀 범위 : 범주(사용자 지정), 형식(#,##0"명")
- F5:F8셀 범위 : ﹐ [쉼표 스타일]

	A	B	C	D	E	F	G	H
1								
2			역대 박스오피스 순위					
3								
4		순위	영화명	개봉일	관객수	스크린수		
5		1	아바타	2009-12-17	13,624,328명	912		
6		2	트랜스포머 3	2011-06-29	7,784,807명	1,409		
7		3	미션임파서블:고스트프로토콜	2011-12-15	7,575,899명	1,038		
8		4	트랜스포머: 패자의 역습	2009-06-24	7,505,700명	1,129		
9					국적	외국		
10								
11								
12								
13								
14								
15								
16								
17								
18								
19								
20								

Hint

E5:E8셀 범위를 선택한 후 [홈] 탭-[표시 형식] 그룹에서 [추가 옵션]을 클릭합니다. [셀 서식] 대화상자의 [표시 형식] 탭이 나타나면 범주(날짜)를 지정한 후 형식(#,##0"명")을 입력합니다.

자동 서식과 조건부 서식 지정하고 인쇄하기

Chapter 04

자동 서식은 글꼴 서식이나 테두리 서식 등의 서식을 일일이 지정하지 않고 한 번에 지정할 수 있는 기능으로 셀 스타일과 표 서식이 있습니다. 조건부 서식은 조건을 만족하는 경우에만 셀에 지정되는 서식입니다. 엑셀에서는 인쇄 내용을 페이지의 가운데에 인쇄하거나 머리글/바닥글을 삽입하여 인쇄하는 등 원하는 모양으로 인쇄할 수 있습니다.

Step · 01 셀 스타일 적용하기

1 **엑셀을 실행**한 후 **다음과 같이 문서를 작성**합니다.

- **열 너비** : A열(1), C:F열(12)
- **B2:F2셀 범위** : ▦[병합하고 가운데 맞춤]
- **F3셀/B4:F4셀 범위/B5:B10셀 범위** : ▤[가운데 맞춤]
- **C5:F10셀 범위** : ▸[쉼표 스타일]

▲	A	B	C	D	E	F	G	H	I
1									
2			KTX 여객 수송 동향						
3						단위 : 천명			
4		월	경부선	호남선	경전선	전라선			
5		07월	3,210	533	338	255			
6		08월	3,326	556	330	188			
7		09월	3,211	571	336	115			
8		10월	3,564	635	369	129			
9		11월	3,566	603	337	122			
10		12월	3,723	653	369	135			
11									
12									
13									
14									
15									
16									
17									
18									

2 B2셀을 **선택**한 후 [홈] 탭-[스타일] 그룹에서 **[셀 스타일]**을 **클릭**한 다음 **[제목 1]**을 **클릭**합니다.

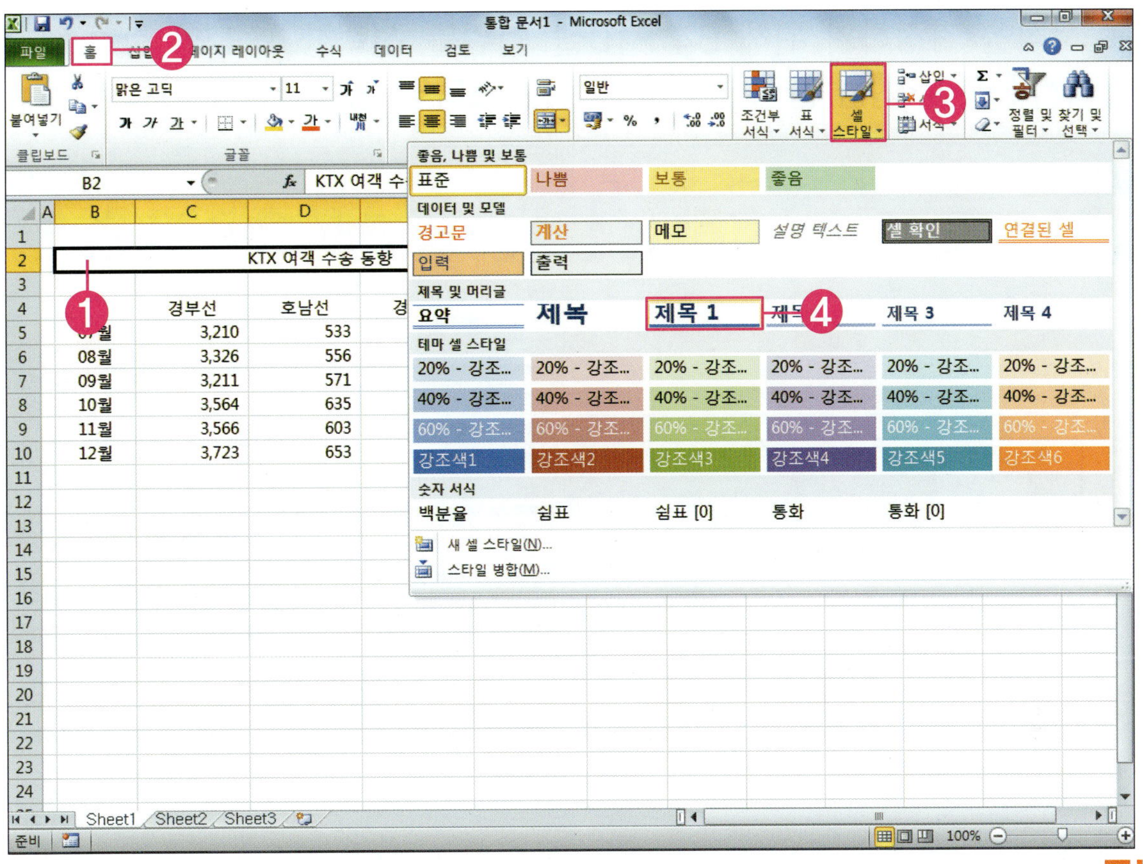

Tip

- 셀 스타일은 셀 서식이 미리 정의되어 있는 자동 서식입니다.
- [표준]을 클릭하면 적용한 셀 스타일뿐만 아니라 지정된 모든 셀 서식이 제거됩니다.

3 같은 방법으로 **F3셀에 셀 스타일(60% - 강조색4)을 적용**합니다.

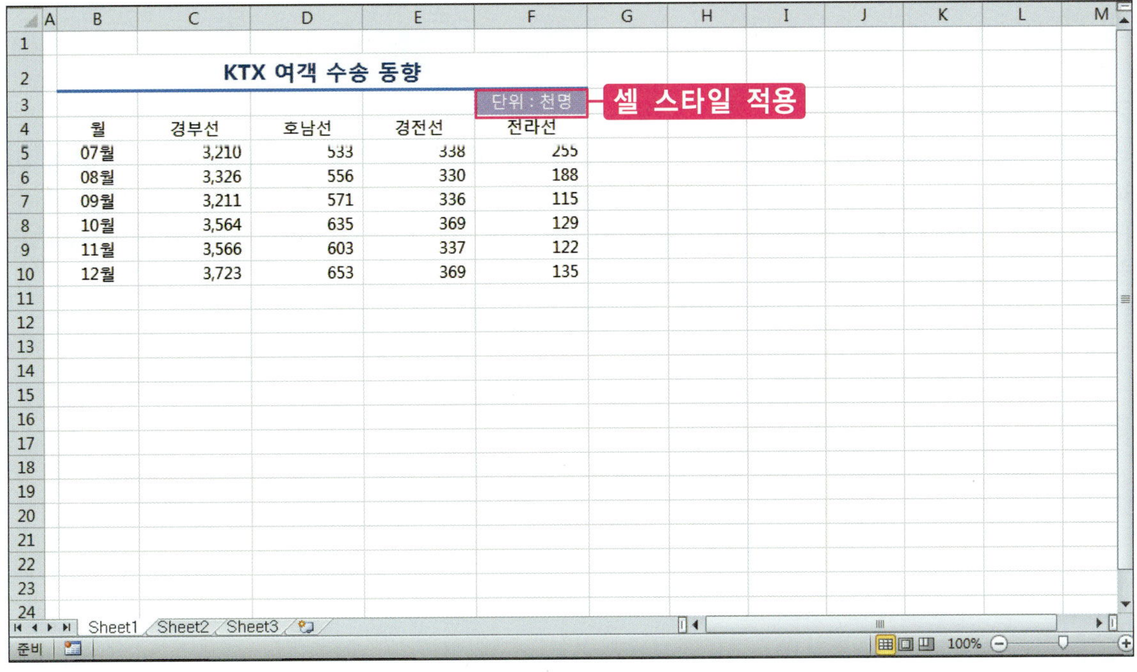

1 표 서식을 지정하기 위해 **B4:F10셀 범위를 선택**한 후 [홈] 탭–[스타일] 그룹에서 **[표 서식]을 클릭**한 다음 **[표 스타일 밝게 11]을 클릭**합니다.

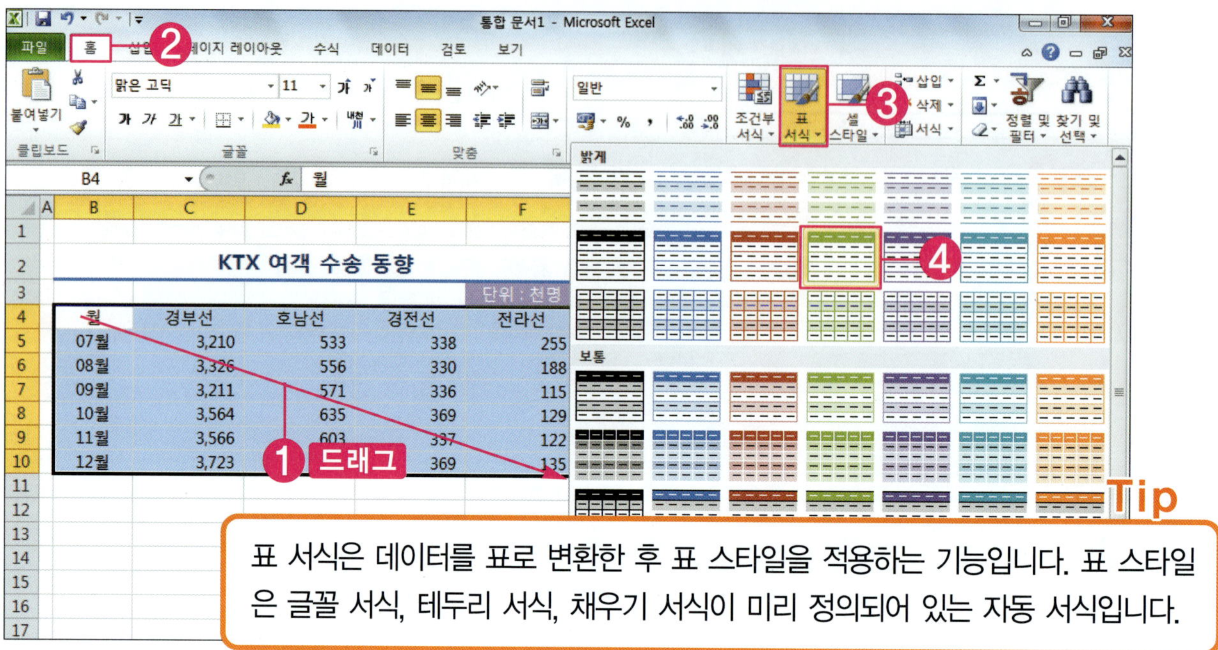

표 서식은 데이터를 표로 변환한 후 표 스타일을 적용하는 기능입니다. 표 스타일은 글꼴 서식, 테두리 서식, 채우기 서식이 미리 정의되어 있는 자동 서식입니다.

2 [표 서식] 대화상자가 나타나면 **[확인] 단추를 클릭**합니다.

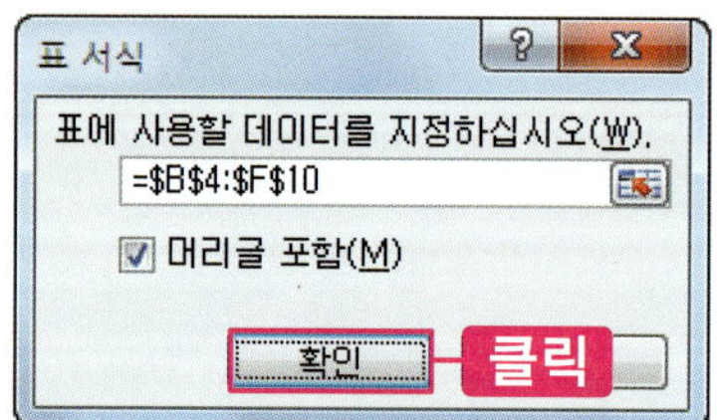

잠깐만요!

표 기능

표 서식을 지정하면 새 데이터를 입력하는 경우, 표 서식이 자동으로 지정되며 다음과 같이 머리글 행(B4:F4셀 범위)에 나타난 ▼[필터 목록] 단추를 사용하여 데이터를 정렬(데이터를 일정한 순서에 의해 차례대로 재배열하는 작업)하거나 필터링(많은 데이터 중에서 원하는 데이터만 표시하는 작업)을 할 수 있습니다.

3 표 서식이 지정되면 표를 정상 범위로 변환하기 위해 **B4셀을 선택**한 후 [표 도구] 정황 탭-[디자인] 탭-[도구] 그룹에서 **[범위로 변환]**을 클릭합니다.

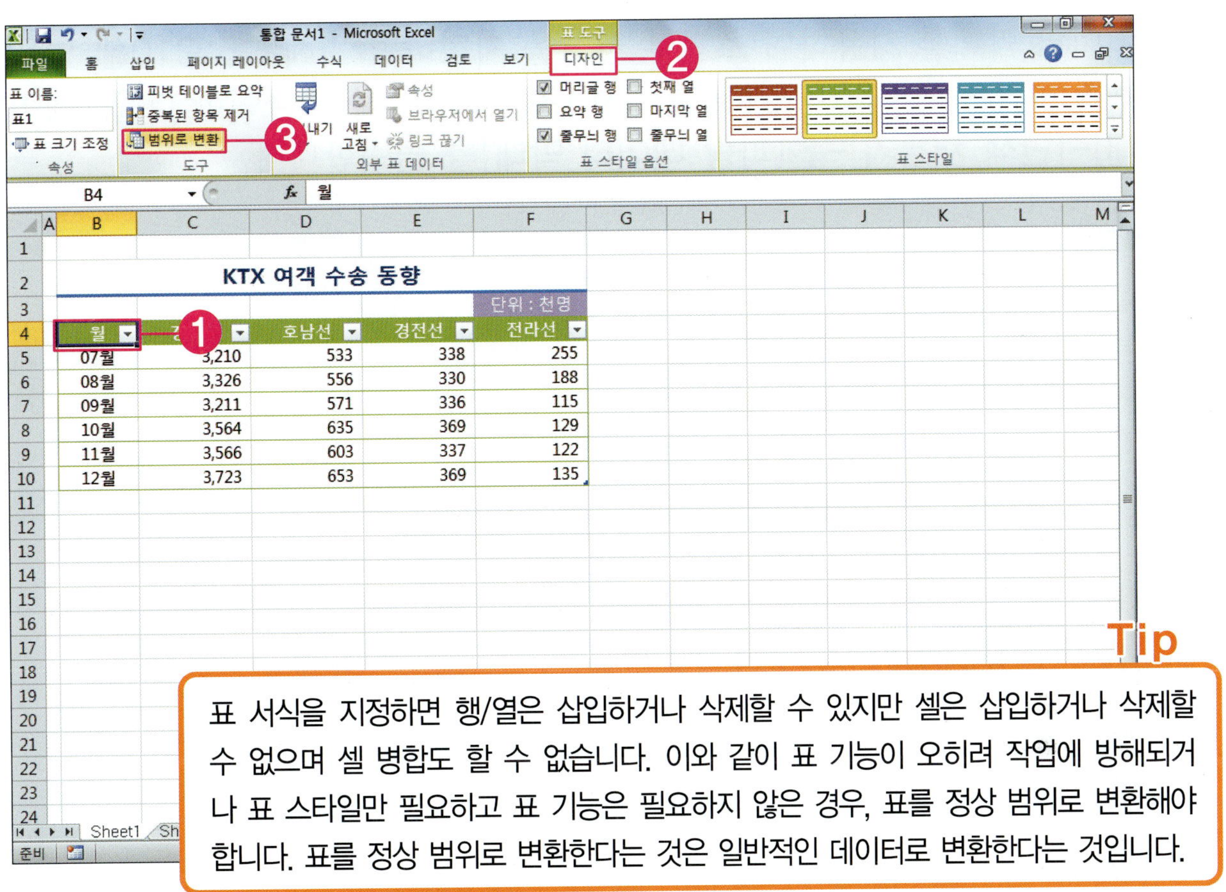

4 '표를 정상 범위로 변환하시겠습니까?' 라고 묻는 메시지가 나타나면 **[예] 단 추를 클릭**합니다.

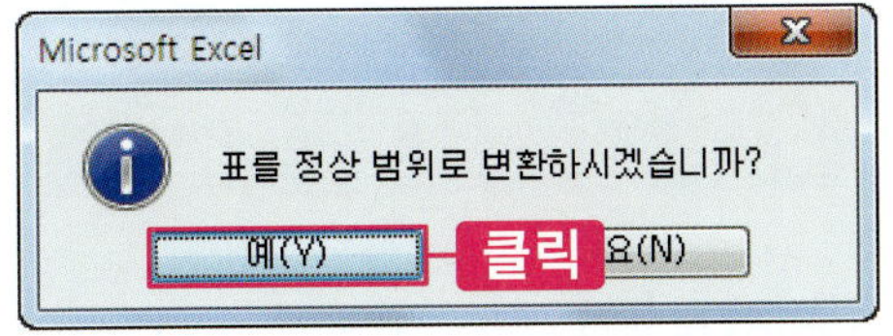

5 다음과 같이 표가 정상 범위로 변환됩니다.

1 데이터 막대를 사용하여 조건부 서식을 지정하기 위해 C5:C10셀 범위를 선택한 후 [홈] 탭-[스타일] 그룹에서 [조건부 서식]을 클릭한 다음 [데이터 막대]-[단색 채우기]-[파랑 데이터 막대]를 클릭합니다.

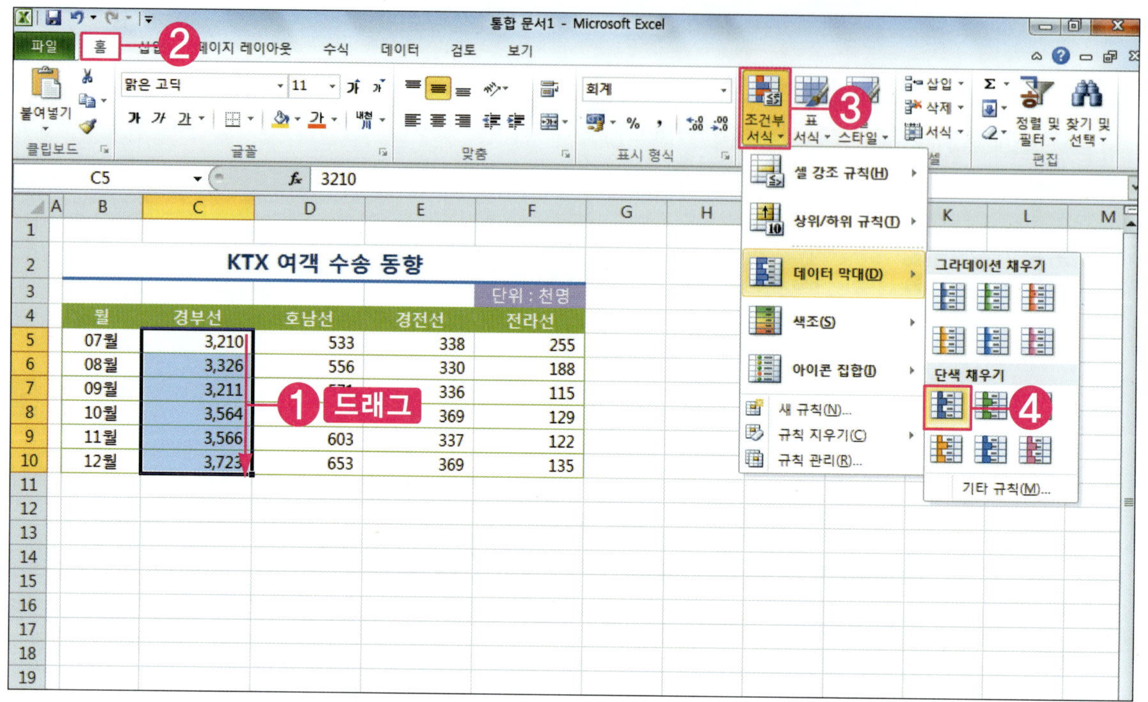

Tip

데이터 막대는 셀 값을 다른 셀 값과 비교하여 막대의 길이로 표시하는 조건부 서식입니다.

잠깐 만요!

색조

색조는 셀 값을 다른 셀 값과 비교하여 2색 또는 3색의 그라데이션(점진적으로 한 색에서 다른 색으로 변해 가는 것)으로 표시하는 조건부 서식입니다. 다음은 E5:E10셀 범위를 선택한 후 [홈] 탭-[스타일] 그룹에서 [조건부 서식]을 클릭한 다음 [색조]-[녹색 - 노랑 색조]를 클릭한 경우입니다.

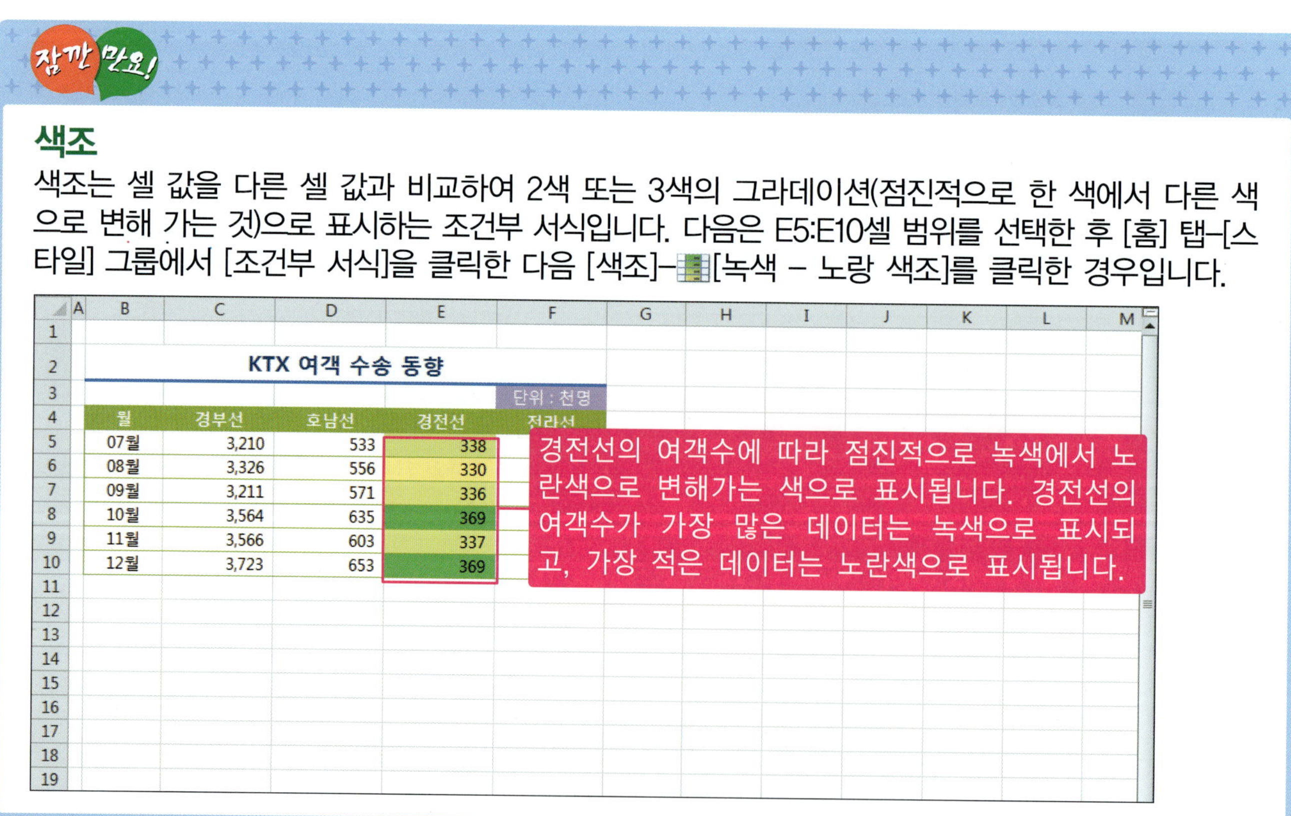

2 다음과 같이 경부선의 여객수에 따라 파란색 막대의 길이로 표시됩니다.

월	경부선	호남선	경전선	전라선
				단위 : 천명
07월	3,210	533	338	255
08월	3,326	556	330	188
09월	3,211	571	336	115
10월	3,564	635	369	129
11월	3,566	603	337	122
12월	3,723	653	369	135

Tip

경부선의 여객수가 가장 많은 데이터는 가장 긴 파란색 막대로 표시되고, 가장 적은 데이터는 가장 짧은 파란색 막대로 표시됩니다.

잠깐 만요!

조건부 서식 지우기

조건부 서식이 지정된 셀 범위를 선택한 후 [홈] 탭-[스타일] 그룹에서 [조건부 서식]을 클릭한 다음 [규칙 지우기]-[선택한 셀의 규칙 지우기]를 클릭하면 선택한 셀 범위에 지정된 조건부 서식을 지울 수 있고, [규칙 지우기]-[시트 전체에서 규칙 지우기]를 클릭하면 현재 워크시트에 지정된 모든 조건부 서식을 지울 수 있습니다.

3 아이콘 집합을 사용하여 조건부 서식을 지정하기 위해 **D5:D10셀** 범위를 선택한 후 [홈] 탭-[스타일] 그룹에서 **[조건부 서식]**을 클릭한 다음 **[아이콘 집합]-△ ▬ ▽[삼각형 3개]**를 클릭합니다.

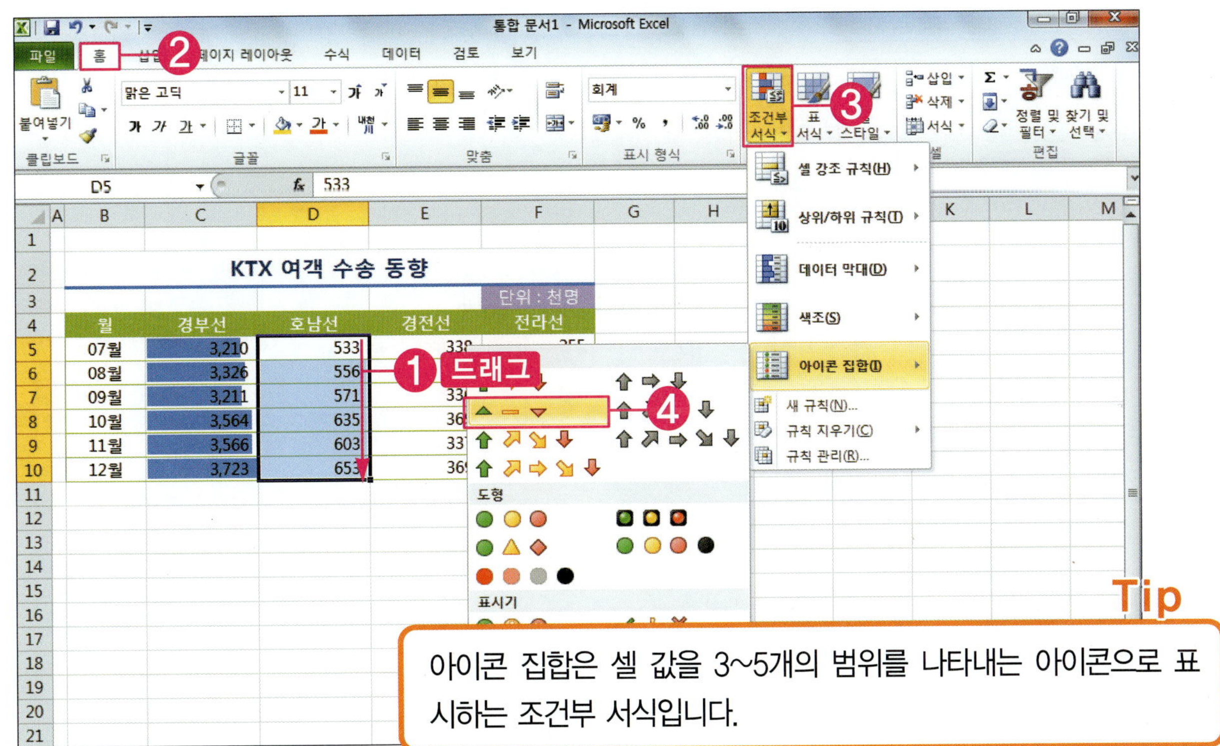

Tip

아이콘 집합은 셀 값을 3~5개의 범위를 나타내는 아이콘으로 표시하는 조건부 서식입니다.

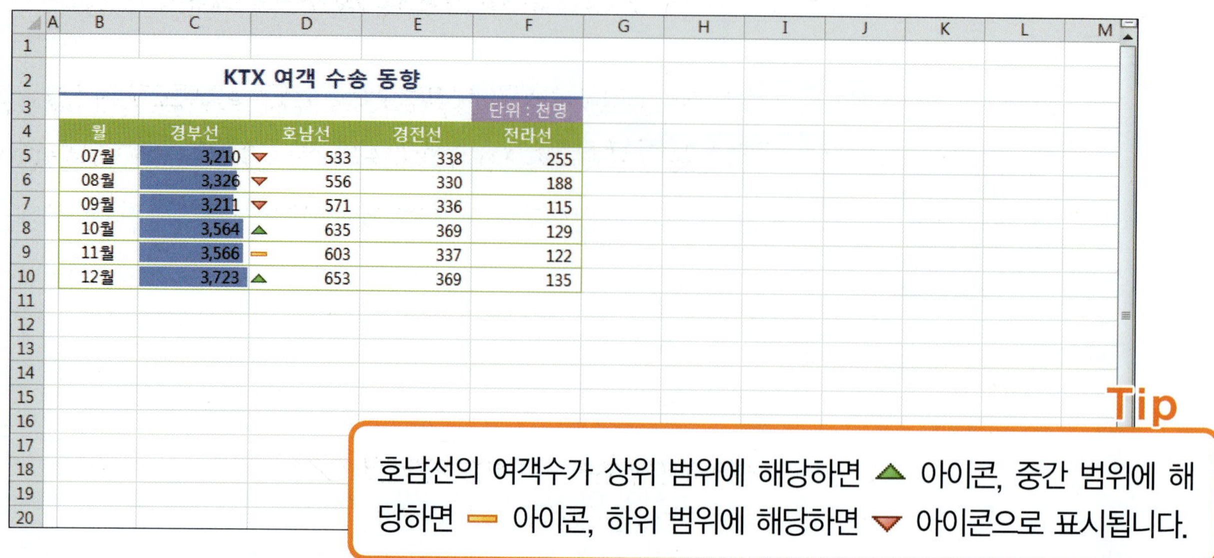

4 다음과 같이 호남선의 여객수에 따라 삼각형 3개 아이콘으로 표시됩니다.

 잠깐만요!

셀 강조 규칙과 상위/하위 규칙

셀 강조 규칙은 조건을 만족하는 데이터에만 서식을 지정하는 조건부 서식이고, 상위/하위 규칙은 셀 값이 큰 순서나 작은 순서대로 원하는 만큼의 데이터에만 서식을 지정하는 조건부 서식입니다. 다음은 E5:E10셀 범위를 선택한 후 [홈] 탭-[스타일] 그룹에서 [조건부 서식]을 클릭한 다음 [셀 강조 규칙]-[보다 큼]을 클릭하여 경전선의 여객수가 '350'보다 많은 데이터에만 서식을 지정한 경우입니다.

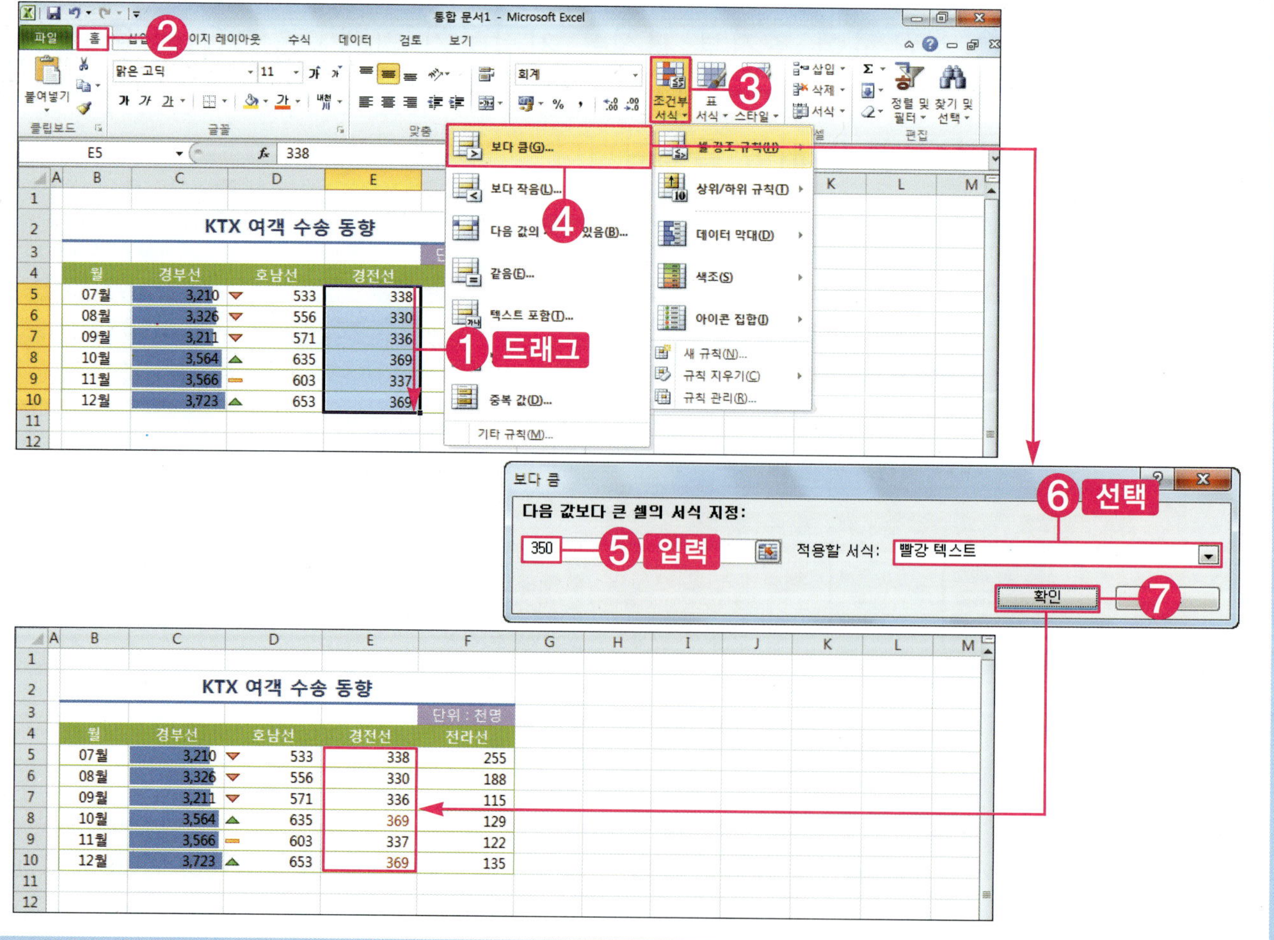

1 인쇄되는 모양을 확인하기 위해 [파일] 탭에서 **[인쇄]를 클릭**합니다.

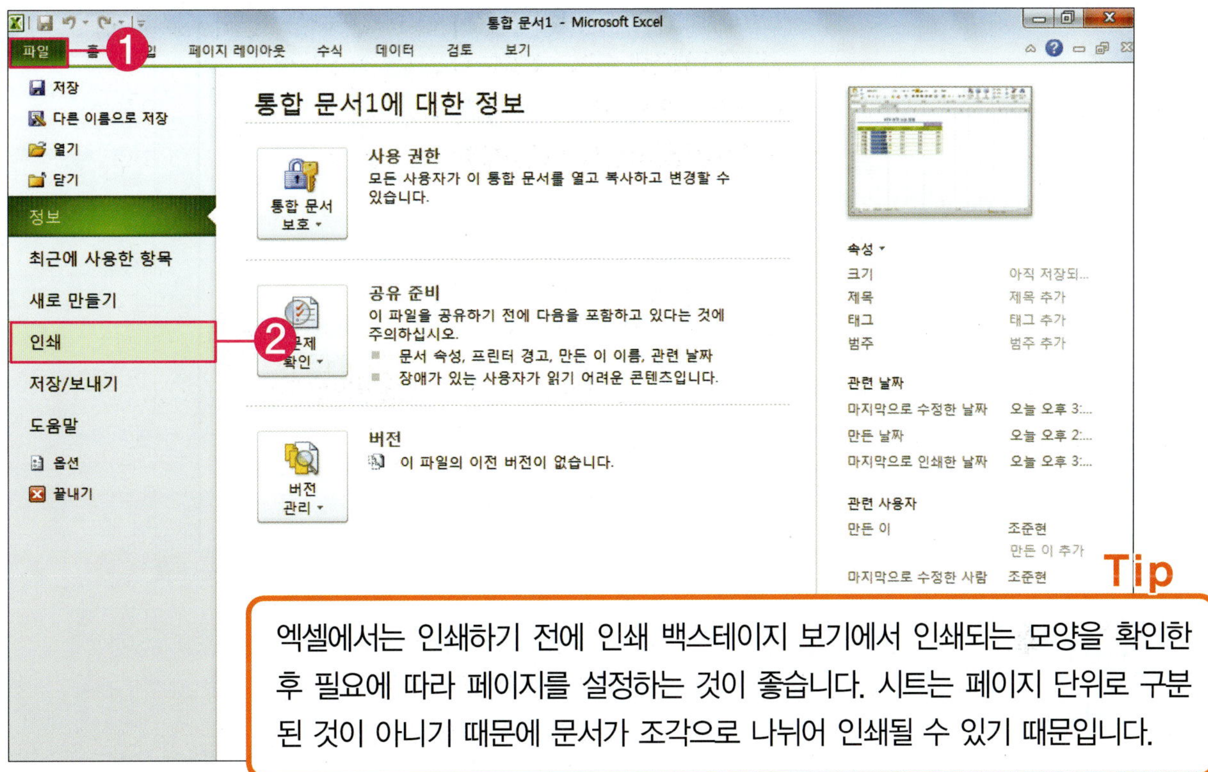

> 엑셀에서는 인쇄하기 전에 인쇄 백스테이지 보기에서 인쇄되는 모양을 확인한 후 필요에 따라 페이지를 설정하는 것이 좋습니다. 시트는 페이지 단위로 구분된 것이 아니기 때문에 문서가 조각으로 나뉘어 인쇄될 수 있기 때문입니다.

2 인쇄 백스테이지 보기로 전환되면 페이지를 설정하기 위해 **[페이지 설정]**을 클릭합니다.

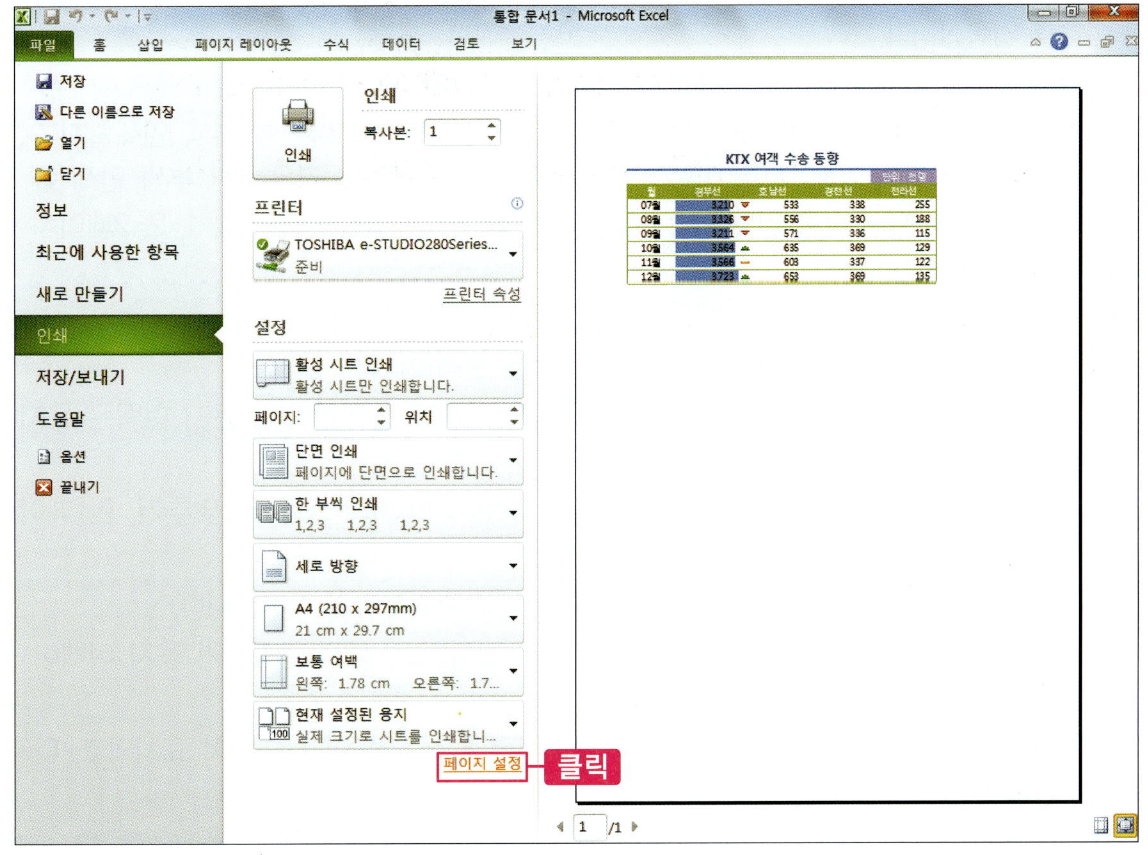

인쇄 백스테이지 보기

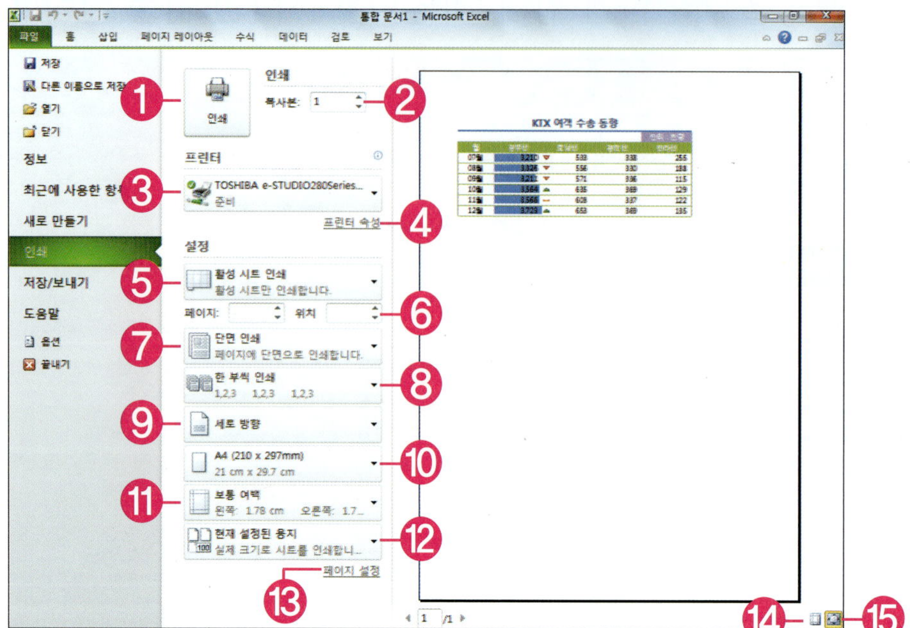

❶ **인쇄** : 문서를 인쇄합니다.

❷ **복사본** : 인쇄 매수를 지정합니다.

❸ **프린터** : 프린터를 선택합니다.

❹ **프린터 속성** : 프린터 속성을 지정할 수 있는 [프린터 속성] 대화상자가 나타납니다.

❺ **인쇄 대상** : 인쇄 대상으로 활성 시트 인쇄, 전체 통합 문서 인쇄, 선택 영역 인쇄 중에서 하나를 선택합니다. '활성 시트 인쇄'를 선택하면 선택한 시트만 인쇄하고, '전체 통합 문서 인쇄'를 선택하면 모든 시트를 인쇄하며 '선택 영역 인쇄'를 선택하면 선택한 셀 범위만 인쇄합니다.

❻ **페이지, 위치** : 일부 페이지만 인쇄하는 경우, 페이지에는 시작 페이지 번호, 위치에는 끝 페이지 번호를 입력합니다.

❼ **단면/양면 인쇄** : 용지의 단면에 인쇄할지 양면에 인쇄할지 선택합니다.

❽ **인쇄 순서** : 여러 페이지로 이루어진 문서를 여러 부 인쇄하는 경우, 한 부씩 인쇄할지 여부를 선택합니다. 예를 들어 2페이지로 이루어진 문서를 2부 인쇄하는 경우, '한 부씩 인쇄'를 선택하면 1, 2, 1, 2페이지 순으로 인쇄하고, '한 부씩 인쇄 안 함'을 선택하면 1, 1, 2, 2페이지 순으로 인쇄합니다.

❾ **용지 방향** : 용지 방향으로 가로와 세로 중에서 하나를 선택합니다.

❿ **용지 크기** : 용지 크기로 A3, A4, A5 등에서 하나를 선택합니다.

⓫ **용지 여백** : 용지 여백으로 기본, 넓게, 좁게 등에서 하나를 선택합니다. 용지 여백은 용지에서 인쇄 영역 밖의 빈 공간을 말합니다.

⓬ **인쇄 배율** : 인쇄 배율로 한 페이지에 시트 맞추기, 한 페이지에 모든 열 맞추기, 한 페이지에 모든 행 맞추기 등에서 하나를 선택합니다.

⓭ **페이지 설정** : 페이지 설정을 할 수 있는 [페이지 설정] 대화상자가 나타납니다.

⓮ **여백 표시** : ▦[여백 표시]를 클릭하면 용지 여백이 표시되고, 다시 클릭하면 용지 여백이 표시되지 않습니다.

⓯ **페이지 확대/축소** : ▣[페이지 확대/축소]를 클릭하면 인쇄 내용이 확대되어 표시되고, 다시 클릭하면 인쇄 내용이 축소되어 표시됩니다.

3 [페이지 설정] 대화상자가 나타나면 [페이지] 탭에서 **용지 방향(가로)을 선택**한 후 **[여백] 탭을 클릭**합니다. [페이지 설정] 대화상자의 [여백] 탭이 나타나면 **페이지 가운데 맞춤([가로] 선택)을 선택**한 후 **[머리글/바닥글] 탭을 클릭**합니다.

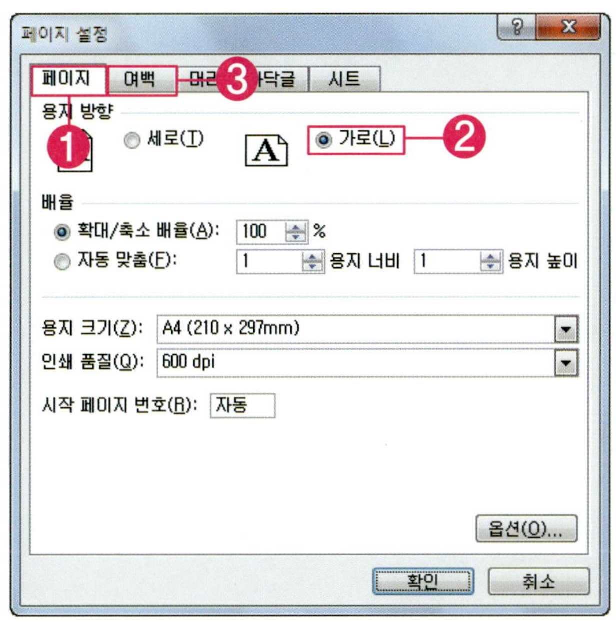

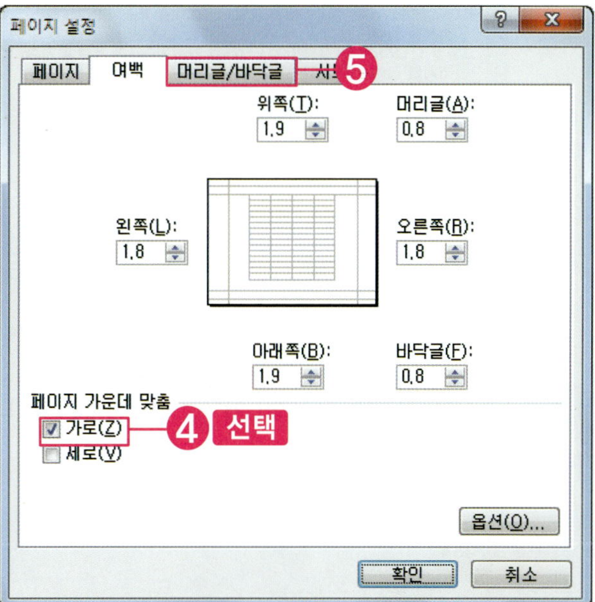

[페이지 레이아웃] 탭–[페이지 설정] 그룹에서 [추가 옵션]을 클릭하여 [페이지 설정] 대화상자가 나타나게 할 수도 있습니다.

4 [페이지 설정] 대화상자의 [머리글/바닥글] 탭이 나타나면 **[머리글 편집] 단추를 클릭**합니다.

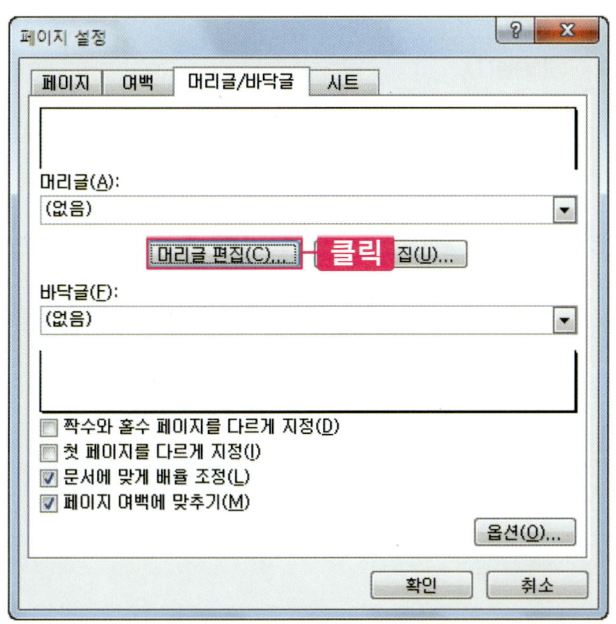

머리글은 페이지 상단, 바닥글은 페이지 하단에 들어가는 페이지 번호, 파일 이름, 시트 이름 등의 문구를 말합니다.

5 [머리글] 대화상자가 나타나면 **왼쪽 구역에 'KTX 여객 수송 동향'을 입력**한 후 **[확인] 단추를 클릭**합니다.

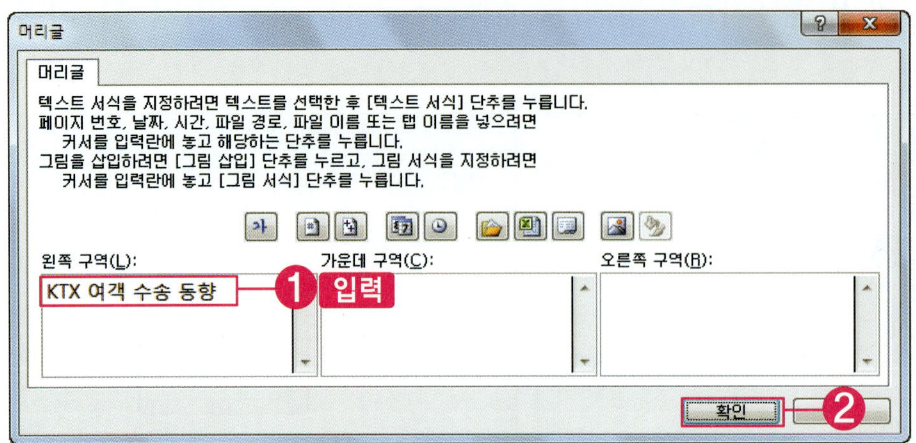

6 [페이지 설정] 대화상자가 다시 나타나면 **[확인] 단추를 클릭**합니다.

잠깐만요!

머리글/바닥글 요소

① **텍스트 서식** : 글꼴 서식을 지정합니다.
② **페이지 번호 삽입** : 페이지 번호를 삽입합니다.
③ **전체 페이지 수 삽입** : 전체 페이지 수를 삽입합니다.
④ **날짜 삽입** : 현재 시스템 날짜를 삽입합니다(예 : 2013-11-05).
⑤ **시간 삽입** : 현재 시스템 시간을 삽입합니다(예 : 10:40 AM).
⑥ **파일 경로 삽입** : 문서의 경로와 파일 이름을 삽입합니다(예 : C:\KTX 여객 수송 동향).
⑦ **파일 이름 삽입** : 문서의 파일 이름을 삽입합니다(예 : KTX 여객 수송 동향).
⑧ **시트 이름 삽입** : 시트 이름을 삽입합니다(예 : Sheet1).
⑨ **그림 삽입** : 그림을 삽입합니다.
⑩ **그림 서식** : 그림 서식을 지정합니다.

머리글/바닥글 삽입하기

다음과 같이 [보기] 탭-[통합 문서 보기] 그룹에서 [페이지 레이아웃]을 클릭한 후 머리글 영역이나 바닥글 영역을 클릭하면 [머리글/바닥글 도구] 정황 탭이 나타납니다. [머리글/바닥글 도구] 정황 탭-[디자인] 탭-[머리글/바닥글 요소] 그룹에서 머리글/바닥글 요소를 클릭하여 머리글/바닥글을 삽입할 수도 있습니다.

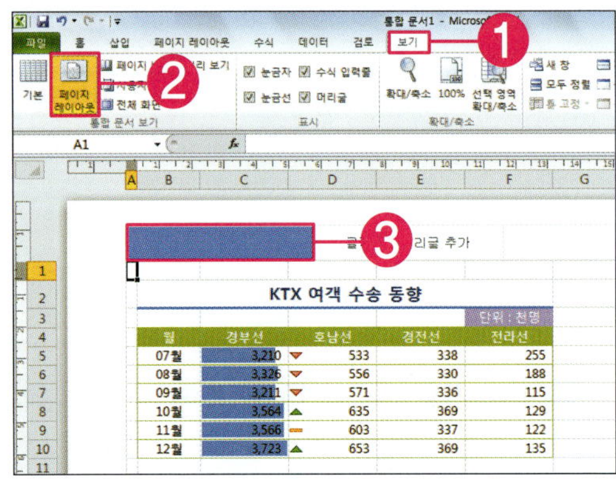

7 인쇄 백스테이지 보기로 다시 전환되면 인쇄하기 위해 **인쇄 대상(활성 시트 인쇄)을 선택**한 후 [인쇄] 단추를 클릭합니다.

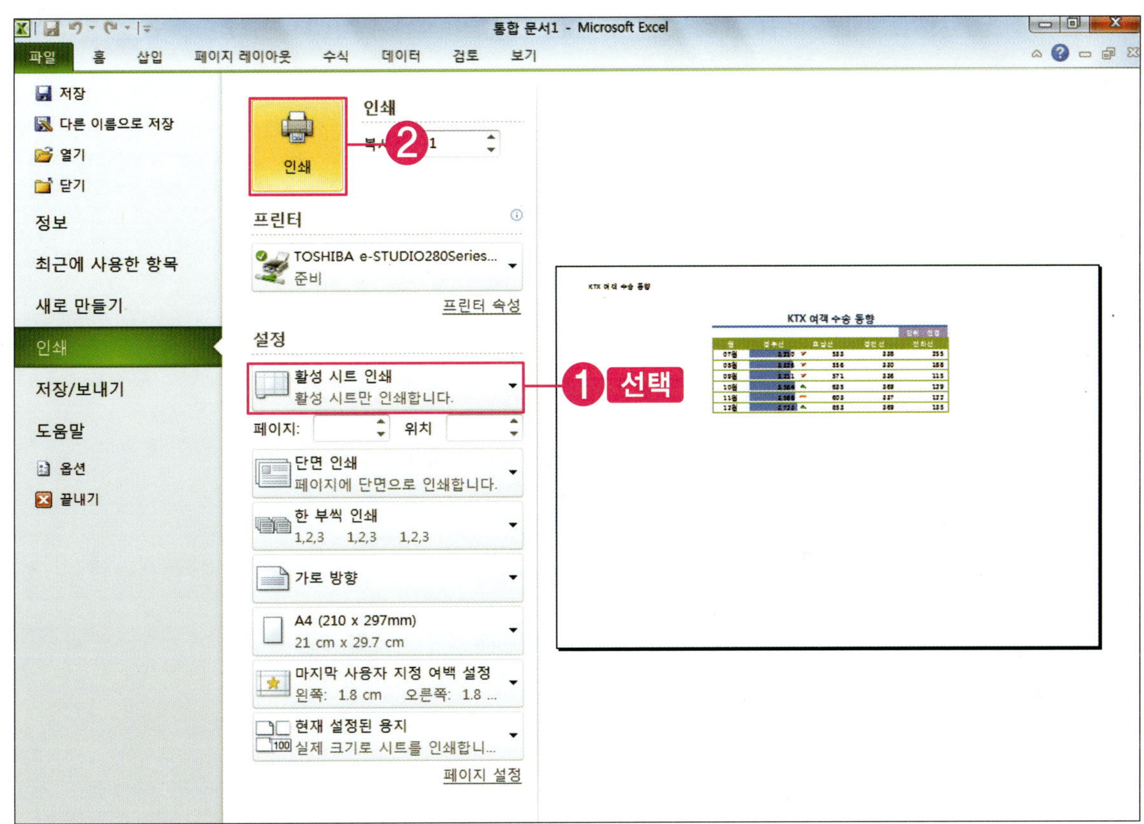

8 문서가 인쇄됩니다.

잠깐만요!

테마

엑셀에서는 문서의 전반적인 디자인을 변경할 수 있는 테마를 제공합니다. 테마를 지정하면 셀 서식뿐만 아니라 표나 차트 등의 스타일도 일관성 있게 적용되므로 깔끔하고 세련된 문서를 작성할 수 있습니다. 다음은 [페이지 레이아웃] 탭-[테마] 그룹에서 [테마]를 클릭한 후 [광장]을 클릭하여 '광장' 테마를 지정한 경우입니다.

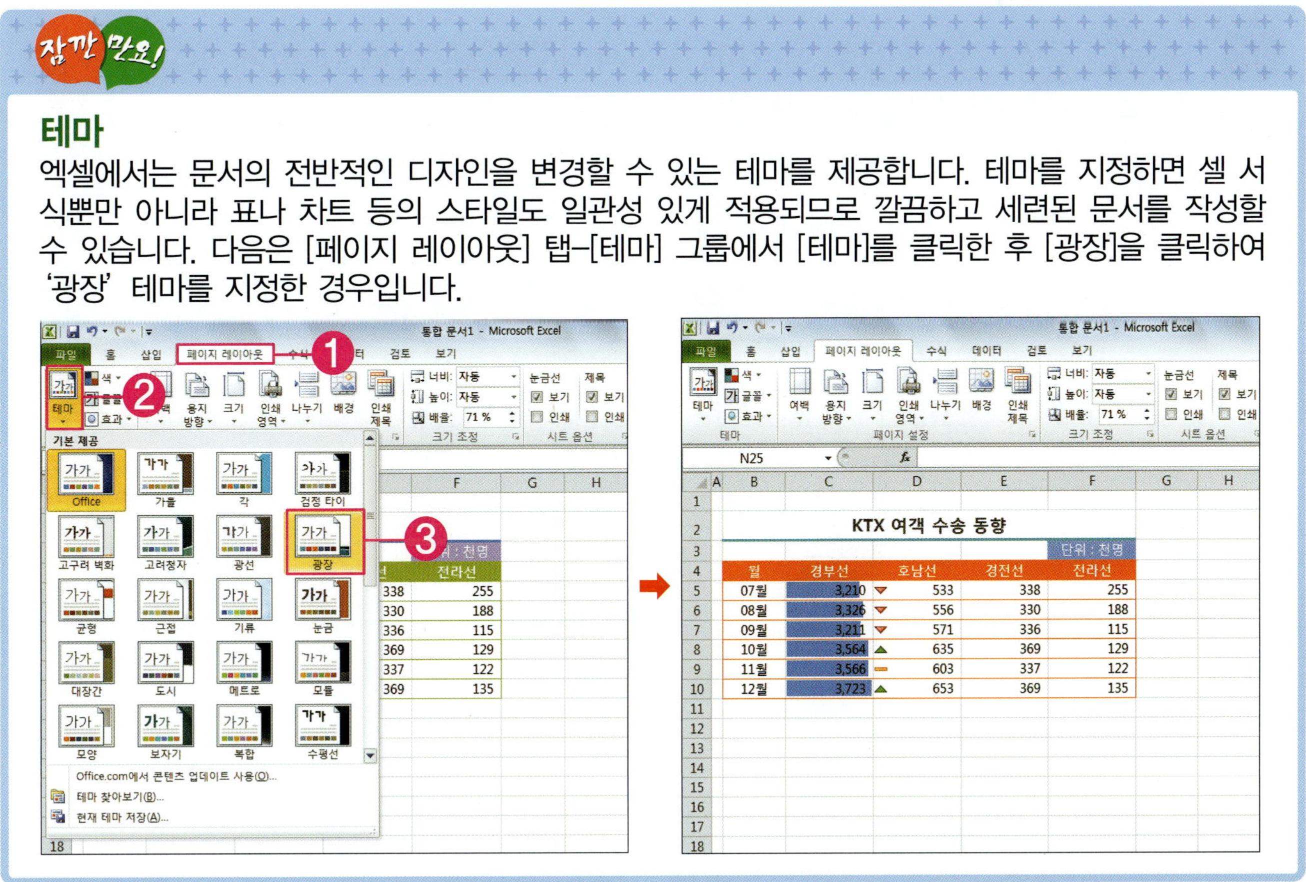

01 다음과 같이 문서를 작성한 후 B2셀에 셀 스타일(요약)을 적용해 보세요.

- **열 너비** : A열(1), C:F열(14)
- **B2:F2셀 범위** : [병합하고 가운데 맞춤]
- **B4:F4셀 범위/B5:B10셀 범위** : [가운데 맞춤]
- **C5:F10셀 범위** : , [쉼표 스타일]

▲	A	B	C	D	E	F	G	H	I
1									
2			연도별 항공 여객과 화물 수송 실적						
3									
4			연도	국제선 여객수 (단위 : 명)	국내선 여객수 (단위 : 명)	국제선 화물량 (단위 : 톤)	국내선 화물량 (단위 : 톤)		
5			2006	32,707,495	17,181,085	2,853,534	355,249		
6			2007	36,867,209	16,847,870	3,138,109	316,397		
7			2008	35,341,410	16,990,360	2,997,367	254,239		
8			2009	33,513,556	18,061,073	2,872,466	268,678		
9			2010	40,060,948	20,216,335	3,326,884	261,859		
10			2011	42,648,549	20,958,082	3,238,105	280,985		
11									
12									
13									
14									
15									
16									
17									
18									
19									

Hint

B2셀을 선택한 후 [홈] 탭-[스타일] 그룹에서 [셀 스타일]을 클릭한 다음 [요약]을 클릭합니다.

02 다음과 같이 B4:F10셀 범위에 표 서식([표 스타일 밝게 10])을 지정한 후 표를 정상 범위로 변환해 보세요.

▲	A	B	C	D	E	F	G	H	I
1									
2			연도별 항공 여객과 화물 수송 실적						
3									
4			연도	국제선 여객수 (단위 : 명)	국내선 여객수 (단위 : 명)	국제선 화물량 (단위 : 톤)	국내선 화물량 (단위 : 톤)		
5			2006	32,707,495	17,181,085	2,853,534	355,249		
6			2007	36,867,209	16,847,870	3,138,109	316,397		
7			2008	35,341,410	16,990,360	2,997,367	254,239		
8			2009	33,513,556	18,061,073	2,872,466	268,678		
9			2010	40,060,948	20,216,335	3,326,884	261,859		
10			2011	42,648,549	20,958,082	3,238,105	280,985		
11									
12									
13									
14									
15									
16									
17									
18									
19									

03 다음과 같이 C5:C10셀 범위에 아이콘 집합(⭐ ⯨ ☆[별 3개])을 사용하여 조건부 서식을 지정해 보세요.

	A	B	C	D	E	F	G	H	I
1									
2		연도별 항공 여객과 화물 수송 실적							
3									
4		연도	국제선 여객수 (단위 : 명)	국내선 여객수 (단위 : 명)	국제선 화물량 (단위 : 톤)	국내선 화물량 (단위 : 톤)			
5		2006	☆ 32,707,495	17,181,085	2,853,534	355,249			
6		2007	⯨ 36,867,209	16,847,870	3,138,109	316,397			
7		2008	☆ 35,341,410	16,990,360	2,997,367	254,239			
8		2009	☆ 33,513,556	18,061,073	2,872,466	268,678			
9		2010	⭐ 40,060,948	20,216,335	3,326,884	261,859			
10		2011	⭐ 42,648,549	20,958,082	3,238,105	280,985			
11									
12									
13									
14									
15									

04 다음과 같이 페이지를 설정한 후 인쇄해 보세요.

- **용지 방향** : 가로

- **페이지 가운데 맞춤** : [가로] 선택, [세로] 선택

- **바닥글** : 🔳[페이지 번호]

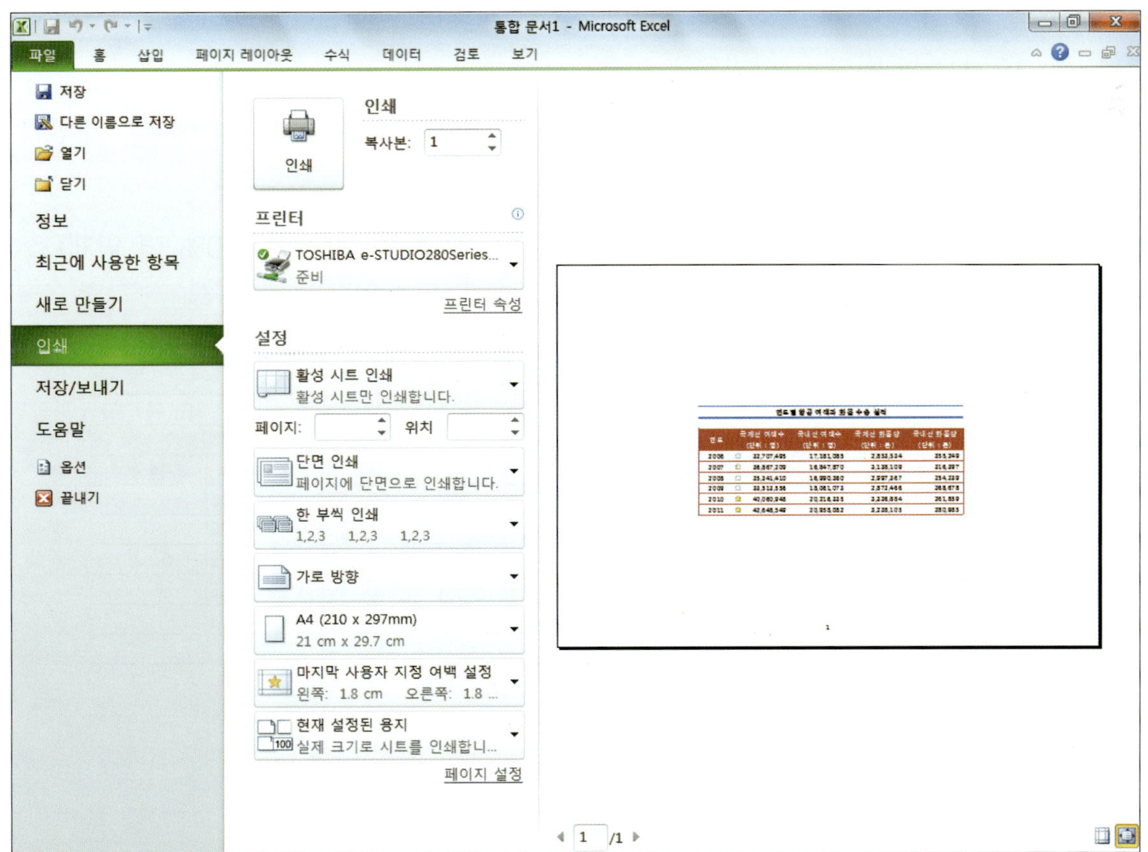

수식 알아보기

Chapter 05

엑셀에서 수식은 셀 값을 계산하기 위한 식을 말하며 '=SUM(A1:A3)−A7−9'와 같이 등호(=), 함수(SUM(A1:A3)), 연산자(−), 참조(A7), 상수(9)로 구성되어 있습니다.

Step · 01 수식 입력하기

1 엑셀을 실행한 후 **다음과 같이 문서를 작성**합니다.

- **열 너비** : A열(1), B열(14), C:I열(10)
- **B2:I2셀 범위** : 글꼴 크기(18), [병합하고 가운데 맞춤], 채우기 색(파랑, 강조 1, 60% 더 밝게)
- **I3셀/B6:B10셀 범위** : [가운데 맞춤]
- **B4:B5셀 범위/C4:F4셀 범위/G4:I4셀 범위** : [병합하고 가운데 맞춤], 채우기 색(황록색, 강조 3, 60% 더 밝게)
- **C5:I5셀 범위/B11셀** : [가운데 맞춤], 채우기 색(자주, 강조 4, 60% 더 밝게)

	A	B	C	D	E	F	G	H	I	J
1										
2		가족과 함께하는 시간								
3									(단위 : 분)	
4		구분	전국민(10세 이상)				노인(65세 이상)			
5			남자	여자	평균	비율	남자	여자	평균	
6		식사	34	40			58	46		
7		가사	27	146			52	178		
8		가족 보살피기	10	40			9	15		
9		가족과의 교제	8	10			10	11		
10		관련 이동 시간	7	18			10	13		
11		합계								
12										
13										
14										
15										
16										
17										
18										
19										

2 전국민의 평균을 구하기 위해 **E6셀에 '=(C6+D6)/2'를 입력**합니다.

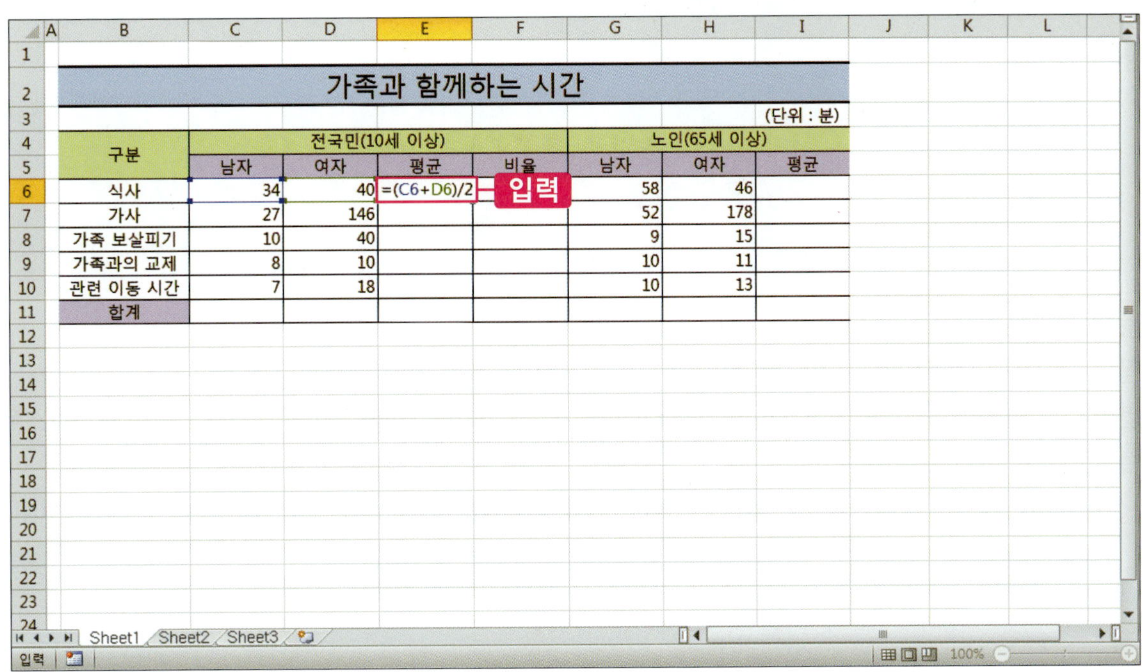

Tip

- 엑셀에서 수식을 입력할 때는 '=(C6+D6)/2'와 같이 등호(=)를 먼저 입력해야 합니다. 등호는 다음 내용이 수식이라는 것을 나타내는 기호입니다. 등호를 입력하지 않고 '(C6+D6)/2'만 입력하면 수식이 아닌 문자 데이터로 인식하여 계산할 수 없습니다.
- 수식 '=(C6+D6)/2'에서 셀 주소인 C6과 D6은 해당 셀을 클릭하여 입력할 수도 있습니다. 즉, '=('를 입력한 후 C6셀을 클릭하면 수식이 '=('에서 '=(C6'으로 변경됩니다.

3 **E6셀을 선택**한 후 **채우기 핸들을 E10셀까지 드래그**합니다.

Tip

수식을 입력하면 셀에는 결과값(37)이 나타나고, 수식 입력줄에는 입력한 수식(=(C6+D6)/2)이 나타납니다.

수식의 구성

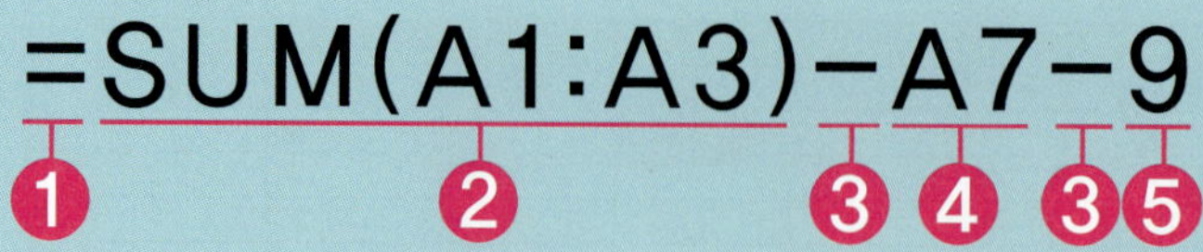

❶ **등호** : 다음 내용이 수식이라는 것을 나타내는 기호입니다.

❷ **함수** : 수식을 손쉽게 입력할 수 있도록 미리 정의되어 있는 수식입니다.

❸ **연산자** : 계산의 종류를 나타내는 기호입니다. 연산자에는 산술 연산자, 비교 연산자, 텍스트 연결 연산자 등이 있습니다.

- **산술 연산자** : 더하기, 빼기, 곱하기, 나누기 등과 같은 기본적인 계산을 하는 연산자입니다.

연산자	기능	연산자	기능
+	더하기	−	음수
−	빼기	%	백분율
*	곱하기	^	거듭제곱
/	나누기		

▲ A	B	C	D	E	F	G	H	I
2	데이터1	데이터2		수식	결과값	수식	결과값	
3	100	50		=B3+C3	150	=-B3	-100	
4				=B3-C3	50	=B3%	1	
5				=B3*C3	5000	=B3^2	10000	
6				=B3/C3	2			

- **비교 연산자** : 두 값을 비교하여 참이면 논리값 TRUE를 구하고, 거짓이면 논리값 FALSE를 구하는 연산자입니다.

연산자	기능	연산자	기능
=	같다	>=	크거나 같다(이상)
>	크다(초과)	<=	작거나 같다(이하)
<	작다(미만)	<>	같지 않다

▲ A	B	C	D	E	F	G	H	I
2	데이터1	데이터2		수식	결과값	수식	결과값	
3	100	50		=B3=C3	FALSE	=B3>=C3	TRUE	
4				=B3>C3	TRUE	=B3<=C3	FALSE	
5				=B3<C3	FALSE	=B3<>C3	TRUE	

> 'C3셀 값이 B3셀 값보다 작다.'고 표현하지 않고 비교 연산자(<)의 왼쪽에 있는 셀 주소를 기준으로 'B3셀 값이 C3셀 값보다 크다.'고 표현합니다.

- **텍스트 연결 연산자** : 여러 값을 연결하여 하나의 텍스트로 만드는 연산자입니다.

연산자	기능
&	여러 값을 연결

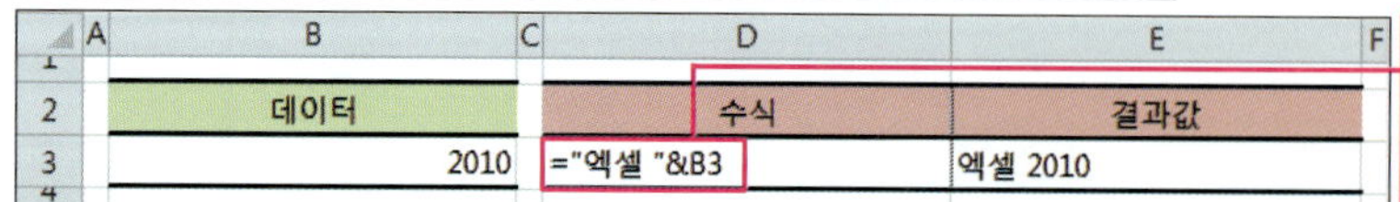

▲ A	B	C	D	E	F
2	데이터		수식	결과값	
3	2010		="엑셀 "&B3	엑셀 2010	

> 문자 데이터는 큰따옴표("")로 묶어 연결합니다. '엑셀' 뒤에 1자리의 공백 문자열(" ")이 있습니다.

❹ **참조** : A7셀 값이 2인 경우, 셀 주소인 'A7'을 입력하면 A7셀 값인 2를 가져오는데, 이렇게 셀 주소를 사용하여 셀 값을 가져오는 것을 '참조'라고 합니다.

❺ **상수** : 수식에 직접 입력하는 문자나 숫자입니다.

4 다음과 같이 전국민의 평균이 구해집니다.

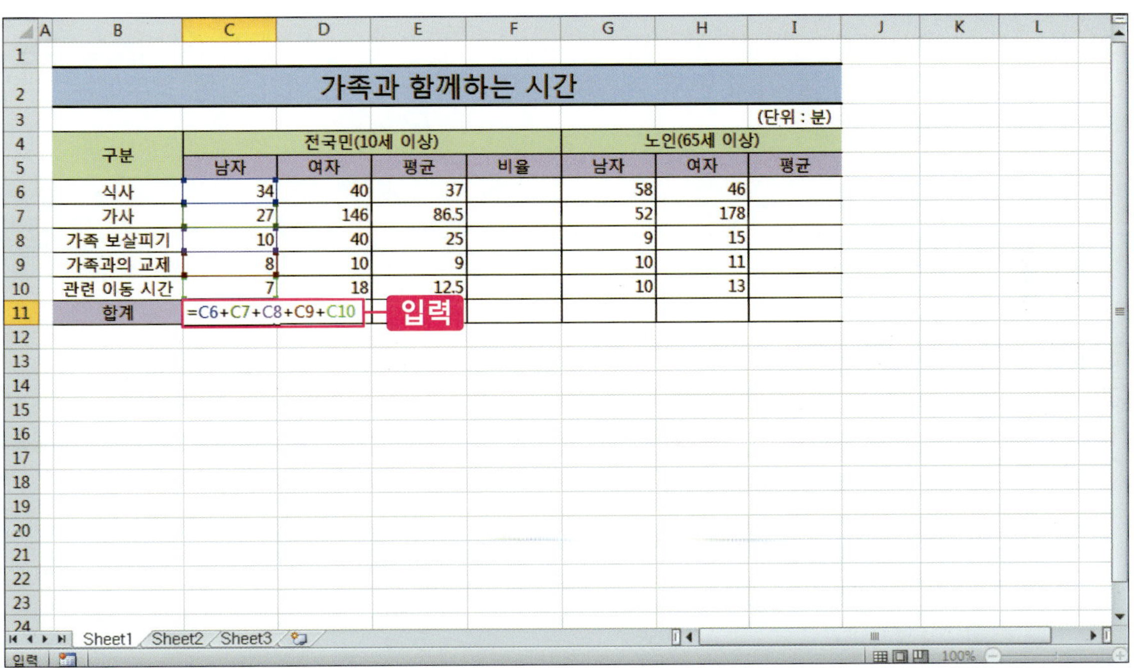

5 전국민의 합계를 구하기 위해 **C11셀**에 '**=C6+C7+C8+C9+C10**'을 입력
합니다.

6 C11셀을 선택한 후 채우기 핸들을 E11셀까지 드래그합니다.

구분	전국민(10세 이상)				노인(65세 이상)		
	남자	여자	평균	비율	남자	여자	평균
식사	34	40	37		58	46	
가사	27	146	86.5		52	178	
가족 보살피기	10	40	25		9	15	
가족과의 교제	8	10	9		10	11	
관련 이동 시간	7	18	12.5		10	13	
합계	86						

(단위 : 분)

계열이나 셀을 채우려면 선택 영역의 밖으로 끌고, 지우려면 안쪽으로 끕니다.

잠깐 만요!

연산자의 우선순위

하나의 수식에서 여러 연산자를 사용한 경우에는 다음과 같은 순서로 계산하며 괄호로 묶은 부분이 있으면 괄호로 묶은 부분을 가장 먼저 계산하고, 연산자의 우선순위가 같은 경우에는 왼쪽에서 오른쪽 순서로 계산합니다.

$$-(음수) \;\Rightarrow\; \% \;\Rightarrow\; \verb|^| \;\Rightarrow\; *, / \;\Rightarrow\; +, - \;\Rightarrow\; \& \;\Rightarrow\; 비교\ 연산자$$

워크시트에 수식 나타내기

다음과 같이 Ctrl+~를 누르면 워크시트에 수식이 나타나고, 다시 Ctrl+~를 누르면 결과값이 나타납니다.

구분	전국민(10세 이상)				
	남자	여자	평균	비율	
식사	34	40	=(C6+D6)/2		58
가사	27	146	=(C7+D7)/2		52
가족 보살피기	10	40	=(C8+D8)/2		9
가족과의 교제	8	10	=(C9+D9)/2		10
관련 이동 시간	7	18	=(C10+D10)/2		10
합계	=C6+C7+C8+C9+C10	=D6+D7+D8+D9+D10	=E6+E7+E8+E9+E10		

가족과 함께하는 시간

7 다음과 같이 전국민의 합계가 구해집니다.

구분	전국민(10세 이상)				노인(65세 이상)		
	남자	여자	평균	비율	남자	여자	평균
식사	34	40	37		58	46	
가사	27	146	86.5		52	178	
가족 보살피기	10	40	25		9	15	
가족과의 교제	8	10	9		10	11	
관련 이동 시간	7	18	12.5		10	13	
합계	86	254	170				

(단위 : 분)

재계산되는지 확인하기

엑셀에서 수식을 입력할 때 '=34+27+10+8+7'과 같이 셀 값을 입력하여 계산하지 않고 '=C6+C7+C8+C9+C10'과 같이 셀 주소를 입력하여 계산하면 다음과 같이 셀 값이 변경되는 경우, 재계산됩니다. 재계산이 안 되는 경우에는 [Excel 옵션] 대화상자의 [수식]에서 [통합 문서 계산]이 '자동'으로 선택되어 있는지 확인합니다. [통합 문서 계산]이 '자동'으로 선택되어 있지 않으면 재계산이 안 됩니다.

구분	전국민(10세 이상)				노인(65세 이상)		
	남자	여자	평균	비율	남자	여자	평균
식사	40	입력	37		58	46	
가사	27	146	86.5		52	178	
가족 보살피기	10	40	25		9	15	
가족과의 교제	8	10	9		10	11	
관련 이동 시간	7	18	12.5		10	13	
압계	86	254	170				

(단위 : 분)

↓

구분	전국민(10세 이상)				노인(65세 이상)		
	남자	여자	평균	비율	남자	여자	평균
식사	40	40	40		58	46	
가사	27	146	86.5				
가족 보살피기	10	40	25				
가족과의 교제	8	10	9				
관련 이동 시간	7	18	12.5				
합계	92	254	173				

(단위 : 분)

전국민의 식사 평균(E6셀 값), 전국민의 남자 합계(C11셀 값), 전국민의 평균 합계(E11셀 값)가 재계산됩니다.

1 전국민의 비율을 구하기 위해 **F6셀**에 '**=E6/$E$11**'을 **입력**합니다.

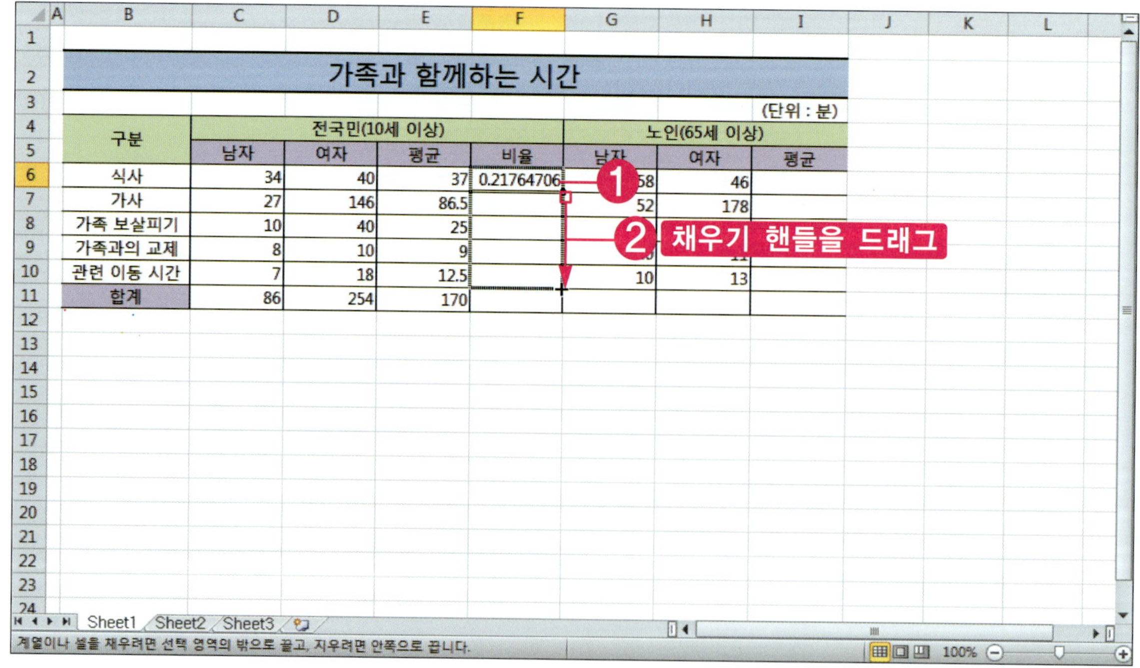

Tip

수식 '=E6/$E$11'에서 '$E$11'은 E11셀을 클릭한 후 F4 를 누르면 손쉽게 입력할 수 있습니다.

2 **F6셀**을 **선택**한 후 **채우기 핸들**을 **F10셀**까지 **드래그**합니다.

3 전국민의 비율이 구해지면 전국민의 비율을 백분율 스타일로 표시하기 위해 **F6:F10셀 범위를 선택**한 후 [홈] 탭-[표시 형식] 그룹에서 **%[백분율 스타일]을 클릭**합니다.

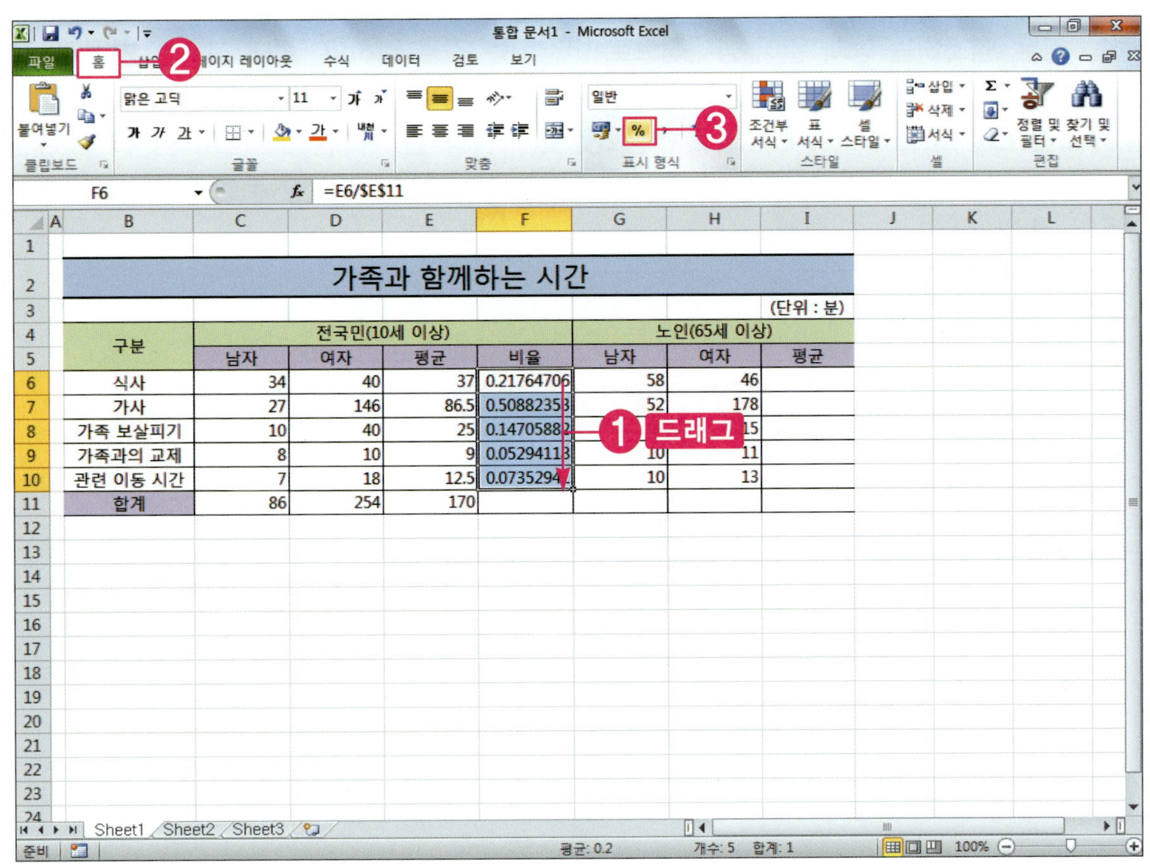

4 다음과 같이 전국민의 비율이 백분율 스타일로 표시됩니다.

구분	전국민(10세 이상)				노인(65세 이상)		
	남자	여자	평균	비율	남자	여자	평균
식사	34	40	37	22%	58	46	
가사	27	146	86.5	51%	52	178	
가족 보살피기	10	40	25	15%	9	15	
가족과의 교제	8	10	9	5%	10	11	
관련 이동 시간	7	18	12.5	7%	10	13	
합계	86	254	170				

참조 알아보기

엑셀에는 참조하는 방법에 따라 상대 참조, 절대 참조, 혼합 참조가 있습니다. 상대 참조는 수식을 복사하는 경우, 참조하는 행과 열이 상대적으로 변경되는 것을 말하고, 절대 참조는 변경되지 않는 것을 말합니다. 전국민의 비율(F6:F10셀 범위)에서 수식을 확인해 보면 '/' 연산자를 기준으로 앞의 셀 주소는 E6, E7, E8, E9, E10으로 변경되었지만 뒤의 셀 주소는 $E$11로 변경되지 않은 것을 확인할 수 있습니다. F6셀에 입력한 수식 '=E6/$E$11'에서 E6은 상대 참조이고, $E$11은 절대 참조인 것입니다.

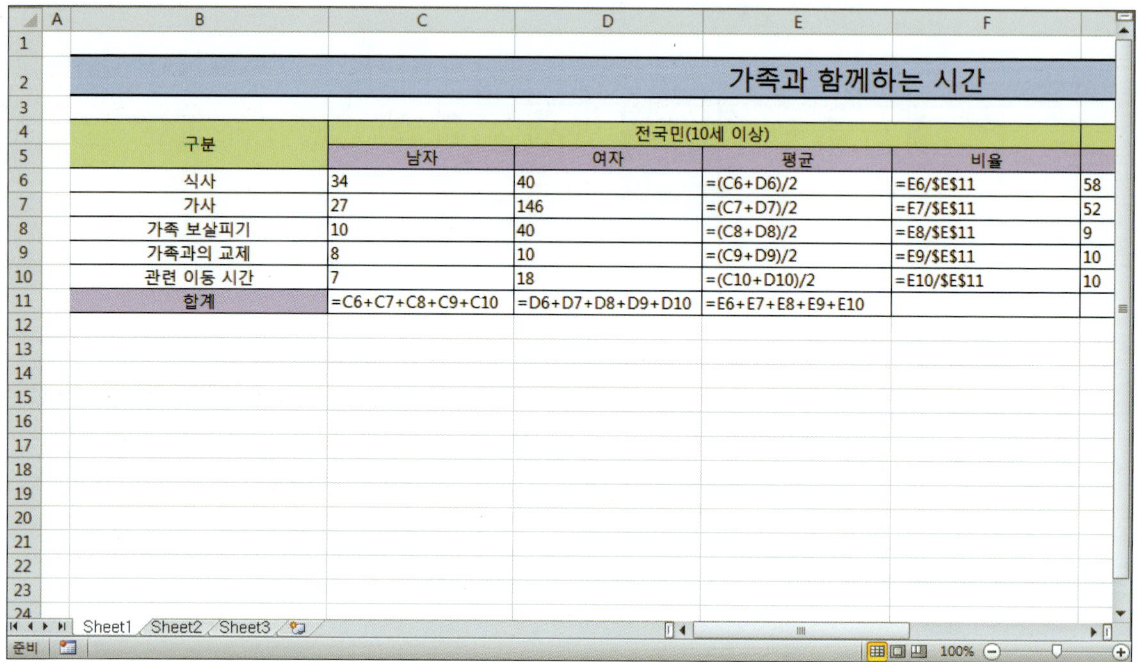

상대 참조는 E6과 같이 행과 열 앞에 $ 기호가 없지만 절대 참조는 $E$11과 같이 행과 열 앞에 $ 기호가 있습니다. 반면에 혼합 참조는 E$11과 같이 행 앞에 $ 기호가 있거나 $E11과 같이 열 앞에 $ 기호가 있습니다. 혼합 참조는 상대 참조와 절대 참조의 혼합으로 수식을 복사하는 경우, 행과 열 중에서 한쪽($ 기호가 없는 행/열)은 상대적으로 변경되고, 다른 한쪽($ 기호가 있는 행/열)은 변경되지 않습니다.

참조는 셀 주소를 입력한 후 F4를 누르면 F4를 누를 때마다 다음과 같은 순서로 변경됩니다.

1 노인의 평균을 구하기 위해 I6셀을 **선택**한 후 [수식] 탭–[함수 라이브러리] 그룹에서 [**자동 합계**]의 ▾[목록] 단추를 **클릭**한 다음 [**평균**]을 **클릭**합니다.

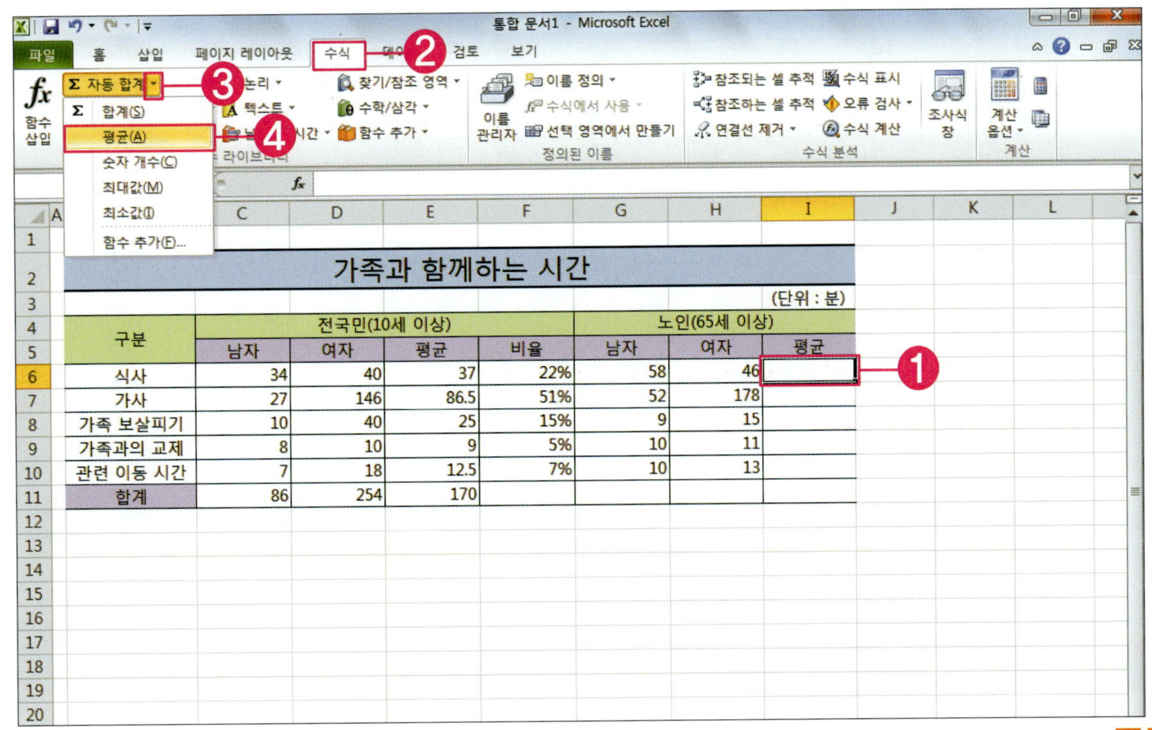

Tip

- 함수는 수식을 손쉽게 입력할 수 있도록 미리 정의되어 있는 수식입니다. 함수를 사용하면 연산자를 반복해서 사용하거나 연산자만으로 해결할 수 없는 수식을 간단하게 처리할 수 있습니다.
- 자동 합계는 엑셀에서 가장 많이 사용하는 함수를 아이콘으로 만들어 놓은 것입니다. [수식] 탭–[함수 라이브러리] 그룹에서 [자동 합계]를 클릭하면 합계만 구할 수 있고, [자동 합계]의 ▾[목록] 단추를 클릭하면 합계뿐만 아니라 평균, 숫자 개수, 최대값, 최소값도 구할 수 있습니다.

잠깐 만요!

함수의 구성

함수는 등호, 함수 이름, 인수로 구성되어 있습니다. 함수는 수식의 한 부분이므로 수식과 마찬가지로 등호로 시작하며 '인수'라는 특정값을 사용하여 결과값을 구합니다. TODAY 함수처럼 인수가 필요 없는 함수도 있지만 거의 대부분의 함수는 인수를 필요로 합니다. 인수는 괄호로 묶어야 하며 인수가 여러 개인 경우, 쉼표(,)로 구분하여 입력합니다.

$$=SUM(A1,A3:A5)$$

함수 이름　인수1　인수2

인수1 ↘
인수2 ↗　함수 ➡ 결과값

2 I6셀에 '=AVERAGE(C6:H6)'이 나타나면 **G6:H6셀** 범위를 **드래그**한 후 Enter를 눌러 I6셀에 '=AVERAGE(G6:H6)'을 입력합니다.

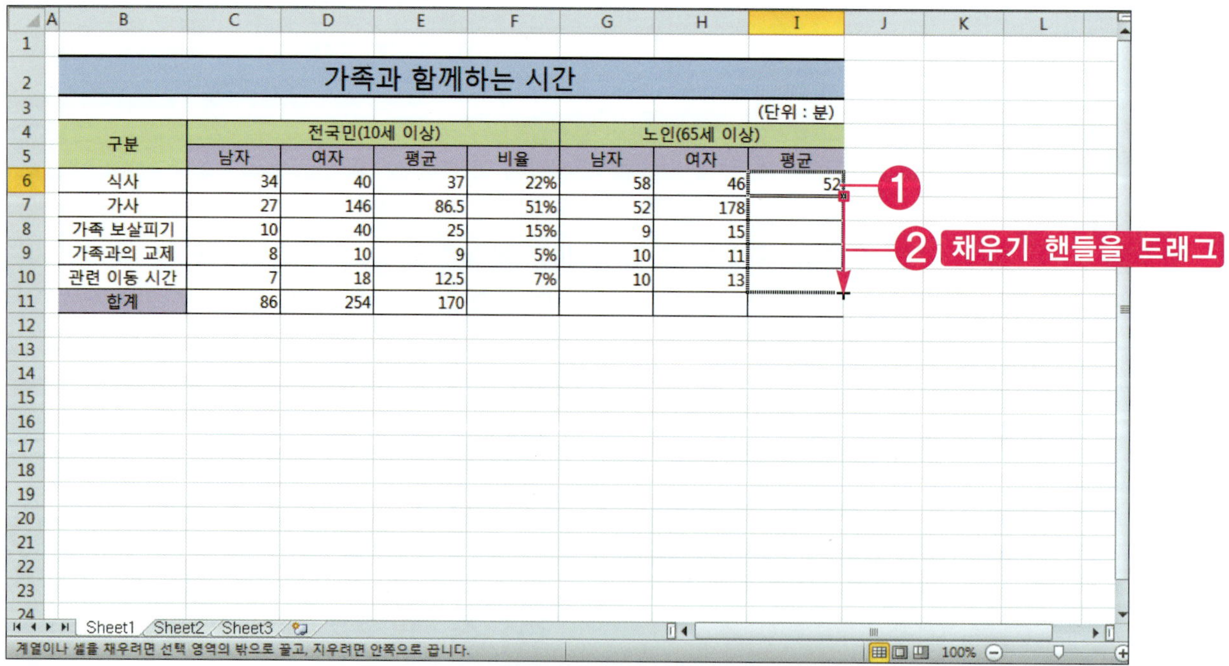

	구분	전국민(10세 이상)				노인(65세 이상)		
		남자	여자	평균	비율	남자	여자	평균
6	식사	34	40	37	22%	58	46	=AVERAGE(G6:H6)
7	가사	27	146	86.5	51%	52	178	
8	가족 보살피기	10	40	25	15%	9	11	
9	가족과의 교제	8	10	9	5%	10	11	
10	관련 이동 시간	7	18	12.5	7%	10	13	
11	합계	86	254	170				

AVERAGE 함수
- **구문** : AVERAGE(number1, [number2], …)
- **설명** : number1, [number2], …의 평균을 구합니다.

---

3 I6셀을 선택한 후 채우기 핸들을 I10셀까지 드래그합니다.

다음과 같이 노인의 평균이 구해집니다.

구분	전국민(10세 이상)				노인(65세 이상)		
	남자	여자	평균	비율	남자	여자	평균
식사	34	40	37	22%	58	46	52
가사	27	146	86.5	51%	52	178	115
가족 보살피기	10	40	25	15%	9	15	12
가족과의 교제	8	10	9	5%	10	11	10.5
관련 이동 시간	7	18	12.5	7%	10	13	11.5
합계	86	254	170				

제목: 가족과 함께하는 시간 (단위 : 분)

잠깐 만요!

자동 합계에서 사용하는 함수

자동 합계에서 합계는 SUM 함수, 평균은 AVERAGE 함수, 숫자 개수는 COUNT 함수, 최대값은 MAX 함수, 최소값은 MIN 함수를 사용하여 구합니다.

- **SUM 함수**
  - **구문** : SUM(number1, [number2], …)
  - **설명** : number1, [number2], …의 합계를 구합니다.
- **COUNT 함수**
  - **구문** : COUNT(value1, [value2], …)
  - **설명** : value1, [value2], …에서 숫자가 있는 셀의 개수를 구합니다.
- **MAX 함수**
  - **구문** : MAX(number1, [number2], …)
  - **설명** : number1, [number2], … 중에서 가장 큰 값을 구합니다.
- **MIN 함수**
  - **구문** : MIN(number1, [number2], …)
  - **설명** : number1, [number2], … 중에서 가장 작은 값을 구합니다.

구분	시간		수식	결과값
식사	34	❶	=SUM(C3:C6)	69
가사	27	❷	=COUNT(C3:C6)	3
가족 보살피기		❸	=MAX(C3:C6)	34
가족과의 교제	8	❹	=MIN(C3:C6)	8

❶ 시간(C3:C6)의 합계를 구합니다.

❷ 시간(C3:C6)에서 숫자가 있는 셀의 개수를 구합니다. C5셀은 빈 셀(데이터가 없는 셀)입니다.

❸ 시간(C3:C6) 중에서 가장 많은 시간을 구합니다.

❹ 시간(C3:C6) 중에서 가장 적은 시간을 구합니다.

1 노인의 합계를 구하기 위해 **G11셀을 선택**한 후 [수식] 탭−[함수 라이브러리] 그룹에서 [함수 삽입]을 클릭합니다.

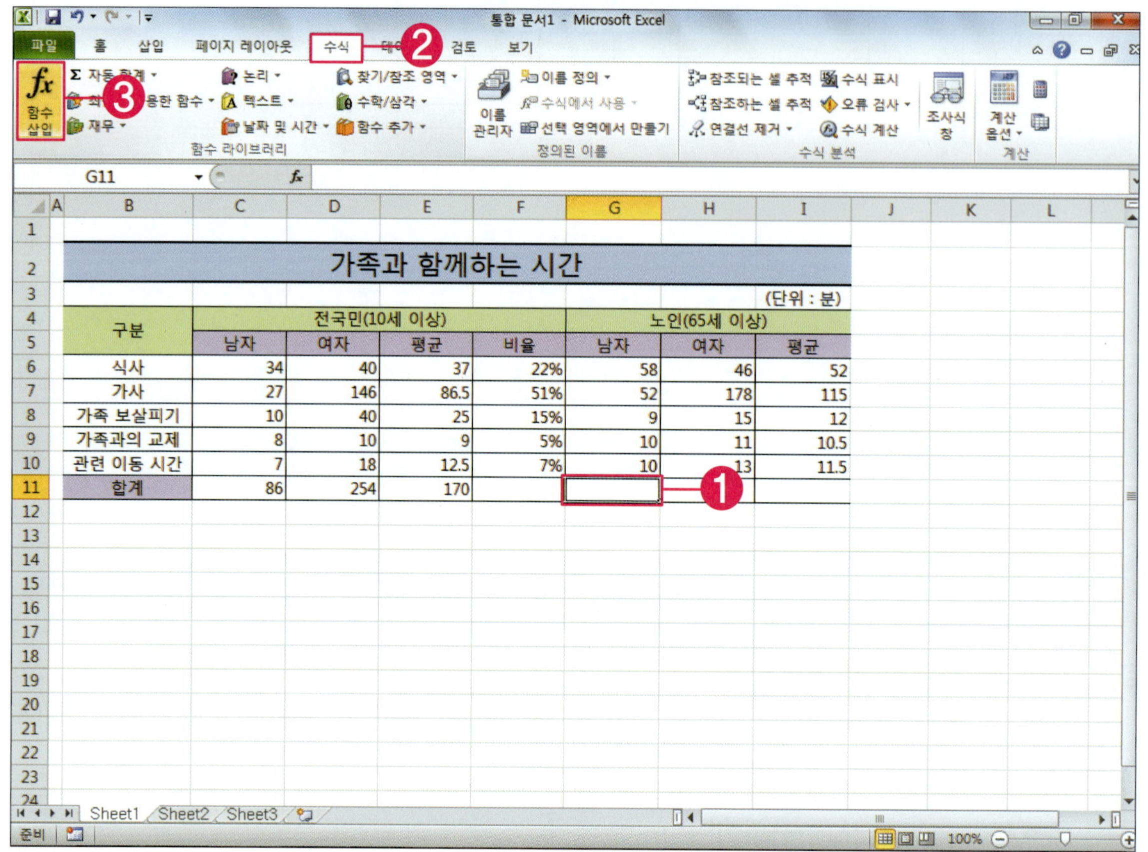

Tip

함수 마법사를 사용하면 해당 함수에 대한 정보를 얻을 수 있고, 도움말을 통해 해당 함수에 대한 구문과 예제 등을 참고할 수 있어서 손쉽게 함수를 입력할 수 있습니다. 함수 마법사는 함수를 통계, 날짜/시간, 수학/삼각 등 12가지의 범주로 분류하여 제공합니다.

2 [함수 마법사] 대화상자가 나타나면 **범주(수학/삼각)를 지정**한 후 **함수 (SUM)를 선택**한 다음 [확인] 단추를 클릭합니다.

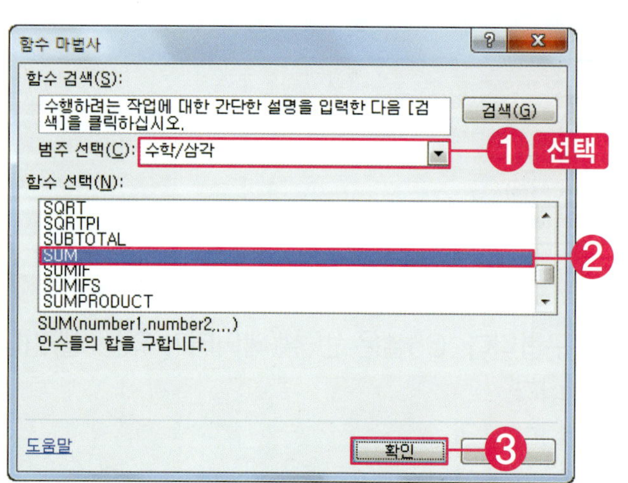

Tip

[수식] 탭−[함수 라이브러리] 그룹에서 [자동 합계]의 ▼[목록] 단추를 클릭한 후 [함수 추가]를 클릭하거나 수식 입력줄에서 *fx*[함수 삽입]을 클릭하여 [함수 마법사] 대화상자가 나타나게 할 수도 있습니다.

함수를 입력하는 다른 방법 알아보기

함수는 자동 합계나 함수 마법사를 사용하여 입력하는 방법 이외에 다음과 같은 방법으로도 입력할 수 있습니다.

• [함수 라이브러리] 그룹에서 범주를 지정하여 입력하기

셀을 선택한 후 [수식] 탭–[함수 라이브러리] 그룹에서 범주를 지정한 다음 함수를 선택합니다. 해당 함수의 [함수 인수] 대화상자가 나타나면 인수를 입력한 후 [확인] 단추를 클릭합니다.

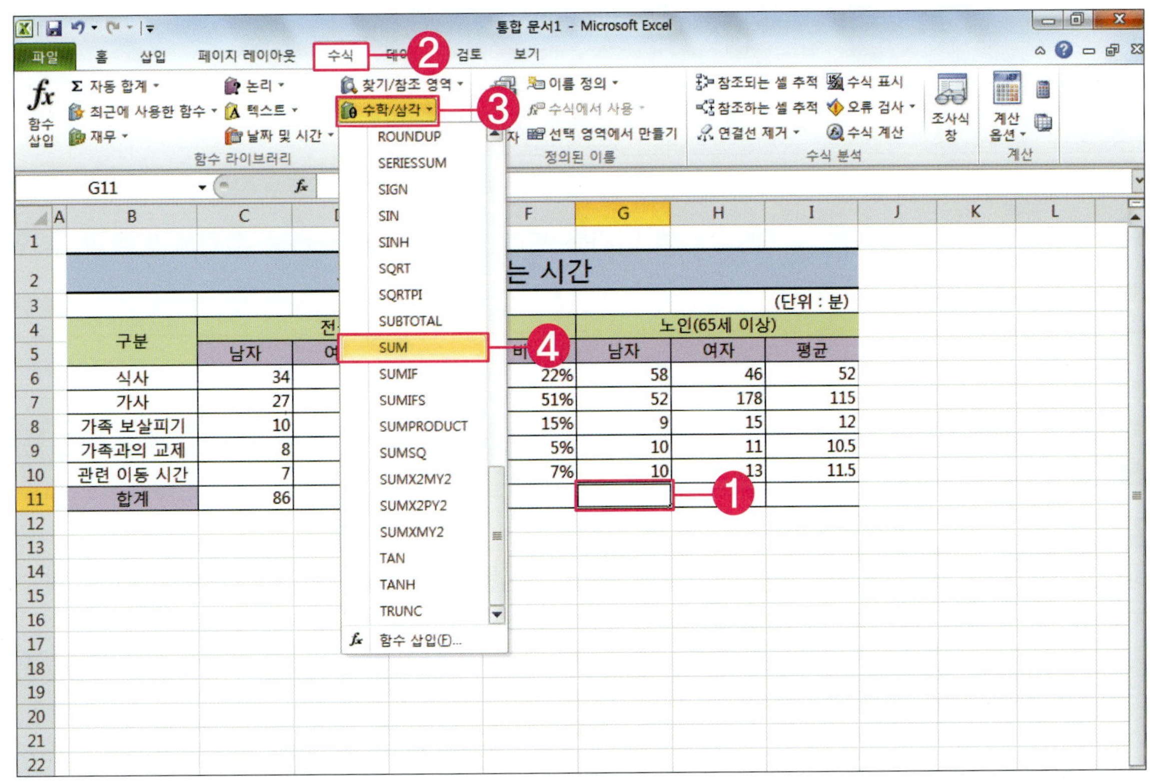

• 수식 자동 완성을 사용하여 입력하기

셀에 등호를 입력한 후 함수 이름을 입력합니다. 입력한 함수 이름으로 시작하는 함수 목록이 나타나면 함수를 선택한 후 Tab을 누르거나 더블클릭합니다.

구분	전국민(10세 이상)				노인(65세 이상)		
	남자	여자	평균	비율	남자	여자	평균
식사	34	40	37	22%	58	46	52
가사	27	146	86.5	51%	52	178	115
가족 보살피기	10	40	25	15%	9	15	12
가족과의 교제	8	10	9	5%	10	11	10.5
관련 이동 시간	7	18	12.5	7%	10	13	11.5
합계	86	254	170	=S			

3 SUM 함수의 [함수 인수] 대화상자가 나타나면 Number1(G6:G10)을 입력한 후 [확인] 단추를 클릭합니다.

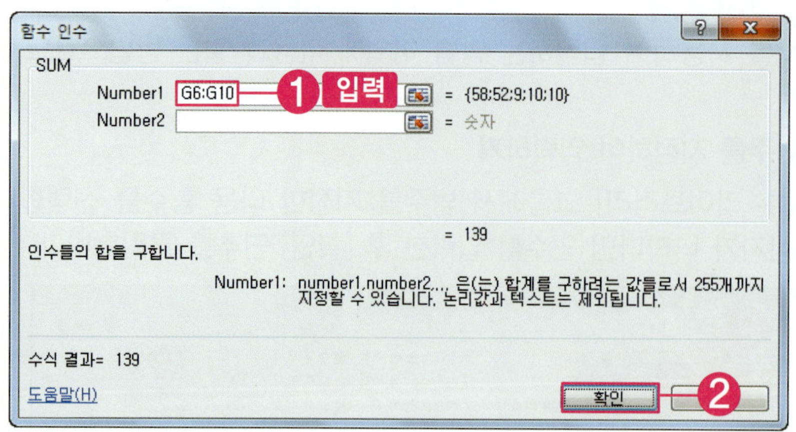

Number1의 을 클릭한 후 G6:G10셀 범위를 드래그하면 Number1을 손쉽게 입력할 수 있습니다.

잠깐만요!

도움말

[함수 마법사] 대화상자나 [함수 인수] 대화상자에서 [도움말]을 클릭하면 다음과 같이 해당 함수에 대한 구문과 예제 등을 참고할 수 있는 [Excel 도움말] 창이 나타납니다.

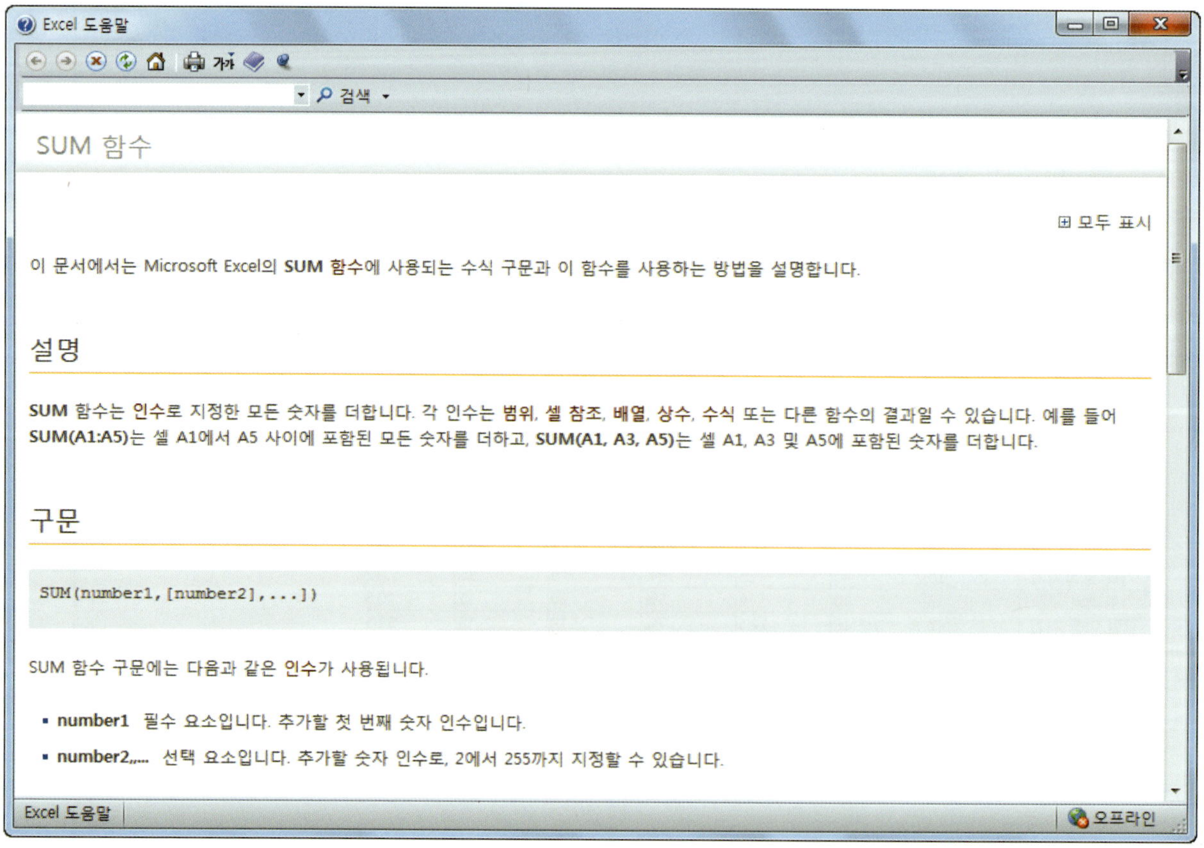

4 G11셀을 선택한 후 **채우기 핸들을 I11셀까지 드래그**합니다. 그런 다음 **[자동 채우기 옵션]을 클릭**한 후 **[서식 없이 채우기]를 클릭**합니다.

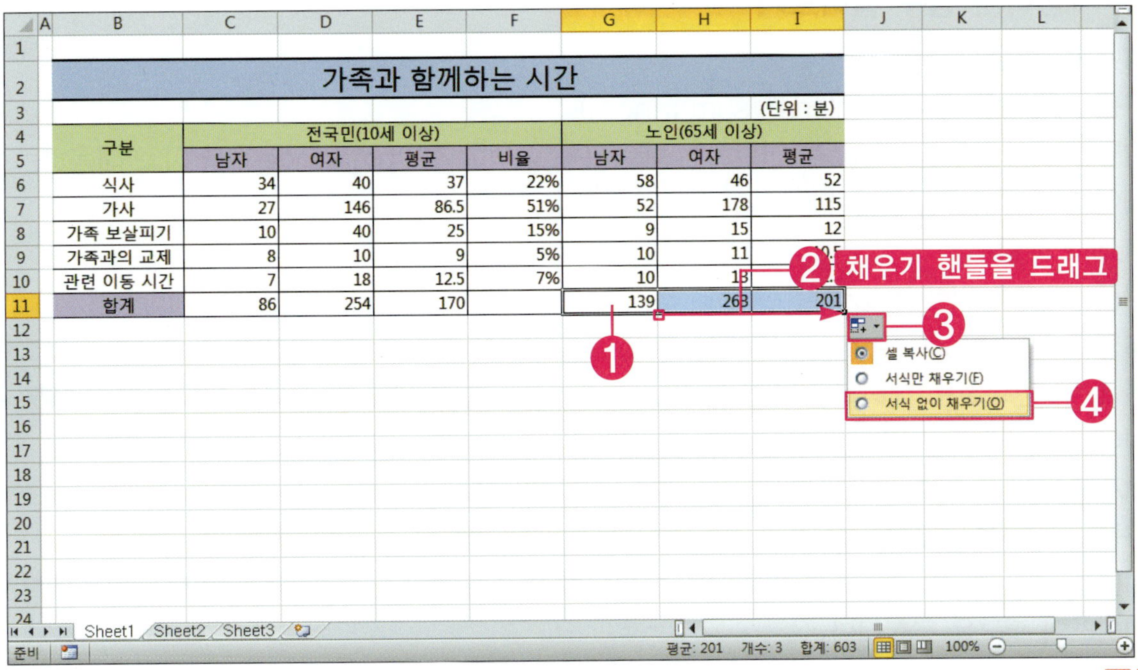

구분	전국민(10세 이상) 남자	전국민(10세 이상) 여자	전국민(10세 이상) 평균	전국민(10세 이상) 비율	노인(65세 이상) 남자	노인(65세 이상) 여자	노인(65세 이상) 평균
식사	34	40	37	22%	58	46	52
가사	27	146	86.5	51%	52	178	115
가족 보살피기	10	40	25	15%	9	15	12
가족과의 교제	8	10	9	5%	10	11	[illegible]
관련 이동 시간	7	18	12.5	7%	10	[illegible]	[illegible]
합계	86	254	170		139	263	201

(단위 : 분)

Tip

채우기 핸들을 사용하여 데이터를 입력하거나 수식을 복사하면 셀 서식도 복사됩니다. 테두리 서식은 복사하지 않고 수식만 복사하기 위해 [자동 채우기 옵션]을 클릭한 후 [서식 없이 채우기]를 클릭한 것입니다.

5 다음과 같이 노인의 합계가 구해집니다.

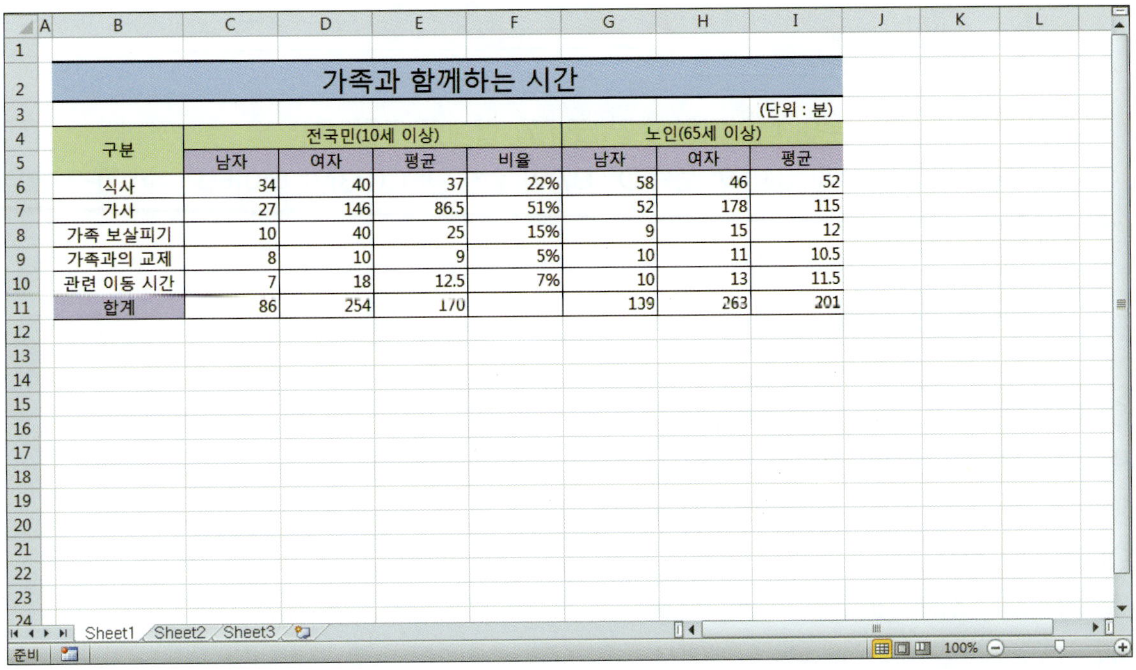

구분	전국민(10세 이상) 남자	전국민(10세 이상) 여자	전국민(10세 이상) 평균	전국민(10세 이상) 비율	노인(65세 이상) 남자	노인(65세 이상) 여자	노인(65세 이상) 평균
식사	34	40	37	22%	58	46	52
가사	27	146	86.5	51%	52	178	115
가족 보살피기	10	40	25	15%	9	15	12
가족과의 교제	8	10	9	5%	10	11	10.5
관련 이동 시간	7	18	12.5	7%	10	13	11.5
합계	86	254	170		139	263	201

(단위 : 분)

자주 사용하는 함수 알아보기

- **SUMIF 함수**
- **구문** : SUMIF(range, criteria, [sum_range])
- **설명** : range에서 criteria를 만족하는 데이터를 검색한 후 sum_range에서 이와 대응하는 데이터의 합계를 구합니다.
- **SUMIFS 함수**
- **구문** : SUMIFS(sum_range, criteria_range1, criteria1, [criteria_range2, criteria2], …)
- **설명** : criteria(criteria_range1에서는 criteria1을 만족, criteria_range2에서는 criteria2를 만족)를 모두 만족하는 데이터를 검색한 후 sum_range에서 이와 대응하는 데이터의 합계를 구합니다.
- **AVERAGEIF 함수**
- **구문** : AVERAGEIF(range, criteria, [average_range])
- **설명** : range에서 criteria를 만족하는 데이터를 검색한 후 average_range에서 이와 대응하는 데이터의 평균을 구합니다.
- **AVERAGEIFS 함수**
- **구문** : AVERAGEIFS(average_range, criteria_range1, criteria1, [criteria_range2, criteria2], …)
- **설명** : criteria(criteria_range1에서는 criteria1을 만족, criteria_range2에서는criteria2를 만족)를 모두 만족하는 데이터를 검색한 후 average_range에서 이와 대응하는 데이터의 평균을 구합니다.

날짜	부서	품목	수량		함수	결과값
12월 01일	영업1부	알뜰형PC	100	❶	=SUMIF(C3:C7,"영업2부",E3:E7)	150
12월 04일	영업2부	알뜰형PC	60	❷	=SUMIFS(E3:E7,C3:C7,C3,D3:D7,D3)	180
12월 07일	영업1부	알뜰형PC	80	❸	=AVERAGEIF(C3:C7,"영업2부",E3:E7)	75
12월 15일	영업1부	보급형PC	70	❹	=AVERAGEIFS(E3:E7,C3:C7,C3,D3:D7,D3)	90
12월 21일	영업2부	보급형PC	90			

❶ 부서(C3:C7)가 영업2부인 데이터의 수량(E3:E7) 합계를 구합니다.

❷ 부서(C3:C7)가 영업1부(C3)이고 품목(D3:D7)이 알뜰형PC(D3)인 데이터의 수량(E3:E7) 합계를 구합니다.

❸ 부서(C3:C7)가 영업2부인 데이터의 수량(E3:E7) 평균을 구합니다.

❹ 부서(C3:C7)가 영업1부(C3)이고 품목(D3:D7)이 알뜰형PC(D3)인 데이터의 수량(E3:E7) 평균을 구합니다.

- **ROUND 함수**
- **구문** : ROUND(number, num_digits)
- **설명** : number를 num_digits 아래에서 반올림하여 num_digits로 구합니다.
- **ROUNDUP 함수**
- **구문** : ROUNDUP(number, num_digits)
- **설명** : number를 num_digits 아래에서 올림하여 num_digits로 구합니다.
- **ROUNDDOWN 함수**
- **구문** : ROUNDDOWN(number, num_digits)
- **설명** : number를 num_digits 아래에서 내림하여 num_digits로 구합니다.

	A	B	C	D	E	F
1						
2		데이터		함수	결과값	
3		456.654	❶	=ROUND(B3,2)	456.65	
4		123.321	❷	=ROUND(B3,0)	457	
5		789.987	❸	=ROUND(B3,-2)	500	
6			❹	=ROUNDUP(B4,1)	123.4	
7			❺	=ROUNDUP(B4,0)	124	
8			❻	=ROUNDUP(B4,-1)	130	
9			❼	=ROUNDDOWN(B5,2)	789.98	
10			❽	=ROUNDDOWN(B5,0)	789	
11			❾	=ROUNDDOWN(B5,-2)	700	
12						

❶ 456.654(B3)를 소수 자릿수 3자리에서 반올림하여 소수 자릿수 2자리(2)로 구합니다.

❷ 456.654(B3)를 소수 자릿수 1자리에서 반올림하여 일의 자리(0)로 구합니다.

❸ 456.654(B3)를 십의 자리에서 반올림하여 백의 자리(−2)로 구합니다.

❹ 123.321(B4)을 소수 자릿수 2자리에서 올림하여 소수 자릿수 1자리(1)로 구합니다.

❺ 123.321(B4)을 소수 자릿수 1자리에서 올림하여 일의 자리(0)로 구합니다.

❻ 123.321(B4)을 일의 자리에서 올림하여 십의 자리(−1)로 구합니다.

❼ 789.987(B5)을 소수 자릿수 3자리에서 내림하여 소수 자릿수 2자리(2)로 구합니다.

❽ 789.987(B5)을 소수 자릿수 1자리에서 내림하여 일의 자리(0)로 구합니다.

❾ 789.987(B5)을 십의 자리에서 내림하여 백의 자리(−2)로 구합니다.

- **VLOOKUP 함수**
- **구문** : VLOOKUP(lookup_value, table_array, col_index_num, [range_lookup])
- **설명** : table_array의 첫 번째 열에서 lookup_value를 검색한 후 col_index_num에서 lookup_value와 같은 행에 있는 값을 구합니다. range_lookup이 FALSE이면 table_array의 첫 번째 열에서 lookup_value와 정확하게 일치하는 값을 검색하고, TRUE이거나 생략되면 lookup_value와 비슷하게 일치하는 값을 검색합니다.

	A	B	C	D	E	F	G	H
1								
2		상품코드	상품명	생산량		함수	결과값	
3		SC	스캐너	120	❶	=VLOOKUP("PR",B3:D5,2,FALSE)	프린터	
4		PR	프린터	600	❷	=VLOOKUP("PR",B3:D5,3,FALSE)	600	
5		CA	카메라	90				
6								

❶ B3:D5셀 범위의 첫 번째 열(B3:D5셀 범위에서 첫 번째 열이므로 B3:B5셀 범위)에서 PR을 검색한 후 두 번째 열(B3:D5셀 범위에시 두 번째 열이므로 C3:C5셀 범위)에서 PR과 같은 행에 있는 상품명을 구합니다.

❷ B3:D5셀 범위의 첫 번째 열(B3:D5셀 범위에서 첫 번째 열이므로 B3:B5셀 범위)에서 PR을 검색한 후 세 번째 열(B3:D5셀 범위에서 세 번째 열이므로 D3:D5셀 범위)에서 PR과 같은 행에 있는 생산량을 구합니다.

- **RANK 함수**
- **구문** : RANK(number, ref, [order])
- **설명** : ref에서 number의 순위를 구합니다. order가 0이거나 생략되면 가장 큰 값이 1위가 되고, 0 이외의 숫자이면 가장 작은 값이 1위가 됩니다. 값이 같은 경우, 해당 순위 중 가장 높은 순위를 구합니다. 엑셀 2010에서는 일부 함수가 기능이 향상되고 향상된 기능을 알 수 있도록 함수 이름이 변경되었습니다.

예를 들어 엑셀 2007 이전 버전에서는 순위를 구할 때 RANK 함수로만 구할 수 있었지만 엑셀 2010에서는 RANK.EQ 함수와 RANK.AVG 함수로도 구할 수 있습니다.

• RANK.EQ 함수

− **구문** : RANK.EQ(number, ref, [order])

− **설명** : ref에서 number의 순위를 구합니다. order가 0이거나 생략되면 가장 큰 값이 1위가 되고, 0 이외의 숫자이면 가장 작은 값이 1위가 됩니다. 값이 같은 경우, 해당 순위 중 가장 높은 순위를 구합니다.

• RANK.AVG 함수

− **구문** : RANK.AVG(number, ref, [order])

− **설명** : ref에서 number의 순위를 구합니다. order가 0이거나 생략되면 가장 큰 값이 1위가 되고, 0 이외의 숫자이면 가장 작은 값이 1위가 됩니다. 값이 같은 경우, 해당 순위의 평균을 구합니다.

	B	C	D	E	F	G
2	부서	판매량		함수	결과값	
3	영업1부	450	❶	=RANK(C6,C3:C6,1)	4	
4	영업2부	450	❷	=RANK.EQ(C3,C3:C6,0)	2	
5	영업3부	350	❸	=RANK.AVG(C3,C3:C6,0)	2.5	
6	영업4부	500				

❶ 모든 부서의 판매량(C3:C6)에서 영업4부의 판매량(C6)이 몇 번째로 적은 판매량인지(1) 구합니다.

❷ 모든 부서의 판매량(C3:C6)에서 영업1부의 판매량(C3)이 몇 번째로 많은 판매량인지(0) 구합니다. 영업1부의 판매량은 영업4부의 판매량 다음으로 많고 영업2부의 판매량과 같으므로 2위와 3위 중 가장 높은 순위인 2위입니다. 즉, 영업4부의 판매량은 1위, 영업1부와 영업2부의 판매량은 2위, 영업3부의 판매량은 4위입니다.

❸ 모든 부서의 판매량(C3:C6)에서 영업1부의 판매량(C3)이 몇 번째로 많은 판매량인지(0) 구합니다. 영업1부의 판매량은 영업4부의 판매량 다음으로 많고 영업2부의 판매량과 같으므로 2위와 3위의 평균인 2.5위입니다. 즉, 영업4부의 판매량은 1위, 영업1부와 영업2부의 판매량은 2.5위, 영업3부의 판매량은 4위입니다.

• IF 함수

− **구문** : IF(logical_test, [value_if_true], [value_if_false])

− **설명** : logical_test가 참이면 value_if_true를 구하고, 거짓이면 value_if_false를 구합니다.

	B	C	D	E	F	G
2	시료	흡수율		함수	결과값	
3	시료1	10%	❶	=IF(C3>=10%,"합격","불합격")	합격	
4	시료2	7%	❷	=IF(C4>=10%,"합격","불합격")	불합격	

❶ 시료1의 흡수율(C3)이 10% 이상()=)이면 '합격'을 표시하고, 그렇지 않으면 '불합격'을 표시합니다.

❷ 시료2의 흡수율(C4)이 10% 이상()=)이면 '합격'을 표시하고, 그렇지 않으면 '불합격'을 표시합니다.

• AND 함수

− **구문** : AND(logical1, [logical2], …)

− **설명** : logical이 모두 참이면 논리값 TRUE를 구하고, 하나라도 거짓이면 논리값 FALSE를 구합니다.

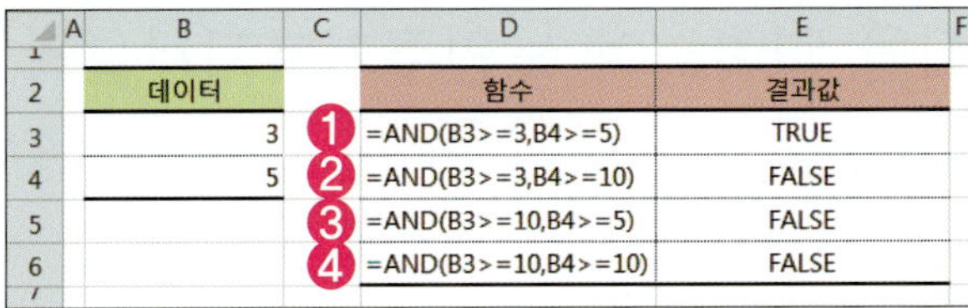

데이터		함수	결과값
3	①	=AND(B3>=3,B4>=5)	TRUE
5	②	=AND(B3>=3,B4>=10)	FALSE
	③	=AND(B3>=10,B4>=5)	FALSE
	④	=AND(B3>=10,B4>=10)	FALSE

① logical1(B3)=3)과 logical2(B4)=5)가 모두 참이므로 논리값 TRUE를 구합니다.

② logical2(B4)=10)가 거짓이므로 논리값 FALSE를 구합니다.

③ logical1(B3)=10)이 거짓이므로 논리값 FALSE를 구합니다.

④ logical1(B3)=10)과 logical2(B4)=10)가 모두 거짓이므로 논리값 FALSE를 구합니다.

- **OR 함수**
- **구문** : OR(logical1, [logical2], …)
- **설명** : logical이 하나라도 참이면 논리값 TRUE를 구하고, 모두 거짓이면 논리값 FALSE를 구합니다.

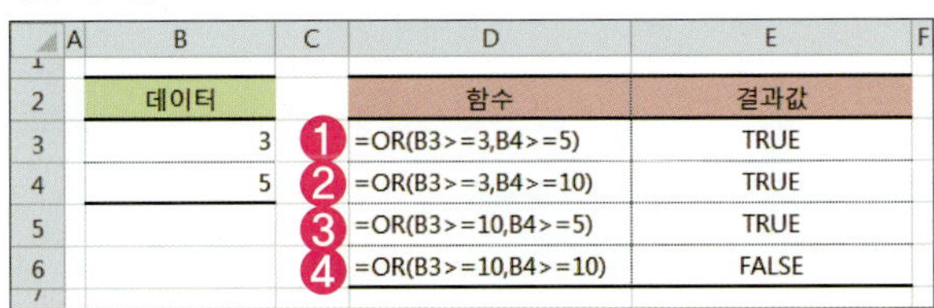

데이터		함수	결과값
3	①	=OR(B3>=3,B4>=5)	TRUE
5	②	=OR(B3>=3,B4>=10)	TRUE
	③	=OR(B3>=10,B4>=5)	TRUE
	④	=OR(B3>=10,B4>=10)	FALSE

① logical1(B3)=3)과 logical2(B4)=5)가 모두 참이므로 논리값 TRUE를 구합니다.

② logical1(B3)=3)이 참이므로 논리값 TRUE를 구합니다.

③ logical2(B4)=5)가 참이므로 논리값 TRUE를 구합니다.

④ logical1(B3)=10)과 logical2(B4)=10)가 모두 거짓이므로 논리값 FALSE를 구합니다.

- **LEFT 함수**
- **구문** : LEFT(text, [num_chars])
- **설명** : text에서 왼쪽부터 num_chars만큼의 문자를 구합니다. num_chars를 생략하면 1로 간주합니다.

- **RIGHT 함수**
- **구문** : RIGHT(text, [num_chars])
- **설명** : text에서 오른쪽부터 num_chars만큼의 문자를 구합니다. num_chars를 생략하면 1로 간주합니다.

- **MID 함수**
- **구문** : MID(text, start_num, num_chars)
- **설명** : text에서 start_num 번째 문자부터 num_chars만큼의 문자를 구합니다.

데이터		함수	결과값
엑셀 2010	①	=LEFT(B3,2)	엑셀
	②	=RIGHT(B3,4)	2010
	③	=MID(B3,4,2)	20

① 엑셀 2010(B3)에서 왼쪽부터 두 문자(2)를 구합니다.

② 엑셀 2010(B3)에서 오른쪽부터 네 문자(4)를 구합니다.

③ 엑셀 2010(B3)에서 네 번째 문자(4)부터 두 문자(2)를 구합니다. '엑셀'과 '2010' 사이에 1자리의 공백 문자열(" ")이 있습니다. '엑셀 2010'에서 네 번째 문자는 '2'입니다.

01 다음과 같이 문서를 작성한 후 수식을 입력하여 노인주거복지시설의 소계를 구해 보세요.

- **열 너비** : A열(1), B:C열(21), D:E열(10)
- **B2:E2셀 범위** : 글꼴 크기(18), ▦[병합하고 가운데 맞춤], 채우기 색(바다색, 강조 5, 60% 더 밝게)
- **B4:C4셀 범위** : ▦[병합하고 가운데 맞춤], 채우기 색(황록색, 강조 3, 60% 더 밝게)
- **D4:E4셀 범위** : ▤[가운데 맞춤], 채우기 색(황록색, 강조 3, 60% 더 밝게)
- **B5:B8셀 범위/B9:B11셀 범위/B12:B15셀 범위** : ▦[병합하고 가운데 맞춤]
- **C5:C15셀 범위** : ▤[가운데 맞춤]
- **D5:D15셀 범위** : , [쉼표 스타일]
- **노인주거복지시설의 소계** : 양로시설+노인공동생활가정+노인복지주택

	분류		개소	비율
		노인복지시설 현황		
	분류		개소	비율
노인주거복지시설		양로시설	303	
		노인공동생활가정	87	
		노인복지주택	24	
		소계	414	
노인의료복지시설		노인요양시설	2,489	
		노인요양공동생활가정	1,590	
		소계		
노인여가복지시설		노인복지관	281	
		경로당	61,537	
		노인교실	1,557	
		소계		

02 다음과 같이 자동 합계를 사용하여 노인의료복지시설의 소계를 구한 후 함수 마법사를 사용하여 노인여가복지시설의 소계를 구해 보세요.

- **노인의료복지시설의 소계** : 노인요양시설+노인요양공동생활가정
- **노인여가복지시설의 소계** : 노인복지관+경로당+노인교실

	A	B	C	D	E	F	G	H
1								
2			노인복지시설 현황					
3								
4			분류	개소	비율			
5		노인주거복지시설	양로시설	303				
6			노인공동생활가정	87				
7			노인복지주택	24				
8			소계	414	✕			
9		노인의료복지시설	노인요양시설	2,489				
10			노인요양공동생활가정	1,590				
11			소계	4,079	✕			
12		노인여가복지시설	노인복지관	281				
13			경로당	61,537				
14			노인교실	1,557				
15			소계	63,375	✕			
16								
17								
18								

03 다음과 같이 비율을 구한 후 비율을 백분율 스타일(소수 자릿수 3자리) 로 표시해 보세요.

- **비율** : 개소÷해당 소계(노인주거복지시설, 노인의료복지시설, 노인여가복지시설의 소계)

	A	B	C	D	E	F	G	H
1								
2			노인복지시설 현황					
3								
4			분류	개소	비율			
5		노인주거복지시설	양로시설	303	73.188%			
6			노인공동생활가정	87	21.014%			
7			노인복지주택	24	5.797%			
8			소계	414	✕			
9		노인의료복지시설	노인요양시설	2,489	61.020%			
10			노인요양공동생활가정	1,590	38.980%			
11			소계	4,079	✕			
12		노인여가복지시설	노인복지관	281	0.443%			
13			경로당	61,537	97.100%			
14			노인교실	1,557	2.457%			
15			소계	63,375	✕			
16								
17								
18								

Hint

비율을 구한 후 [홈] 탭–[표시 형식] 그룹에서 % [백분율 스타일]을 클릭한 다음 [자릿수 늘림]을 세 번 클릭합니다.

Chapter 06 이름 정의하고 데이터 유효성 검사 설정하기

이름 정의는 셀이나 셀 범위에 이름을 지정하여 셀이나 셀 범위를 참조할 때 셀 주소가 아닌 지정한 이름으로 참조할 수 있도록 하는 기능입니다. 데이터 유효성 검사는 입력할 수 있는 데이터를 지정하여 데이터를 잘못 입력하면 입력할 수 없도록 제한하는 기능입니다.

Step · 01 이름 정의하기

1 엑셀을 실행한 후 **다음과 같이 문서를 작성**합니다.

- **행 높이 :** 1행/6행(10)
- **열 너비 :** A열/I열(1), B:H열/J열(10)
- **B2:F5셀 범위 :** 글꼴 크기(18), [병합하고 가운데 맞춤], 채우기 색(자주, 강조 4, 60% 더 밝게)
- **G2:G5셀 범위 :** [가운데 맞춤], 채우기 색(황록색, 강조 3, 60% 더 밝게)
- **H2:H5셀 범위/E8:E24셀 범위/H8:H24셀 범위 :** [쉼표 스타일]
- **B7:H7셀 범위/J7셀 :** [가운데 맞춤], 채우기 색(파랑, 강조 1, 60% 더 밝게)
- **B8:D24셀 범위/F8:G24셀 범위/J8:J15셀 범위 :** [가운데 맞춤]

	날짜	수입항목	수입내용	수입금액	지출항목	지출내용	지출금액		지출항목
			가계부			전월이월	4,680,000		
						금월수입			
						금월지출			
						금월잔액			
	11월 03일								식비
	11월 11일								교통비
	11월 25일								관리비
									생활비
									의료비
									교육비
									경조사비
									기타

2 이름 정의를 하기 위해 **J8:J15셀 범위를 선택**한 후 [수식] 탭-[정의된 이름] 그룹에서 **[이름 정의]를 클릭**합니다.

잠깐 만요!

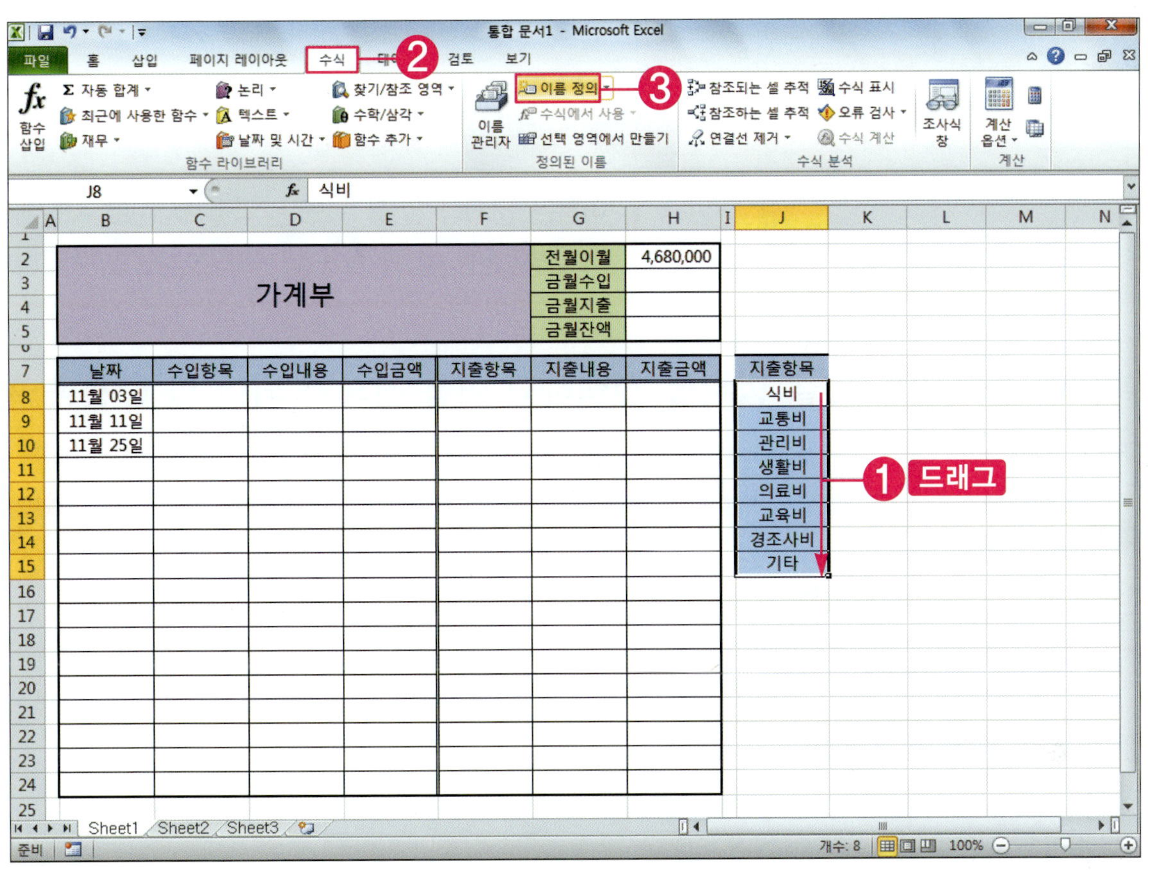

이름 정의하기

다음과 같이 J8:J15셀 범위를 선택한 후 이름 상자에 '지출항목'이라고 입력한 다음 Enter 를 눌러 이름 정의를 할 수도 있습니다.

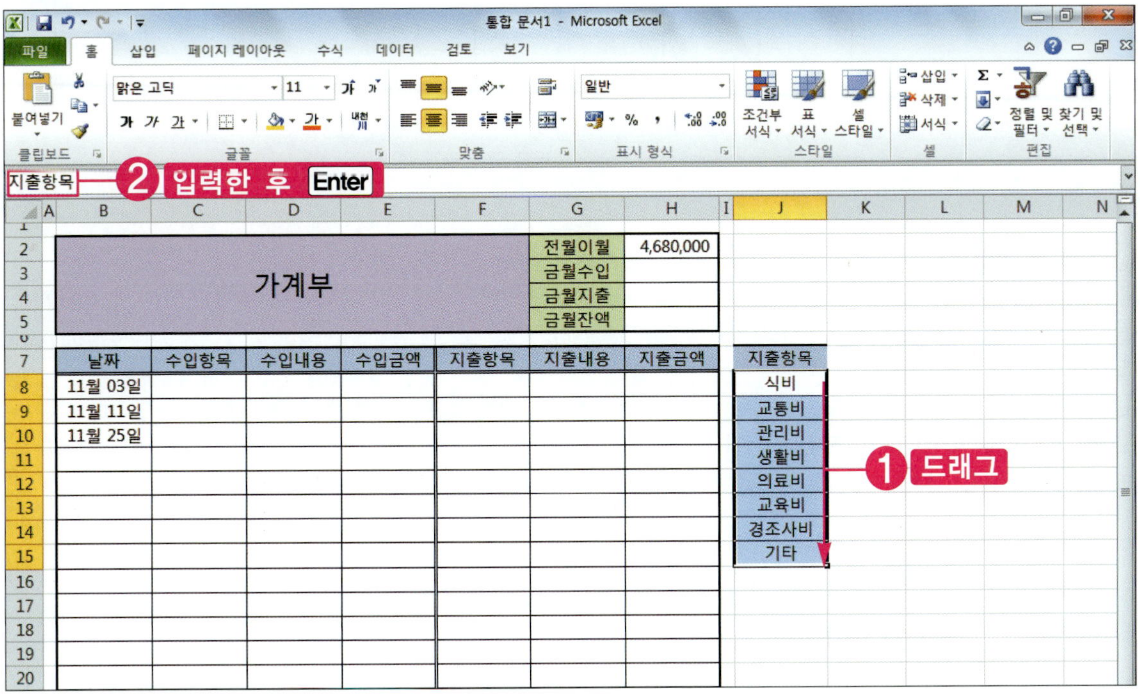

3 [새 이름] 대화상자가 나타나면 **이름(지출항목)을 입력**한 후 **[확인]** 단추를 클릭합니다.

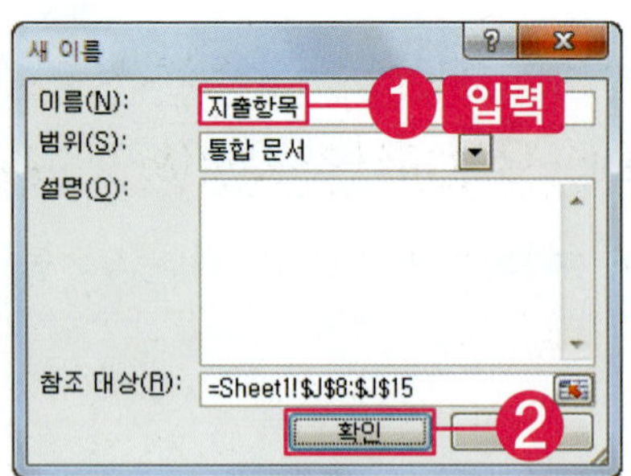

Tip

이름은 문자나 밑줄(_) 또는 역슬래시(\)로 시작해야 하며 공백이나 'A1'과 같은 셀 주소는 사용할 수 없습니다.

4 다음과 같이 **J8:J15셀 범위를 선택**하면 이름 정의가 되어 있는 것을 확인할 수 있습니다.

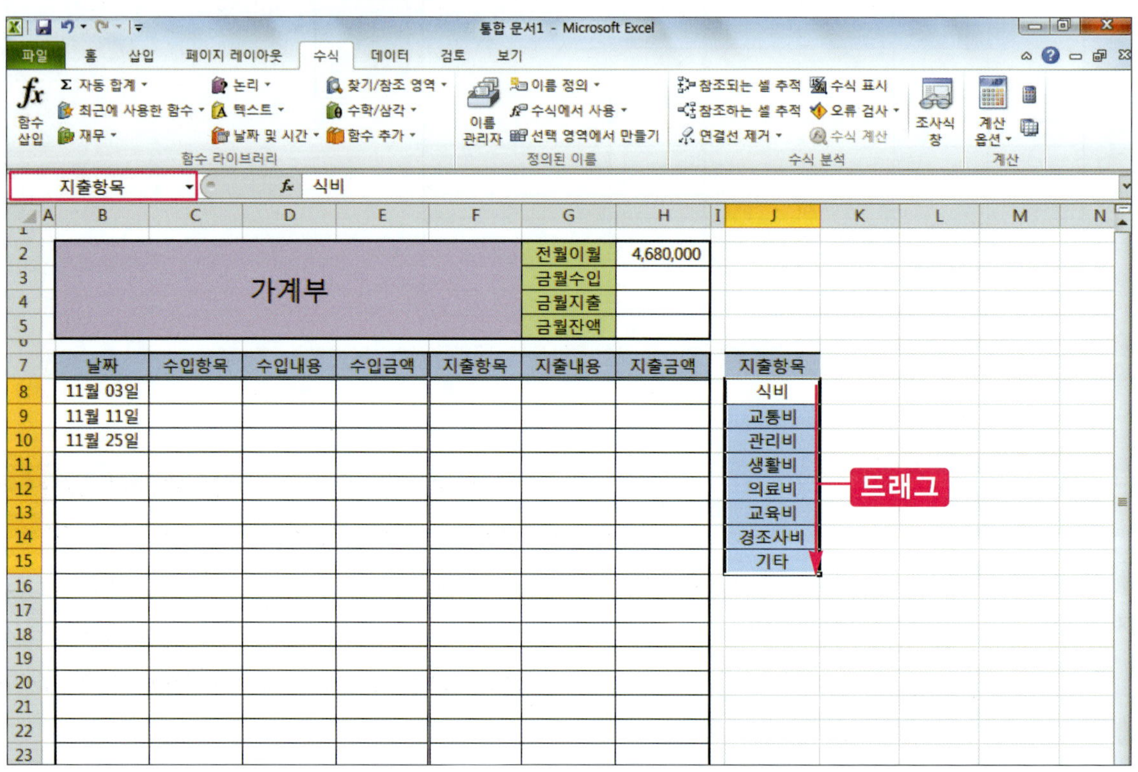

정의된 이름 삭제하기

[수식] 탭-[정의된 이름] 그룹에서 [이름 관리자]를 클릭하면 다음과 같이 [이름 관리자] 대화상자가 나타납니다. [이름 관리자] 대화상자에서 정의된 이름을 선택한 후 [삭제] 단추를 클릭하면 정의된 이름을 삭제할 수 있습니다.

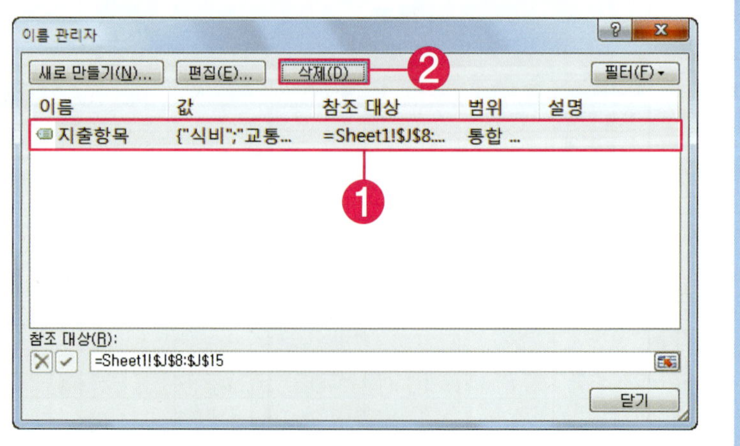

1 수입항목에 데이터 유효성 검사를 설정하기 위해 **C8:C24셀 범위를 선택**한 후 [데이터] 탭–[데이터 도구] 그룹에서 **[데이터 유효성 검사]**를 클릭합니다.

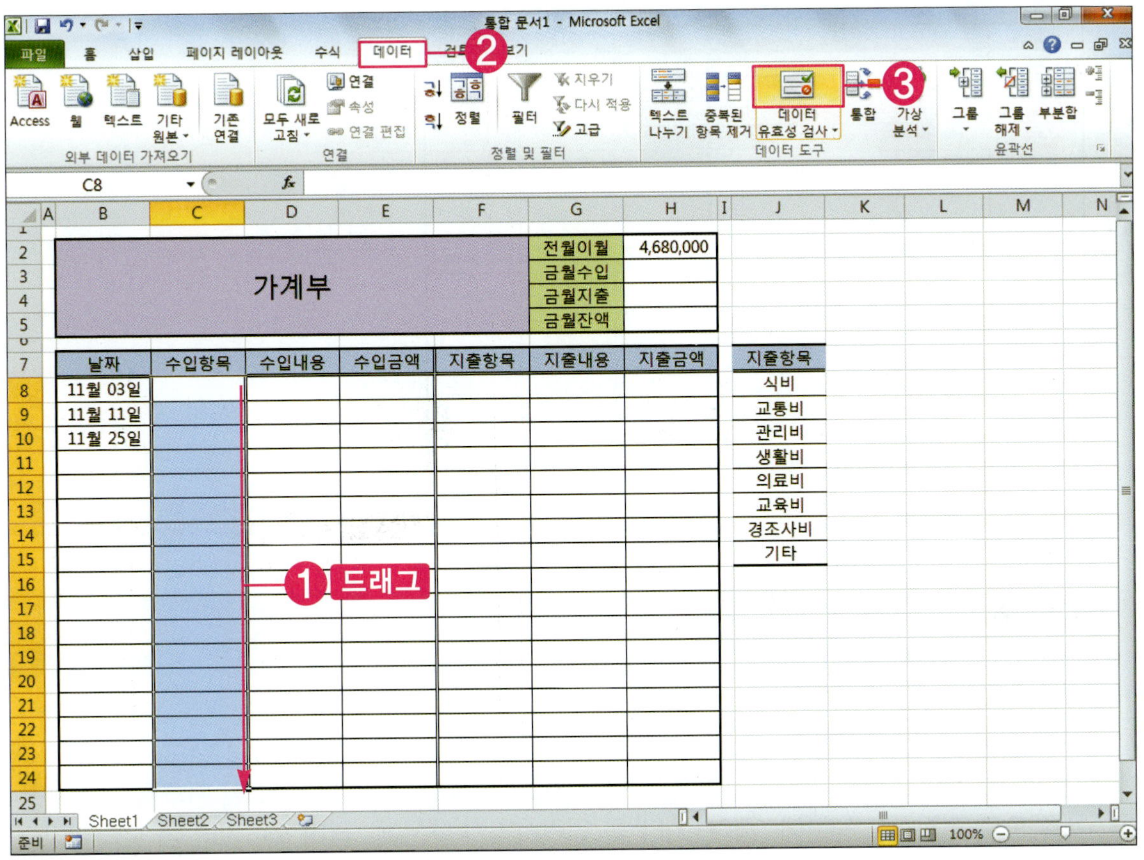

2 [데이터 유효성] 대화상자가 나타나면 [설정] 탭에서 **제한 대상(목록)을 지정**한 후 **원본(급여, 기타)을 입력**한 다음 **[확인]** 단추를 클릭합니다.

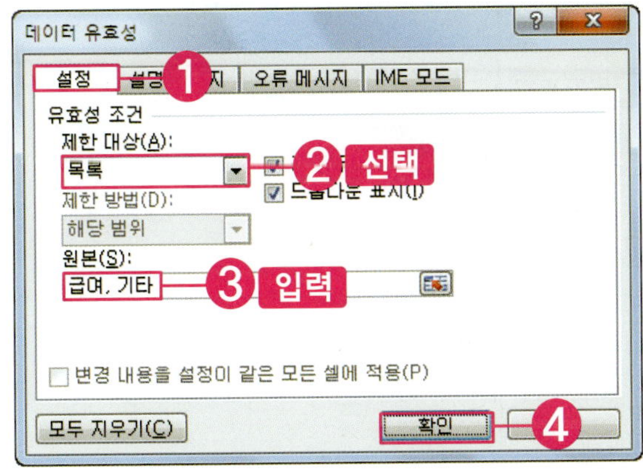

Tip

원본은 입력할 수 있는 데이터입니다.

3 C10셀을 선택한 후 데이터 유효성 검사의 ▼[목록] 단추를 클릭한 다음 '급여'를 클릭합니다.

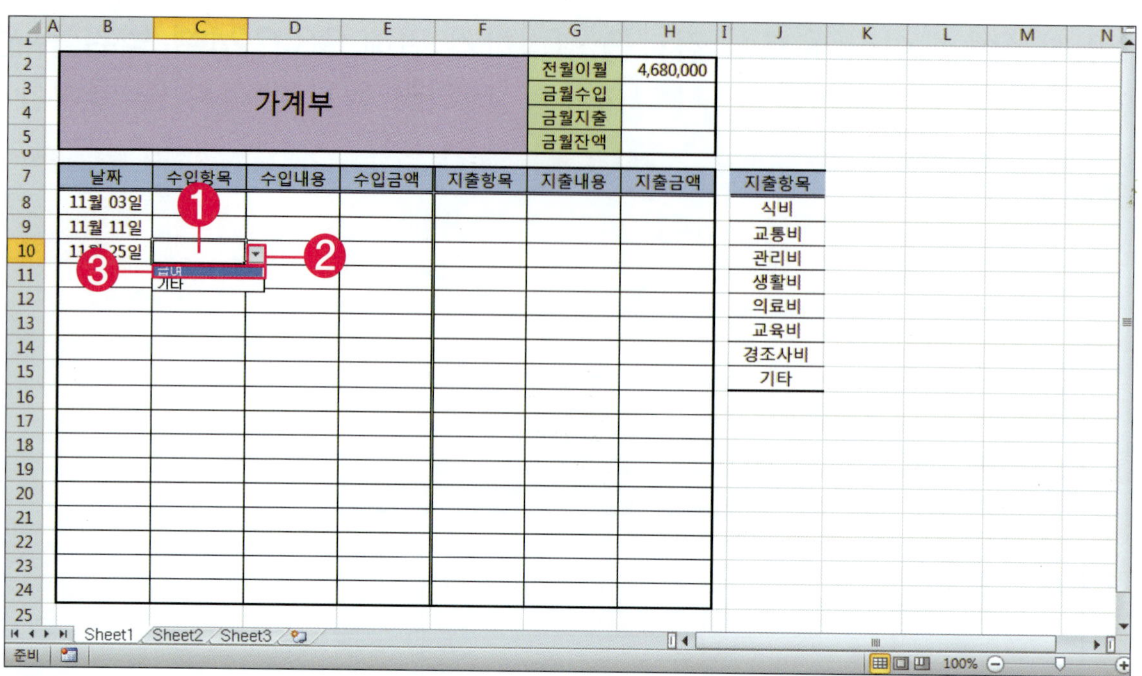

수입항목이 나타나는 이유

C10셀을 선택하면 [데이터 유효성] 대화상자의 [설정] 탭에서 [드롭다운 표시]가 선택되어 있었기 때문에 데이터 유효성 검사의 ▼[목록] 단추가 나타납니다. 데이터 유효성 검사의 ▼[목록] 단추를 클릭하면 제한 대상을 '목록'으로 지정하고 원본에 '급여, 기타'를 입력하였기 때문에 '급여'와 '기타'가 나타납니다.

4 수입항목이 입력되면 **다음과 같이 수입내용과 수입금액을 입력**합니다.

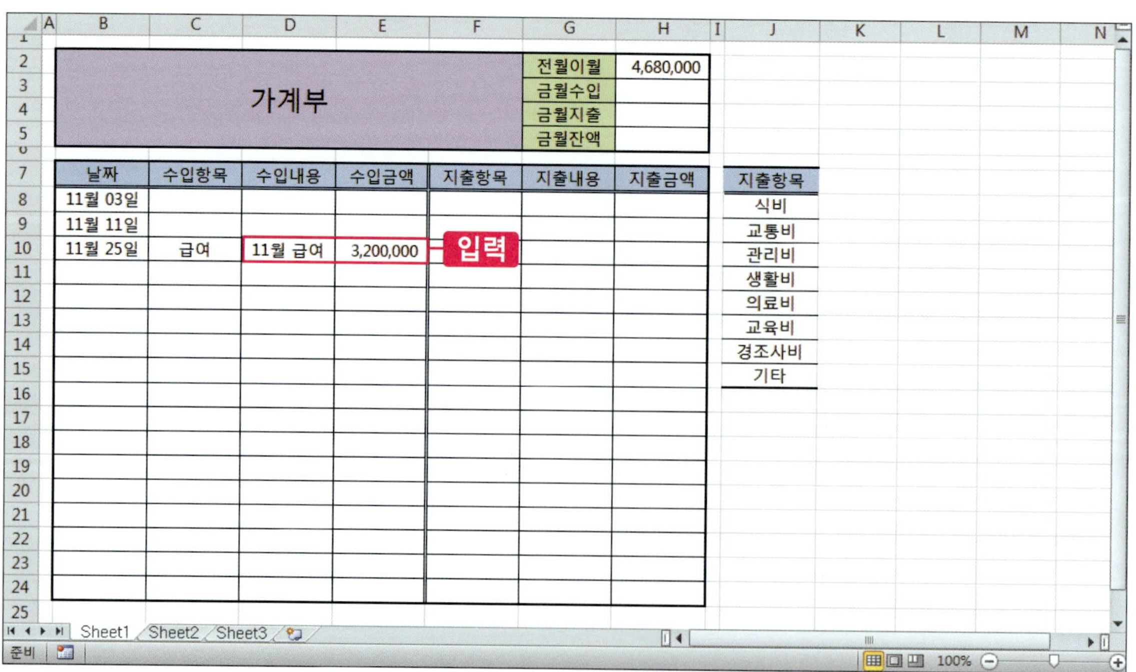

5 지출항목에 데이터 유효성 검사를 설정하기 위해 **F8:F24셀 범위를 선택**한 후 [데이터] 탭-[데이터 도구] 그룹에서 **[데이터 유효성 검사]를 클릭**합니다.

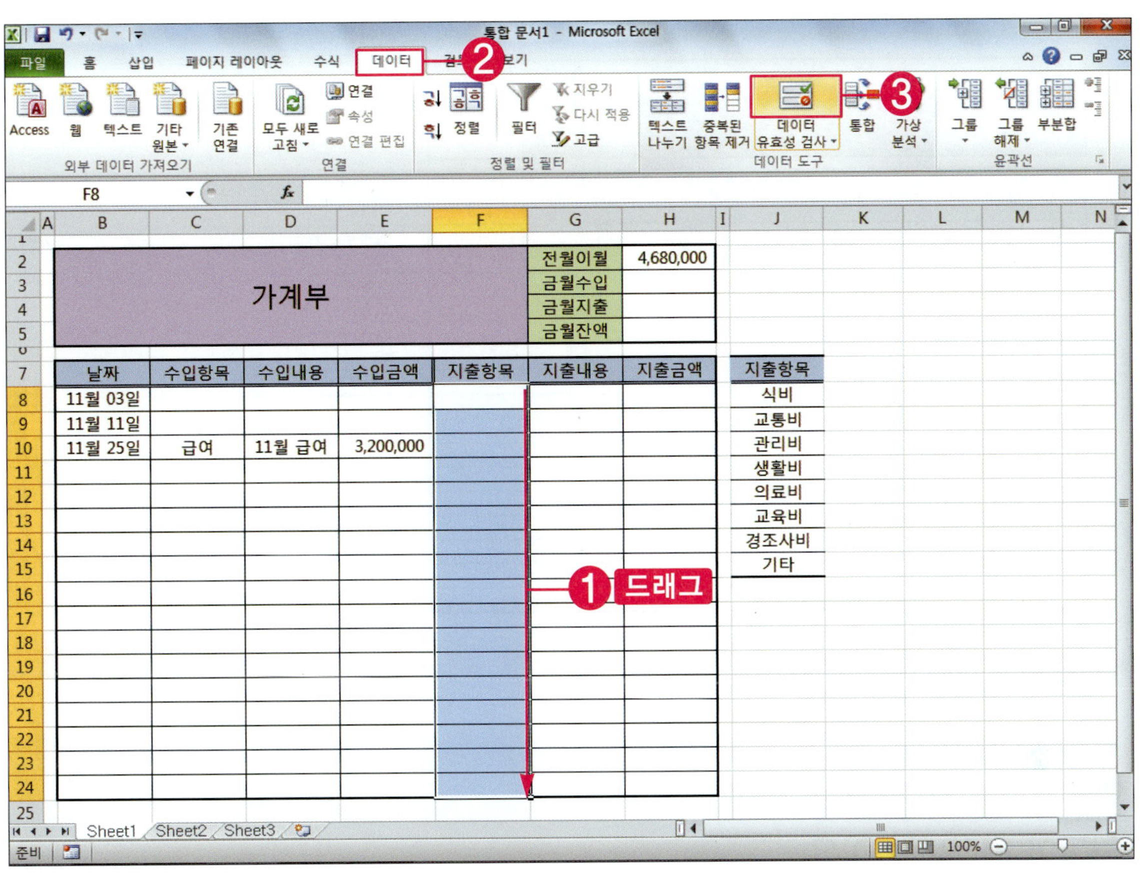

6 [데이터 유효성] 대화상자가 나타나면 [설정] 탭에서 **제한 대상(목록)을 지정**한 후 **원본(=지출항목)을 입력**한 다음 [확인] 단추를 클릭합니다.

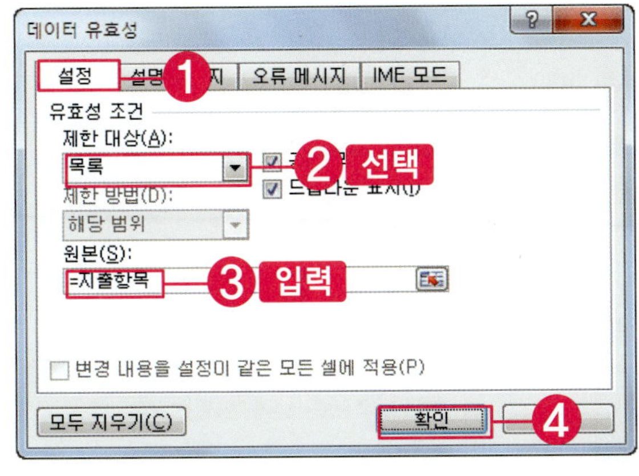

Tip

- J8:J15셀 범위를 드래그하여 원본을 입력할 수도 있습니다.
- 데이터 유효성 검사가 설정된 셀을 선택한 후 [모두 지우기] 단추를 클릭하면 설정된 데이터 유효성 검사를 제거할 수 있습니다.

7

F8셀을 선택한 후 데이터 유효성 검사의 ▼[목록] 단추를 클릭한 다음 '경조사비'를 클릭합니다.

지출항목이 나타나는 이유

F8셀을 선택하면 [데이터 유효성] 대화상자의 [설정] 탭에서 [드롭다운 표시]가 선택되어 있었기 때문에 데이터 유효성 검사의 ▼[목록] 단추가 나타납니다. 데이터 유효성 검사의 ▼[목록] 단추를 클릭하면 제한 대상을 '목록'으로 지정하고 원본에 '=지출항목'을 입력하였기 때문에 '지출항목'이라고 이름 정의를 한 J8:J15셀 범위에 있는 데이터가 나타납니다.

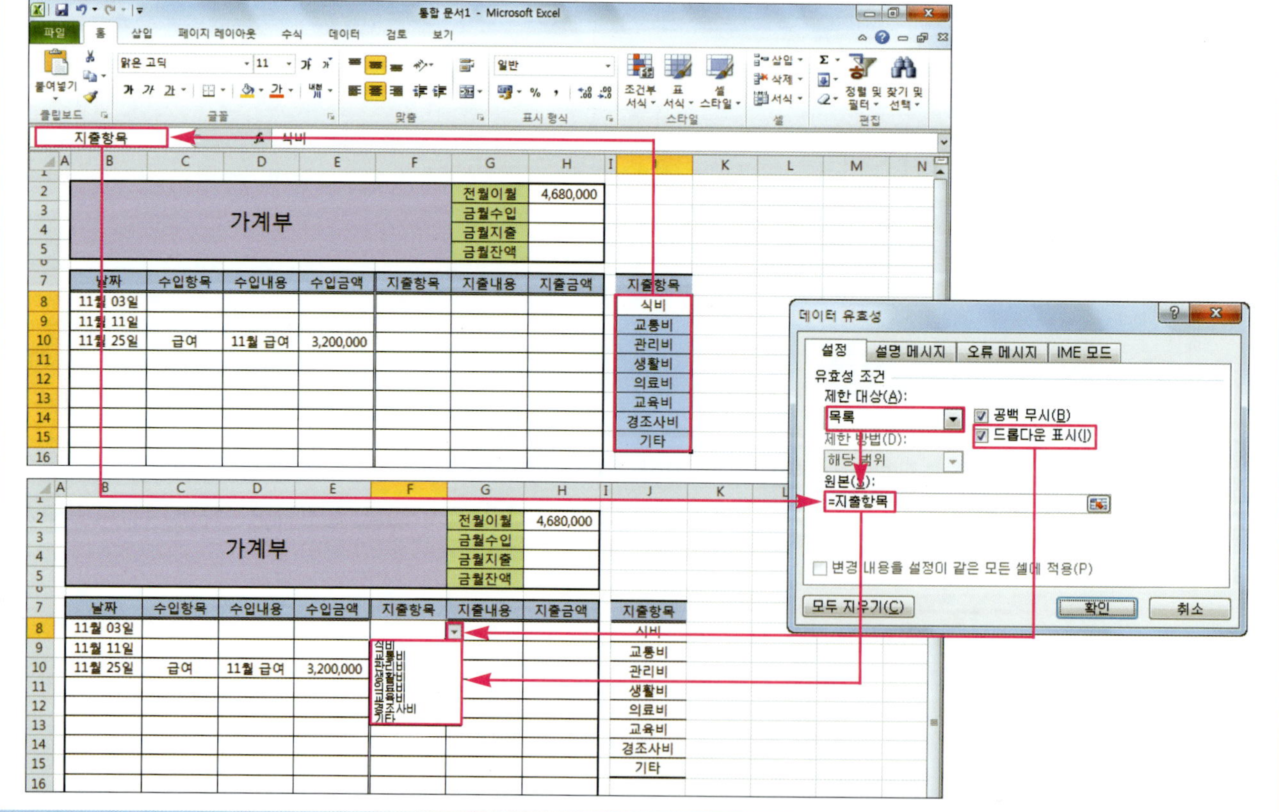

8 지출항목이 입력되면 **다음과 같이 지출내용과 지출금액을 입력**합니다.

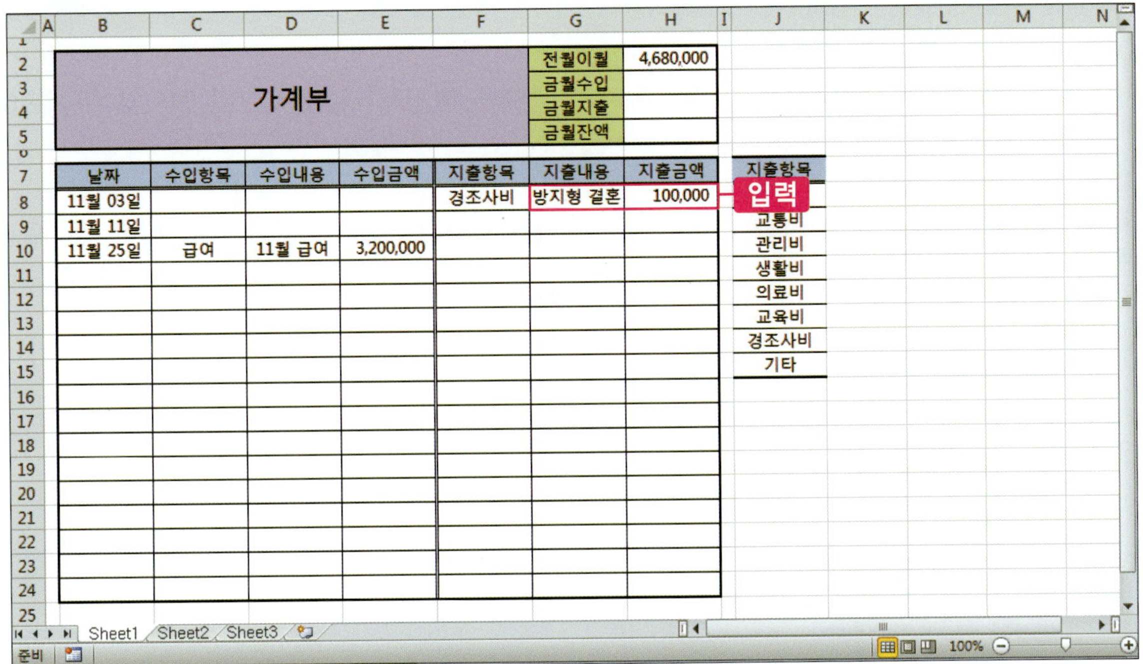

9 같은 방법으로 **다음과 같이 나머지 지출항목, 지출내용, 지출금액을 입력**합니다.

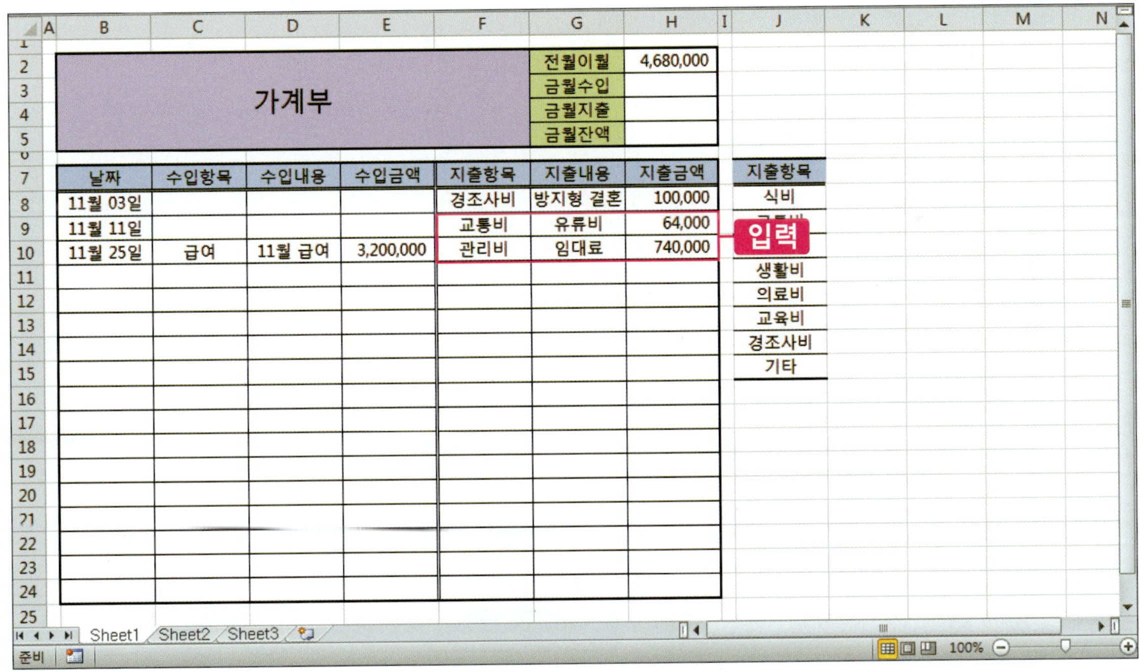

[데이터 유효성] 대화상자

[데이터 유효성] 대화상자는 [설정], [설명 메시지], [오류 메시지], [IME 모드] 탭으로 구성되어 있습니다.

• [설정] 탭

입력할 수 있는 데이터를 지정하는 곳으로 정수, 날짜, 시간, 사용자 지정 등을 제한 대상으로 지정할 수 있습니다. 제한 대상을 '사용자 지정'으로 지정하면 수식을 사용하여 입력할 수 있는 데이터를 지정할 수 있습니다.

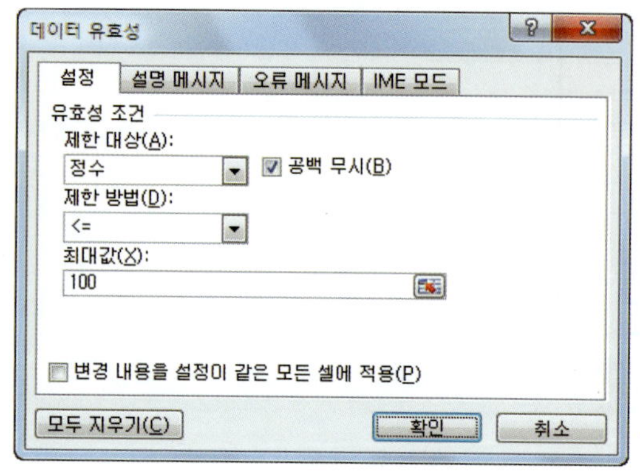

◀ 100 이하의 정수만 입력할 수 있도록 지정한 경우

• [설명 메시지] 탭

셀을 선택하면 나타낼 메시지를 입력하는 곳입니다.

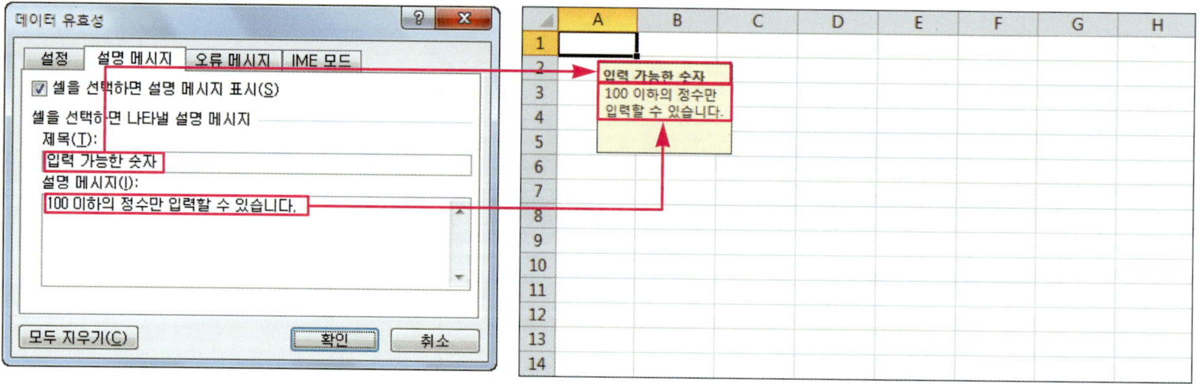

• [오류 메시지] 탭

데이터를 잘못 입력하면 나타낼 메시지를 입력하는 곳입니다.

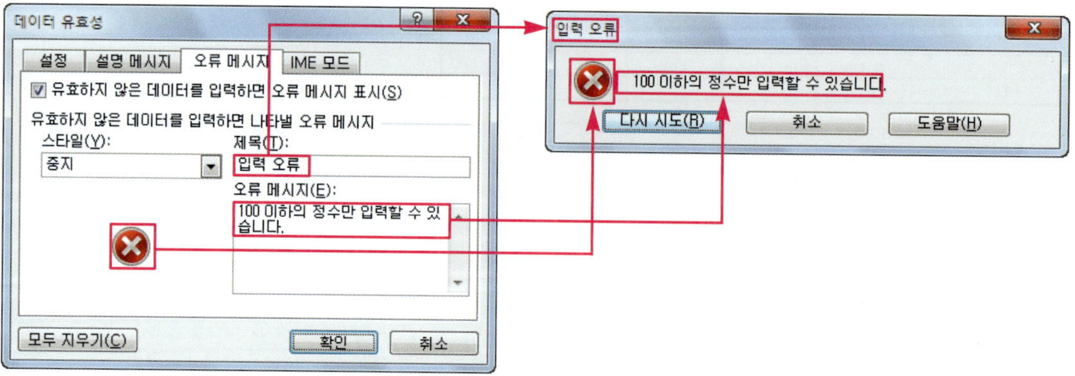

• [IME 모드] 탭

입력기 모드를 지정하는 곳으로 영문이나 한글 등을 입력기 모드로 지정할 수 있습니다. 입력기 모드를 '영문'으로 지정하면 한/영 을 누르지 않아도 자동으로 영문 입력 상태가 됩니다.

1 금월수입을 구하기 위해 H3셀에 '=SUM(E8:E24)'를 **입력**합니다.

	전월이월	4,680,000
가계부	금월수입	=SUM(E8:E24) ← **입력**
	금월지출	
	금월잔액	

날짜	수입항목	수입내용	수입금액	지출항목	지출내용	지출금액		지출항목
11월 03일				경조사비	방지형 결혼	100,000		식비
11월 11일				교통비	유류비	64,000		교통비
11월 25일	급여	11월 급여	3,200,000	관리비	임대료	740,000		관리비
								생활비
								의료비
								교육비
								경조사비
								기타

Tip

> 금월수입은 수입금액(E8:E24셀 범위)의 합계입니다.

2 다음과 같이 금월수입이 구해집니다.

	전월이월	4,680,000
가계부	금월수입	3,200,000
	금월지출	
	금월잔액	

날짜	수입항목	수입내용	수입금액	지출항목	지출내용	지출금액		지출항목
11월 03일				경조사비	방지형 결혼	100,000		식비
11월 11일				교통비	유류비	64,000		교통비
11월 25일	급여	11월 급여	3,200,000	관리비	임대료	740,000		관리비
								생활비
								의료비
								교육비
								경조사비
								기타

Tip

> SUM 함수는 빈 셀(데이터가 없는 셀)을 '0'으로 간주하여 계산합니다.

3 금월지출을 구하기 위해 **H4셀**에 **'=SUM(H8:H24)'**를 **입력**합니다.

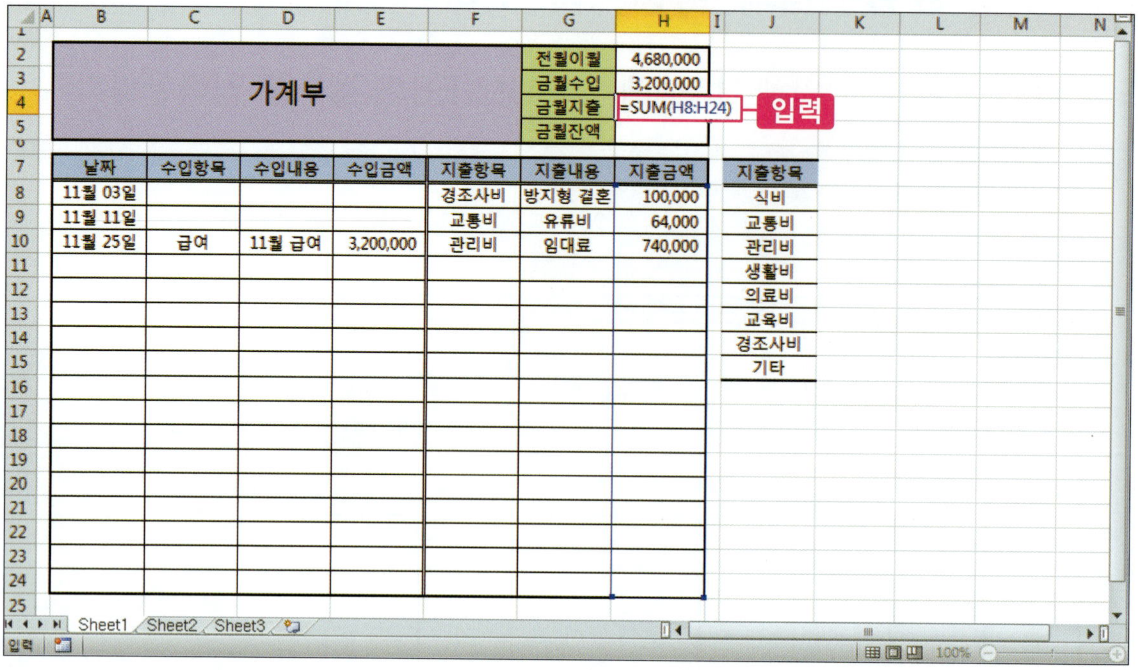

Tip

금월지출은 지출금액(H8:H24셀 범위)의 합계입니다.

4 다음과 같이 금월지출이 구해집니다.

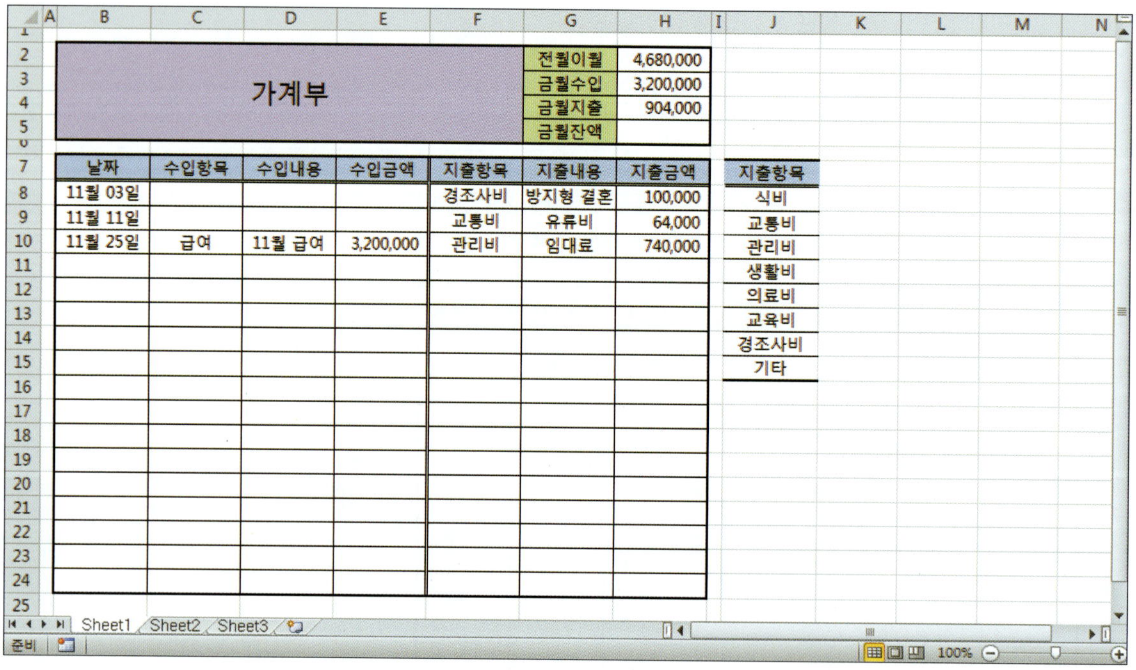

1 H5셀에 '=H2+H3-H4'를 입력합니다.

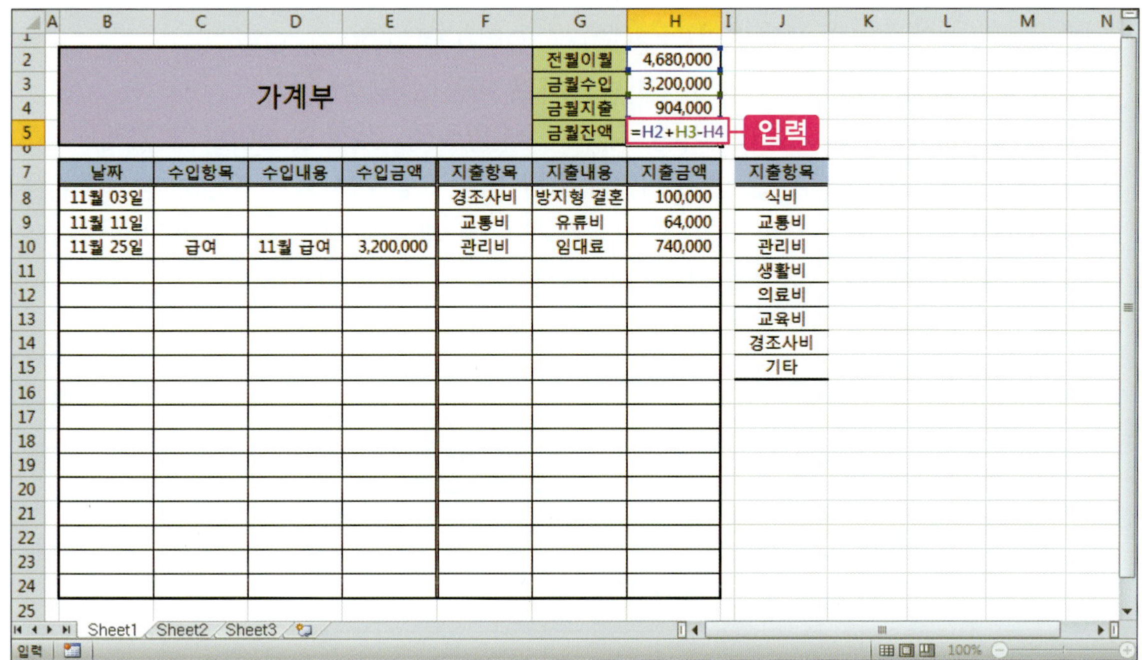

Tip

금월잔액은 전월이월과 금월수입의 합계에서 금월지출을 뺀 값입니다.

2 다음과 같이 금월잔액이 구해집니다.

01 다음과 같이 문서를 작성한 후 이름 정의를 해 보세요.

- **행 높이** : 1행/5행(10)
- **열 너비** : A열/I열(1), B열/E열/H열(10), C:D열/F열/J열(12), G열(18)
- **B2:F4셀 범위** : 글꼴 크기(18), [병합하고 가운데 맞춤]
- **G2:G4셀 범위** : ≡[가운데 맞춤], 채우기 색(황록색, 강조 3, 60% 더 밝게)
- **H2:H4셀 범위/C7:F23셀 범위/H7:H23셀 범위** : 범주(사용자 지정), 형식(#,###)
- **B6:H6셀 범위/J6셀** : ≡[가운데 맞춤], 채우기 색(빨강, 강조 2, 60% 더 밝게)
- **B7:B23셀 범위/G7:G23셀 범위/J7:J8셀 범위** : ≡[가운데 맞춤]
- **이름 정의** : 이름(기타), 참조 대상(J7:J8셀 범위)

	A	B	C	D	E	F	G	H	I	J	K	L
1												
2			차계부				전월 주행거리(km)	43,200				
3							금월 주행거리(km)					
4							총 주행거리(km)					
5												
6		날짜	리터당 단가	주유량(리터)	주유금액	주행거리(km)	기타	기타금액		기타		
7		12월 01일	1,834	32		50				수리/점검비		
8		12월 02일						60,000		오일교환		
9		12월 05일	1,839	28		45						
10												
11												
12												
13												
14												
15												
16												
17												
18												
19												
20												
21												
22												
23												

02 다음과 같이 데이터 유효성 검사를 설정한 후 G8셀에 '오일교환'을 입력해 보세요.

- **데이터 유효성 검사** : G7:G23셀 범위(제한 대상(목록), 원본(=기타))

	A	B	C	D	E	F	G	H	I	J	K	L
1												
2			차계부				전월 주행거리(km)	43,200				
3							금월 주행거리(km)					
4							총 주행거리(km)					
5												
6		날짜	리터당 단가	주유량(리터)	주유금액	주행거리(km)	기타	기타금액		기타		
7		12월 01일	1,834	32		50				수리/점검비		
8		12월 02일						60,000		오일교환		
9		12월 05일	1,839	28		45	수리/점검비 오일교환					
10												
11												
12												
13												
14												
15												
16												
17												
18												
19												
20												
21												
22												
23												

03 다음과 같이 주유금액을 구해 보세요.

- **주유금액** : 리터당 단가×주유량

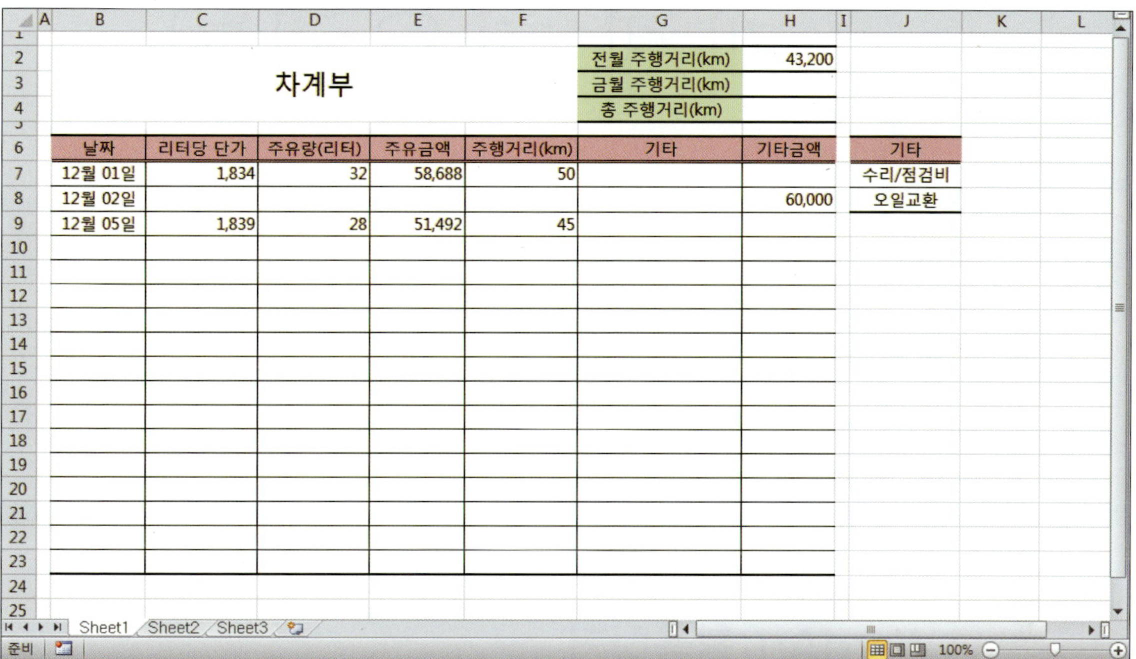

Hint

E7셀에 '=C7*D7'을 입력합니다. E7셀을 선택한 후 채우기 핸들을 E23셀까지 드래그합니다. [자동 채우기 옵션]을 클릭한 후 [서식 없이 채우기]를 클릭합니다.

04 다음과 같이 금월 주행거리와 총 주행거리를 입력해 보세요.

- **금월 주행거리** : 주행거리의 합계
- **총 주행거리** : 전월 주행거리+금월 주행거리

개체 활용하기

Chapter **07**

셀에 직접 입력하는 데이터 이외의 WordArt, SmartArt, 클립 아트 등을 '개체' 라고 합니다. WordArt를 활용하면 화려한 제목을 작성할 수 있고, SmartArt를 활용하면 다이어그램(요소와 요소 간의 관계나 어떤 단계 등을 일정한 양식의 그림으로 나타낸 것)이나 조직도를 손쉽게 작성할 수 있으며 문서와 어울리는 클립 아트를 활용하면 문서를 부각시킬 수 있습니다.

Step·01 WordArt 활용하기

1 **엑셀을 실행**한 후 WordArt를 삽입하기 위해 [삽입] 탭-[텍스트] 그룹에서 [WordArt]를 클릭한 다음 A[채우기 - 빨강, 강조 2, 무광택 입체]를 클릭합니다.

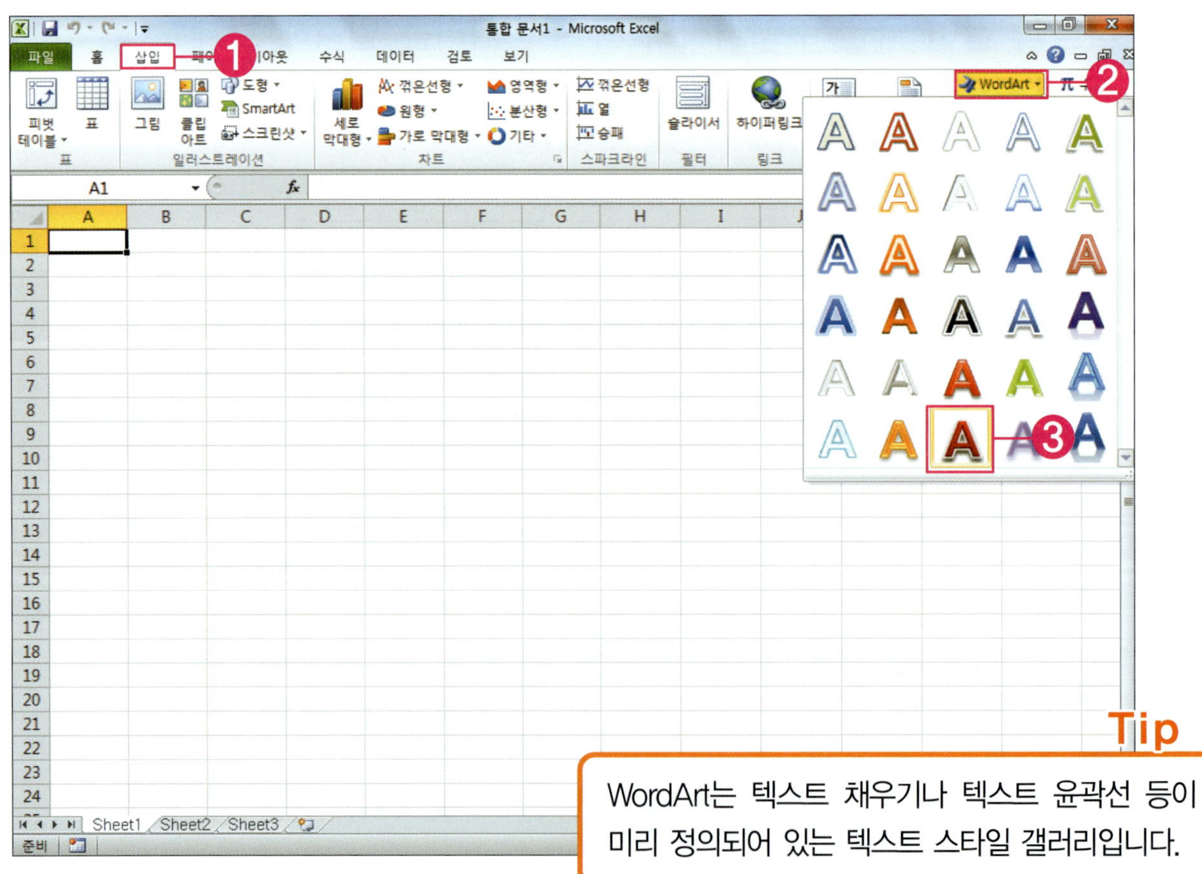

Tip

WordArt는 텍스트 채우기나 텍스트 윤곽선 등이 미리 정의되어 있는 텍스트 스타일 갤러리입니다.

 **2** WordArt가 삽입되면 **WordArt 텍스트(회사연혁)를 입력**합니다.

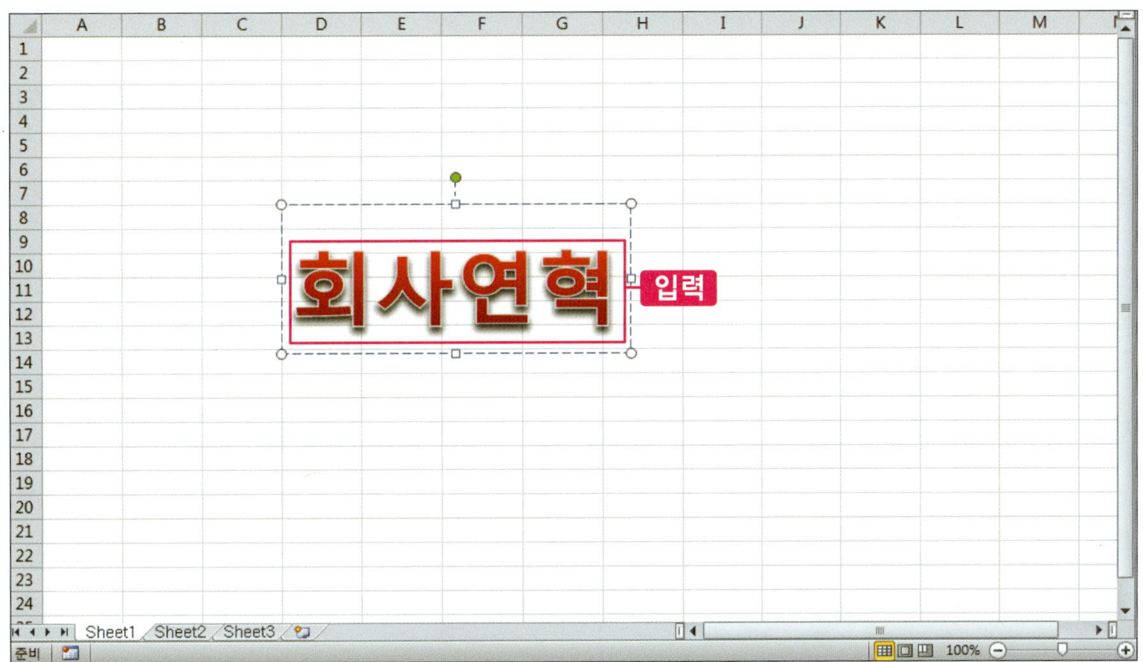

잠깐 만요!

WordArt 텍스트 입력하기
- **방법1** : WordArt가 삽입된 후 바로 WordArt 텍스트를 입력합니다. 이 방법을 사용하면 기존의 WordArt 텍스트가 지워진 후 새 WordArt 텍스트가 입력됩니다.
- **방법2** : WordArt 텍스트로 마우스 포인터를 가져가서 마우스 포인터가 ⊱ 모양으로 변경되었을 때 클릭(클릭하면 마우스 포인터가 Ⅰ 모양으로 변경됩니다)한 후 WordArt 텍스트를 입력합니다. 이 방법을 사용하면 기존의 WordArt 텍스트를 지워야 합니다.

---

3 WordArt에 글꼴 서식을 지정하기 위해 **WordArt를 선택**한 후 [홈] 탭-[글꼴] 그룹에서 **글꼴(휴먼아미체)을 선택**한 다음 가[기울임꼴]을 클릭합니다.

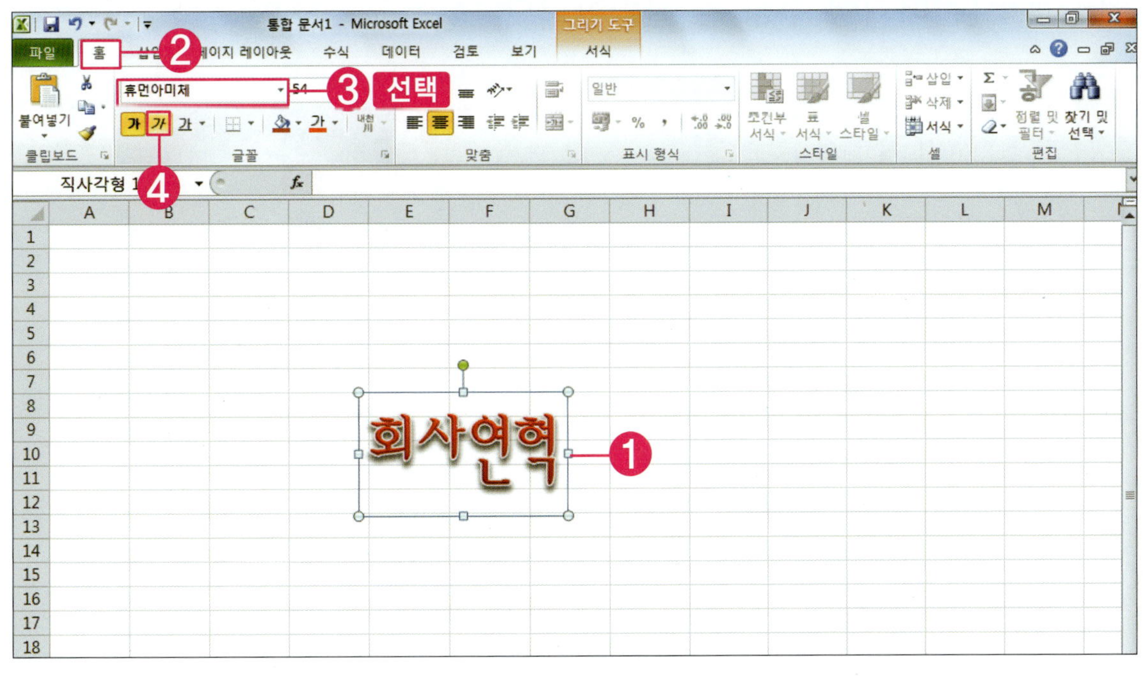

개체 선택하기
- **하나의 개체 선택** : 개체로 마우스 포인터를 가져가서 마우스 포인터가 ⛫ 모양으로 변경되었을 때 클릭합니다.
- **여러 개체 선택** : 개체를 선택한 후 Ctrl이나 Shift를 누른 상태에서 다른 개체를 선택합니다.

개체 지우기
개체를 선택한 후 Delete를 누릅니다.

4 WordArt에 네온 텍스트 효과를 지정하기 위해 [그리기 도구] 정황 탭-[서식] 탭-[WordArt 스타일] 그룹에서 가[텍스트 효과]를 클릭한 후 [네온]-[바다색, 8 pt 네온, 강조색 5]를 클릭합니다.

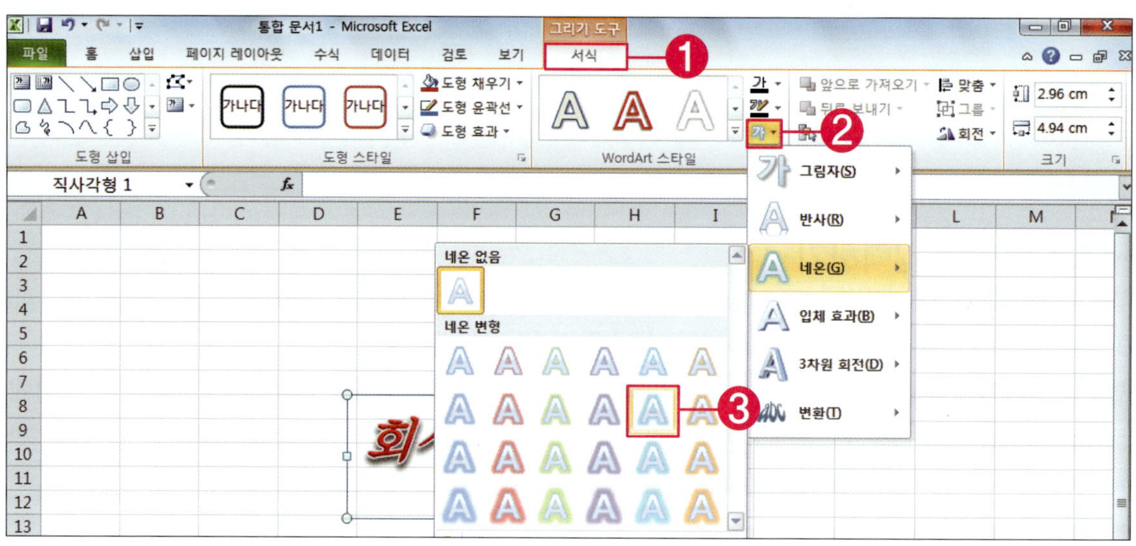

5 WordArt에 변환 텍스트 효과를 지정하기 위해 [그리기 도구] 정황 탭-[서식] 탭-[WordArt 스타일] 그룹에서 가[텍스트 효과]를 클릭한 후 [변환]-abcde[갈매기형 수장]을 클릭합니다.

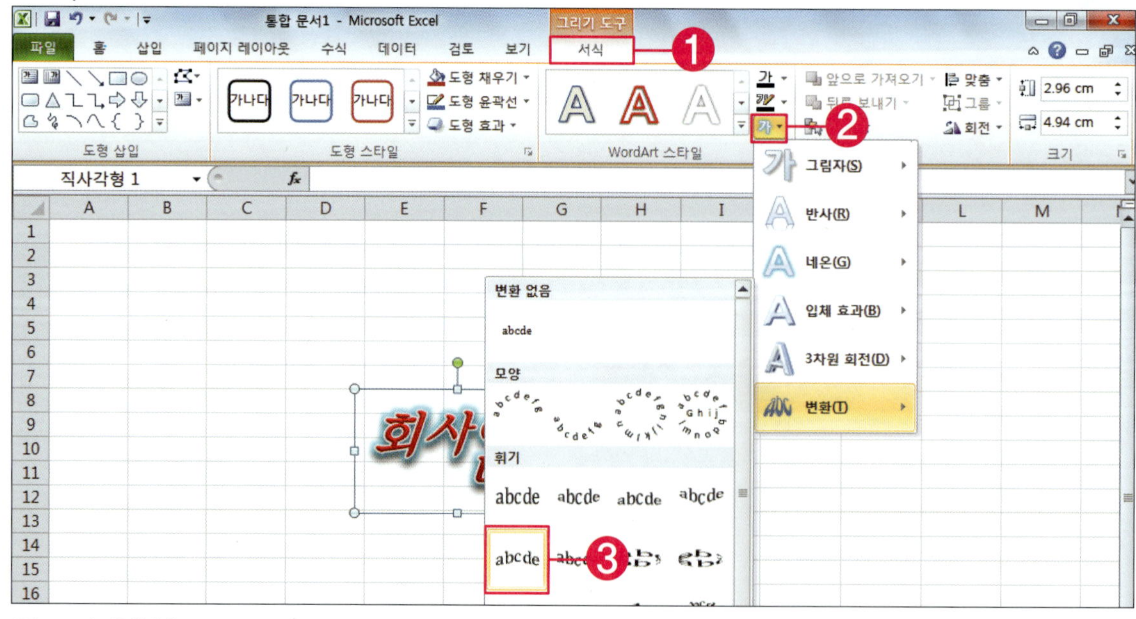

6 WordArt에 변환 텍스트 효과가 지정되면 **다음과 같이 WordArt를 이동시**킨 후 **WordArt의 크기를 조정**합니다.

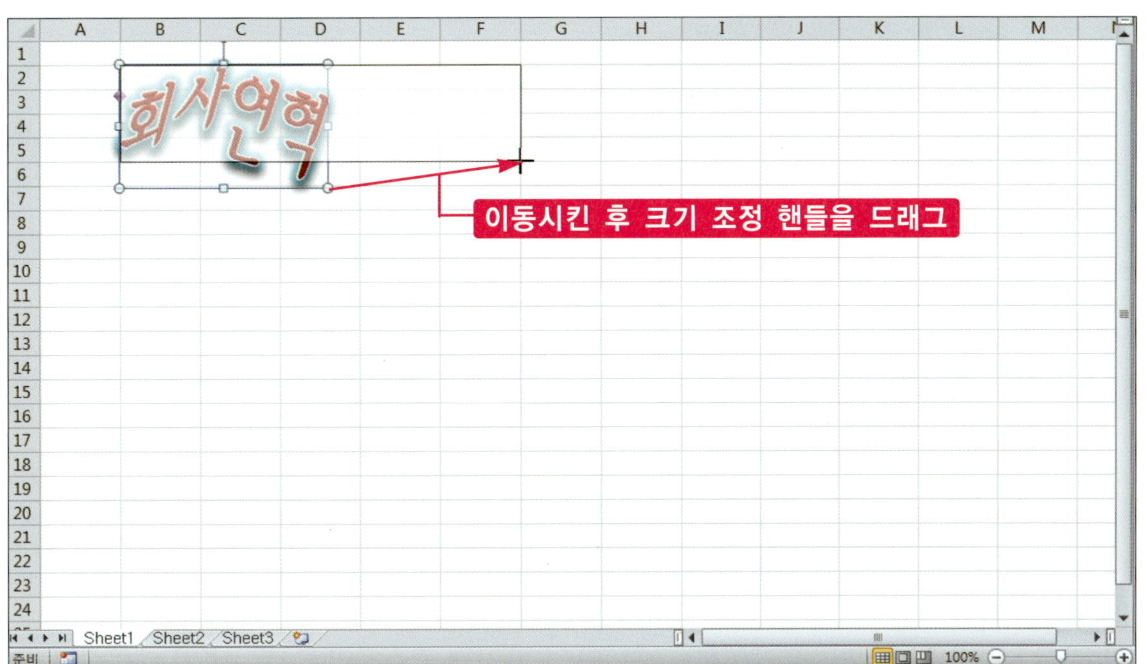

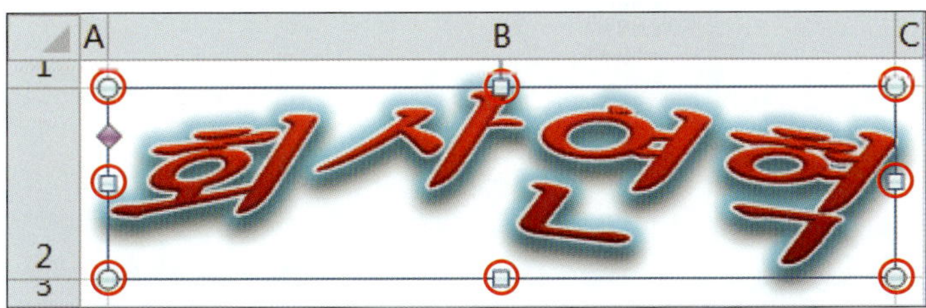

개체 복사하기
개체를 선택한 후 Ctrl을 누른 상태에서 드래그하거나 Ctrl+D를 누릅니다.

개체 이동하기
• **개체 이동** : 개체를 선택한 후 드래그합니다.
• **눈금선에 맞추어 개체 이동** : 개체를 선택한 후 Alt를 누른 상태에서 드래그합니다.
• **수평이나 수직 방향으로 개체 이동** : 개체를 선택한 후 Shift를 누른 상태에서 드래그합니다.

개체의 크기 조정하기
• **개체의 크기 조정** : 개체의 크기 조정 핸들을 드래그합니다.

▲ 개체의 크기 조정 핸들
• **눈금선에 맞추어 개체의 크기 조정** : 개체의 크기 조정 핸들을 Alt를 누른 상태에서 드래그합니다.

7 다음과 같이 WordArt의 크기가 조정됩니다.

잠깐 만요!

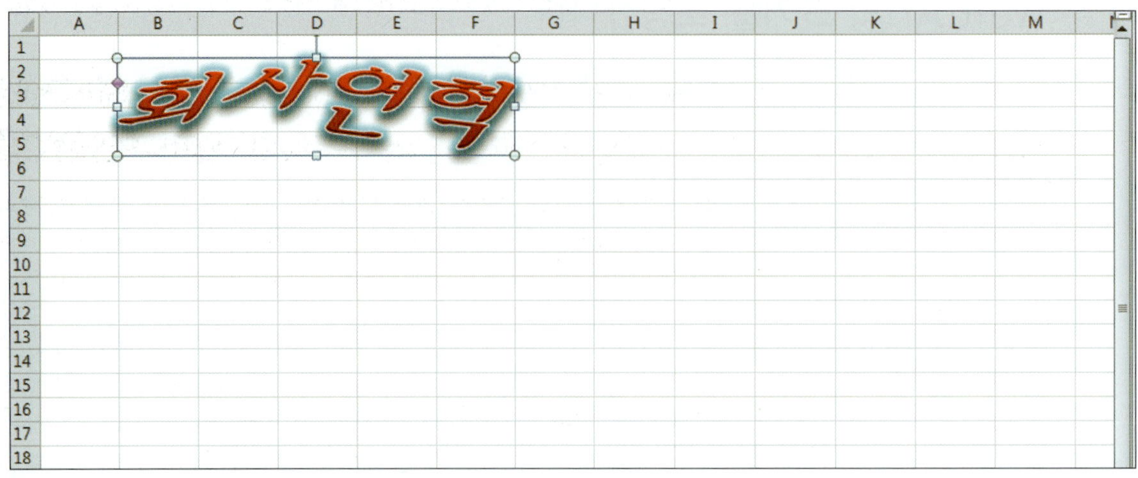

그림 삽입하기

다음과 같이 [삽입] 탭-[일러스트레이션] 그룹에서 [그림]을 클릭하면 [그림 삽입] 대화상자가 나타납니다. [그림 삽입] 대화상자에서 위치를 지정한 후 파일을 선택한 다음 [삽입] 단추를 클릭하면 그림을 삽입할 수 있습니다.

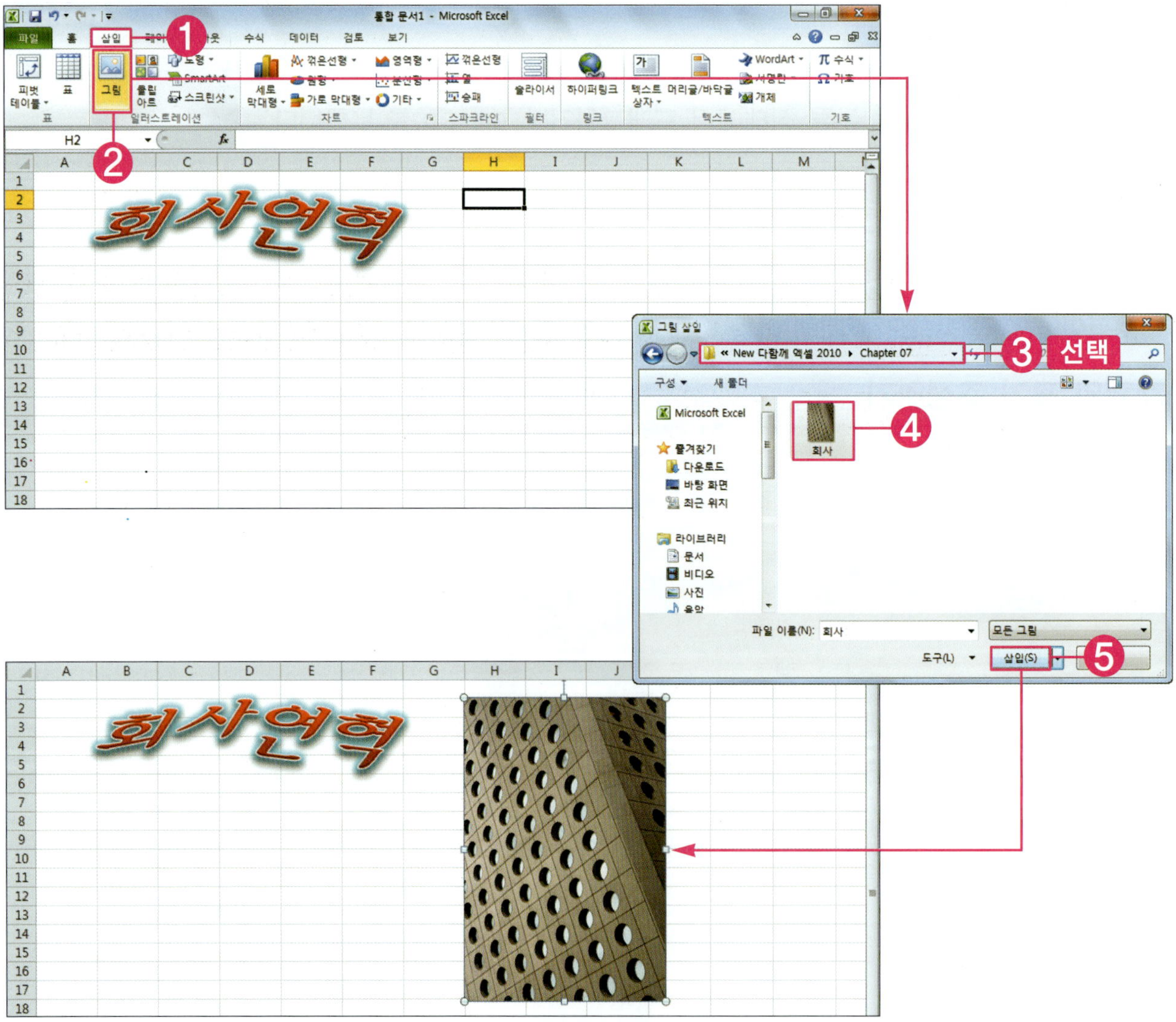

1 SmartArt를 삽입하기 위해 [삽입] 탭–[일러스트레이션] 그룹에서 [SmartArt]를 클릭합니다.

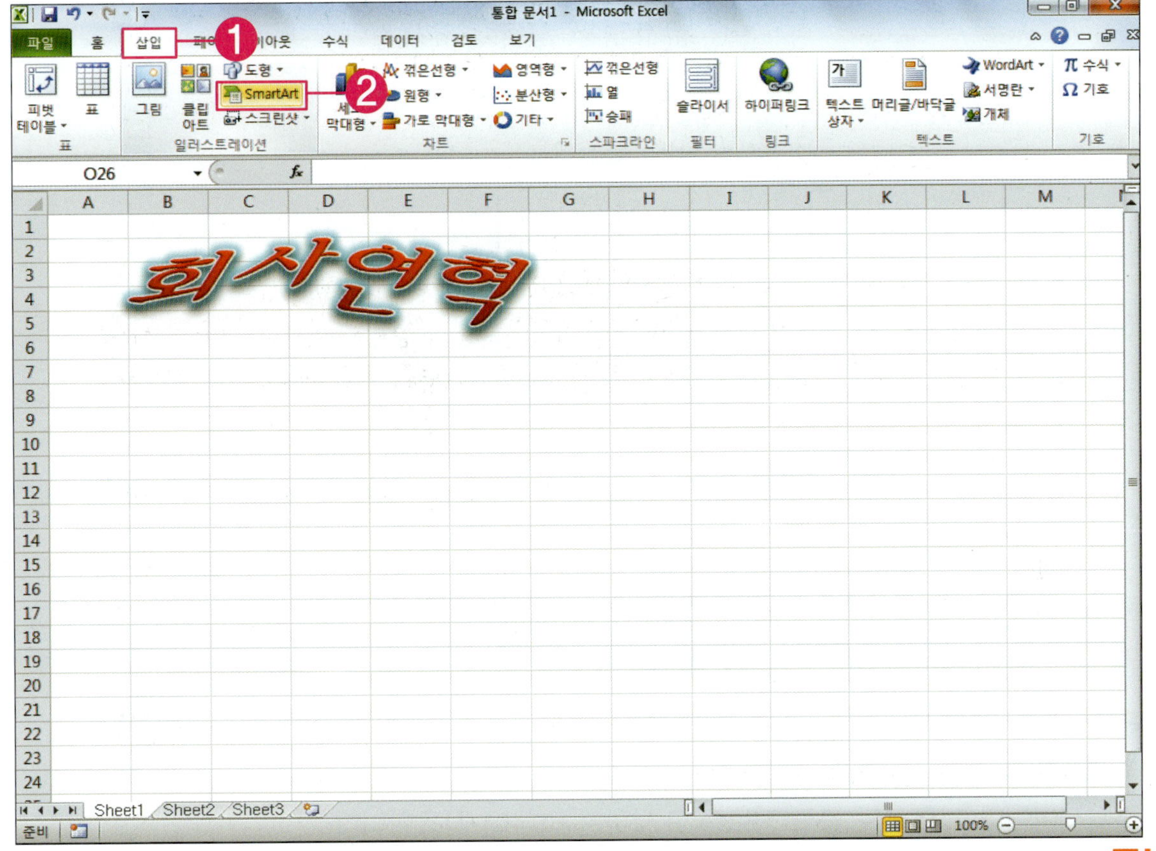

> **Tip**
>
> SmartArt는 도형을 도식화한 것입니다.

2 [SmartArt 그래픽 선택] 대화상자가 나타나면 [프로세스형]에서 [강조 프로세스형]을 선택한 후 [확인] 단추를 클릭합니다.

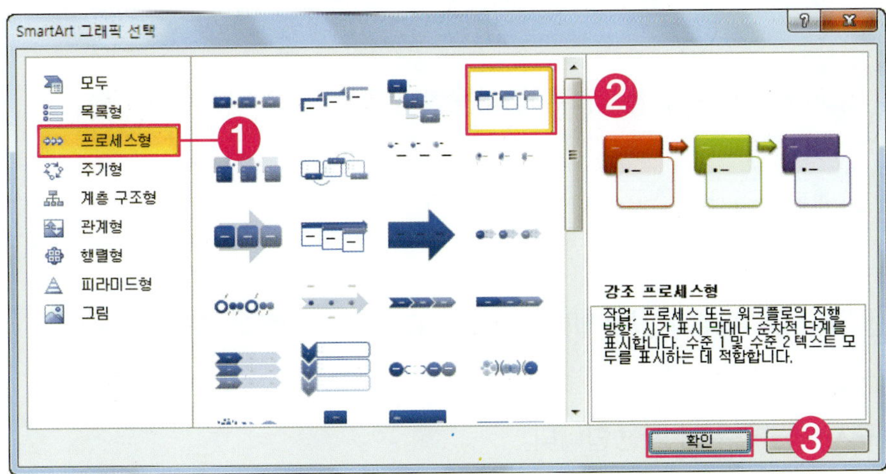

3 SmartArt가 삽입되면 다음과 같이 SmartArt를 이동시킨 후 SmartArt의 크기를 조정합니다.

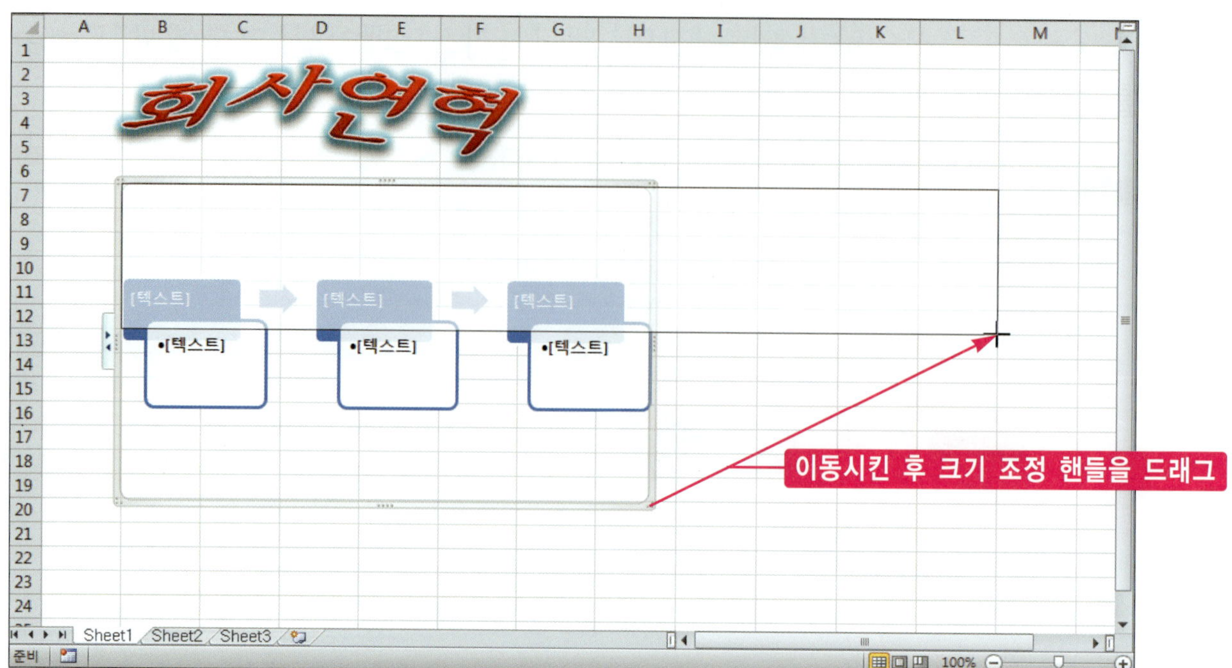

잠깐만요!

SmartArt의 종류

- **목록형**

  비순차적이거나 그룹화된 블록 정보를 표시하는 경우에 사용합니다.

- **프로세스형**

  작업, 프로세스 등의 진행 방향이나 순차적 단계를 표시하는 경우에 사용합니다.

- **주기형**

  단계, 작업, 이벤트 등의 이어지는 순서를 표시하는 경우에 사용합니다.

- **계층 구조형**

  조직의 계층 정보나 보고 관계를 표시하는 경우에 사용합니다.

- **관계형**

  두 내용 사이의 관계를 비교하거나 표시하는 경우에 사용합니다.

- **행렬형**

  전체에 대한 각 부분의 관계를 표시하는 경우에 사용합니다.

- **피라미드형**

  가장 큰 구성 요소가 맨 위나 맨 아래에 있는 비례 관계를 표시하는 경우에 사용합니다.

- **그림**

  그림과 그림의 내용을 표시하는 경우에 사용합니다.

4

도형을 추가하기 위해 **수준 1의 첫 번째 도형을 선택**한 후 [SmartArt 도구] 정황 탭–[디자인] 탭–[그래픽 만들기] 그룹에서 **[도형 추가]의 ▾[목록] 단추를 클릭**한 다음 **[앞에 도형 추가]를 클릭**합니다.

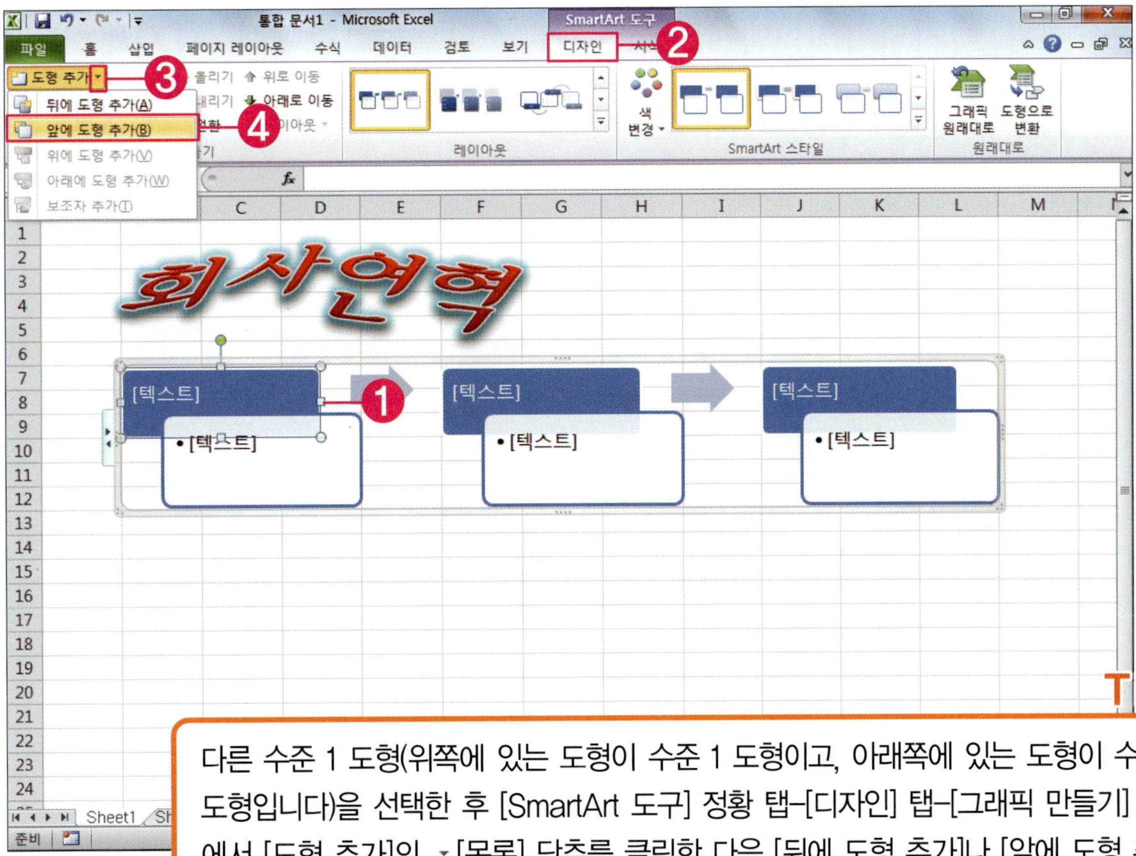

Tip

다른 수준 1 도형(위쪽에 있는 도형이 수준 1 도형이고, 아래쪽에 있는 도형이 수준 2 도형입니다)을 선택한 후 [SmartArt 도구] 정황 탭–[디자인] 탭–[그래픽 만들기] 그룹에서 [도형 추가]의 ▾[목록] 단추를 클릭한 다음 [뒤에 도형 추가]나 [앞에 도형 추가]를 클릭하여 도형을 추가할 수도 있습니다. 강조 프로세스형 SmartArt에서는 도형을 추가하면 수준 1 도형이나 수준 2 도형만 추가되는 것이 아니라 수준 1 도형과 수준 2 도형이 함께 추가되며 수준 2 도형을 선택하면 [도형 추가]가 활성화되지 않습니다.

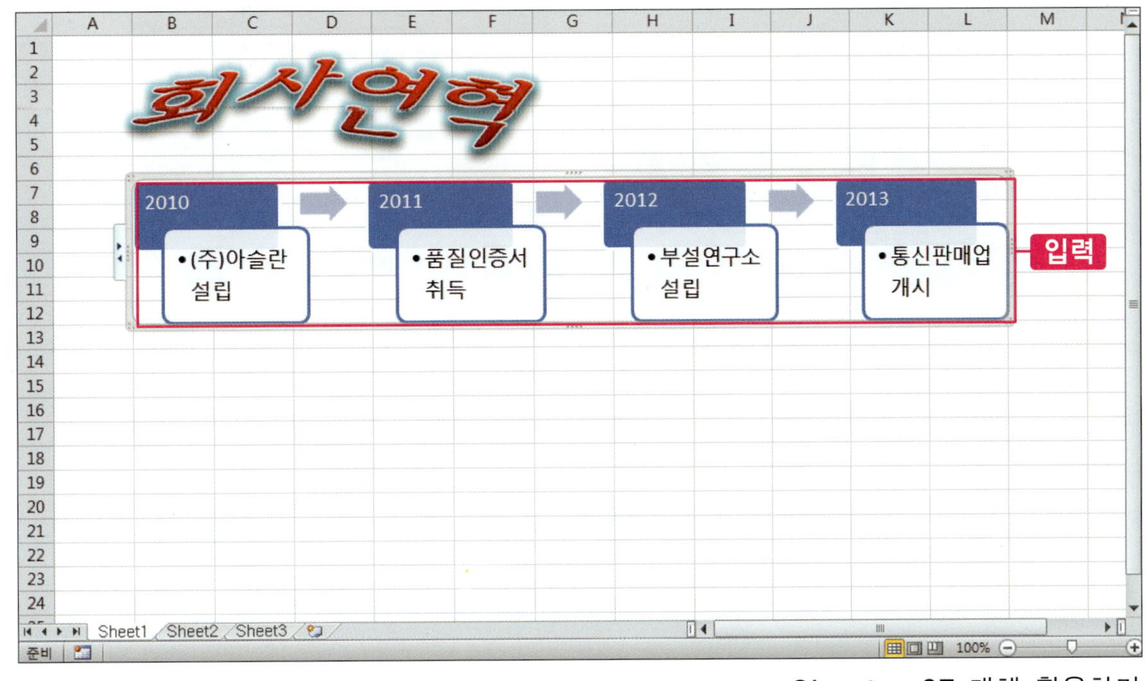

5

도형이 추가되면 **다음과 같이 각 도형에 텍스트를 입력**합니다.

1 SmartArt 스타일을 적용하기 위해 **SmartArt를 선택**한 후 [SmartArt 도구] 정황 탭-[디자인] 탭-[SmartArt 스타일] 그룹에서 ▼**[자세히]** 단추를 **클릭**합니다.

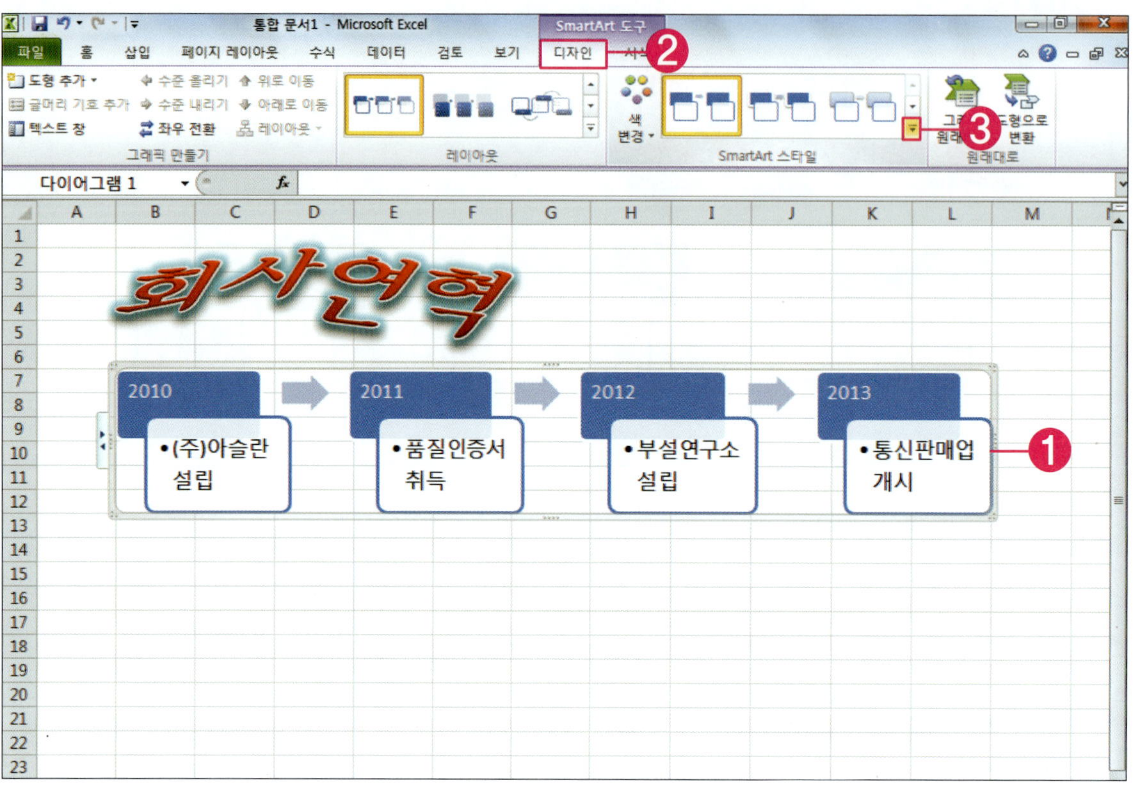

2 SmartArt 스타일 목록이 나타나면 [강한 효과]를 클릭합니다.

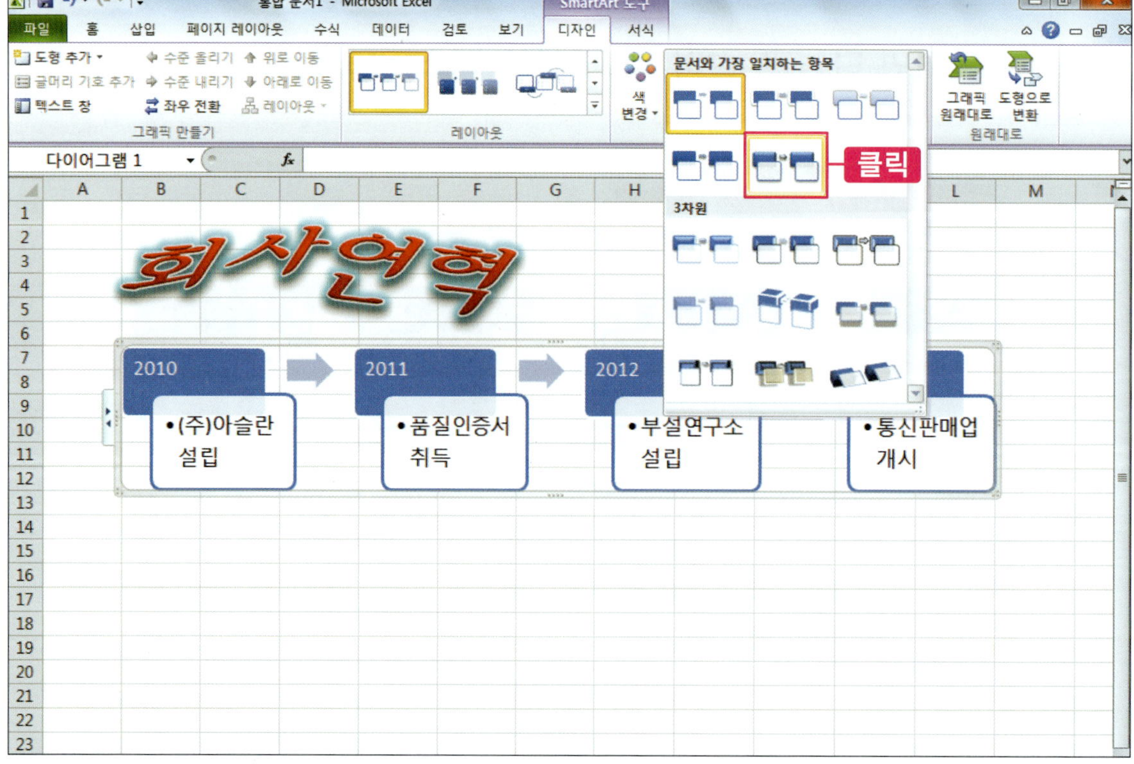

3 다음과 같이 SmartArt 스타일이 적용됩니다.

4 SmartArt 스타일의 색을 변경하기 위해 [SmartArt 도구] 정황 탭–[디자인]
탭–[SmartArt 스타일] 그룹에서 **[색 변경]을 클릭**한 후 **[색상형 –
강조색]을 클릭**합니다.

5 다음과 같이 SmartArt 스타일의 색이 변경됩니다.

잠깐만요!

도형 삽입하기

다음과 같이 [삽입] 탭–[일러스트레이션] 그룹에서 [도형]을 클릭한 후 삽입할 도형을 클릭(마우스 포인터가 + 모양으로 변경됩니다)한 다음 시트에서 드래그하면 도형을 그릴 수 있습니다. Shift 를 누른 상태에서 직사각형이나 타원을 그리면 정사각형이나 정원(완전히 동그란 원)이 그려지고, Ctrl 을 누른 상태에서 도형을 그리면 도형을 그리기 시작한 위치가 도형의 중심이 됩니다.

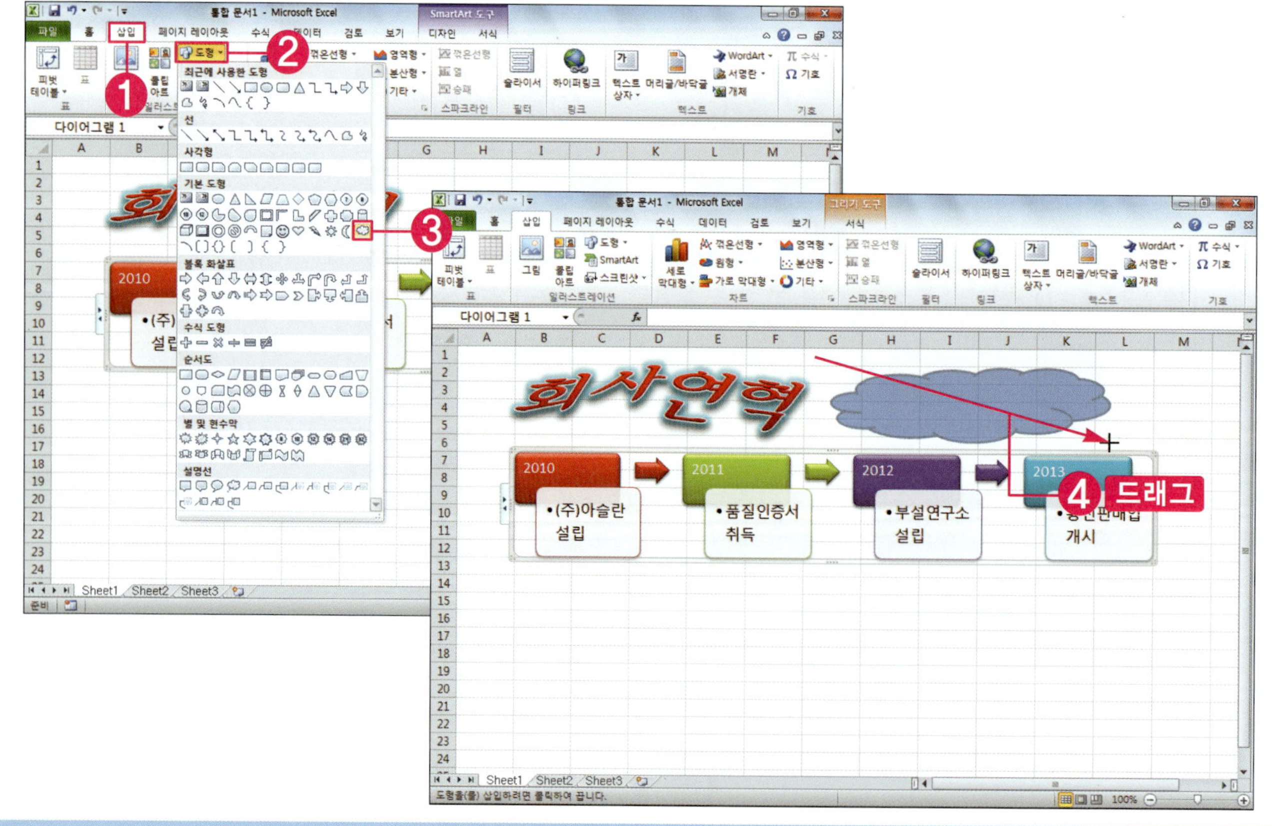

1 클립 아트를 삽입하기 위해 **H2셀을 선택**한 후 [삽입] 탭-[일러스트레이션] 그룹에서 **[클립 아트]를 클릭**합니다.

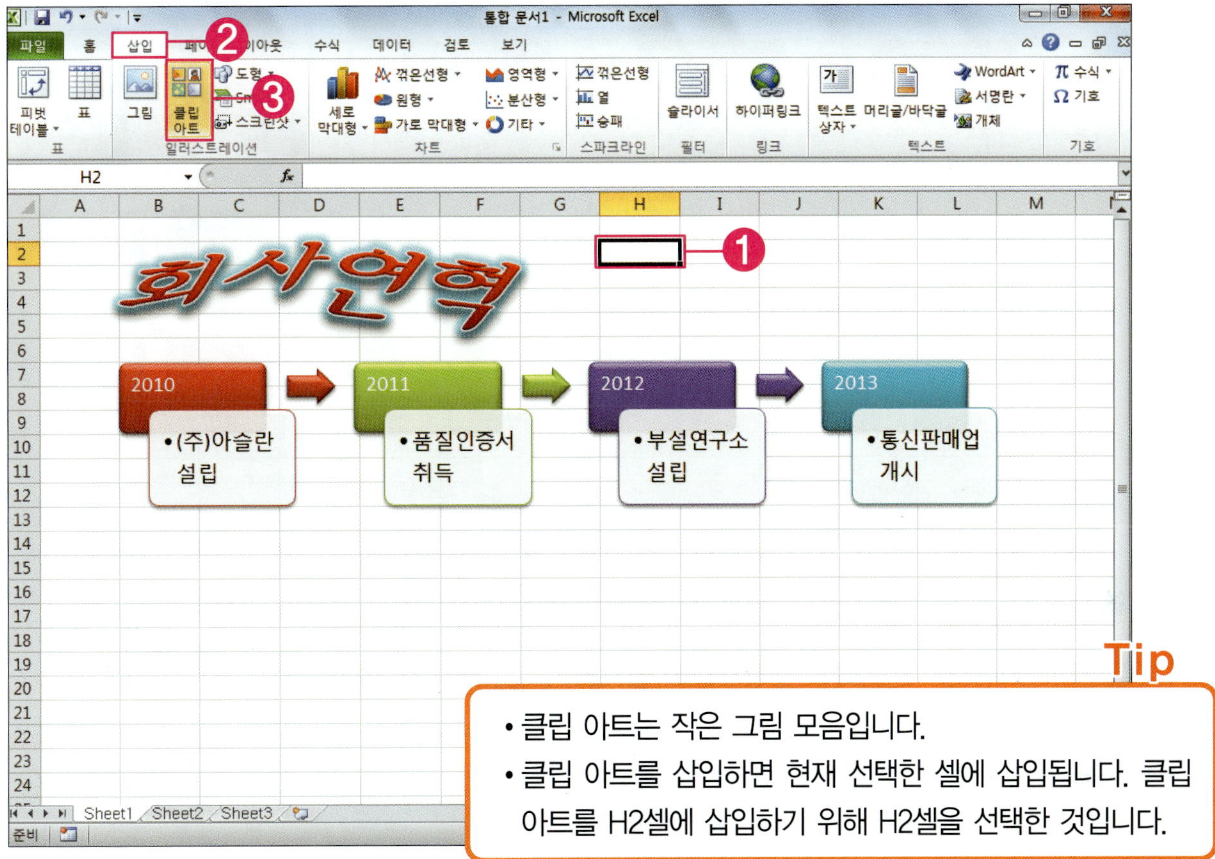

Tip

• 클립 아트는 작은 그림 모음입니다.

• 클립 아트를 삽입하면 현재 선택한 셀에 삽입됩니다. 클립 아트를 H2셀에 삽입하기 위해 H2셀을 선택한 것입니다.

2 클립 아트 작업창이 나타나면 **검색 대상(건물)을 입력**한 후 **[Office.com 콘텐츠 포함]을 선택**한 다음 **[이동] 단추를 클릭**합니다.

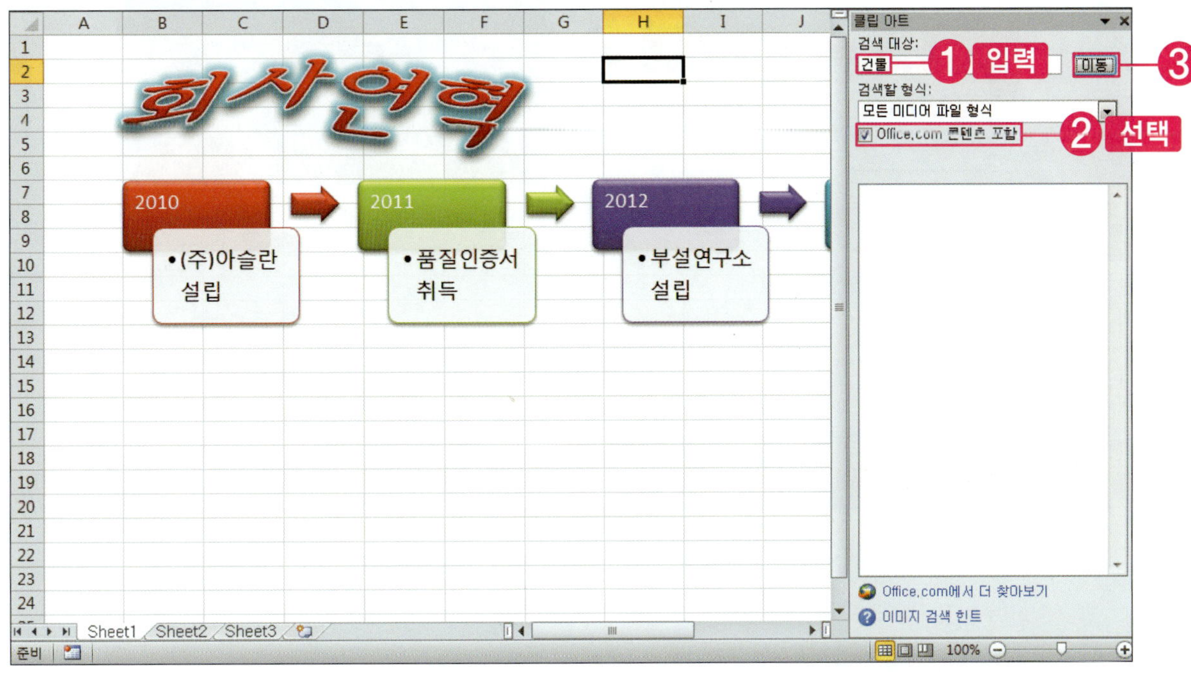

3 클립 아트가 검색되어 나타나면 **삽입할 클립 아트( )를 클릭**한 후 클립 아트 작업창을 닫기 위해 클립 아트 작업창에서 **[닫기] 단추를 클릭**합니다.

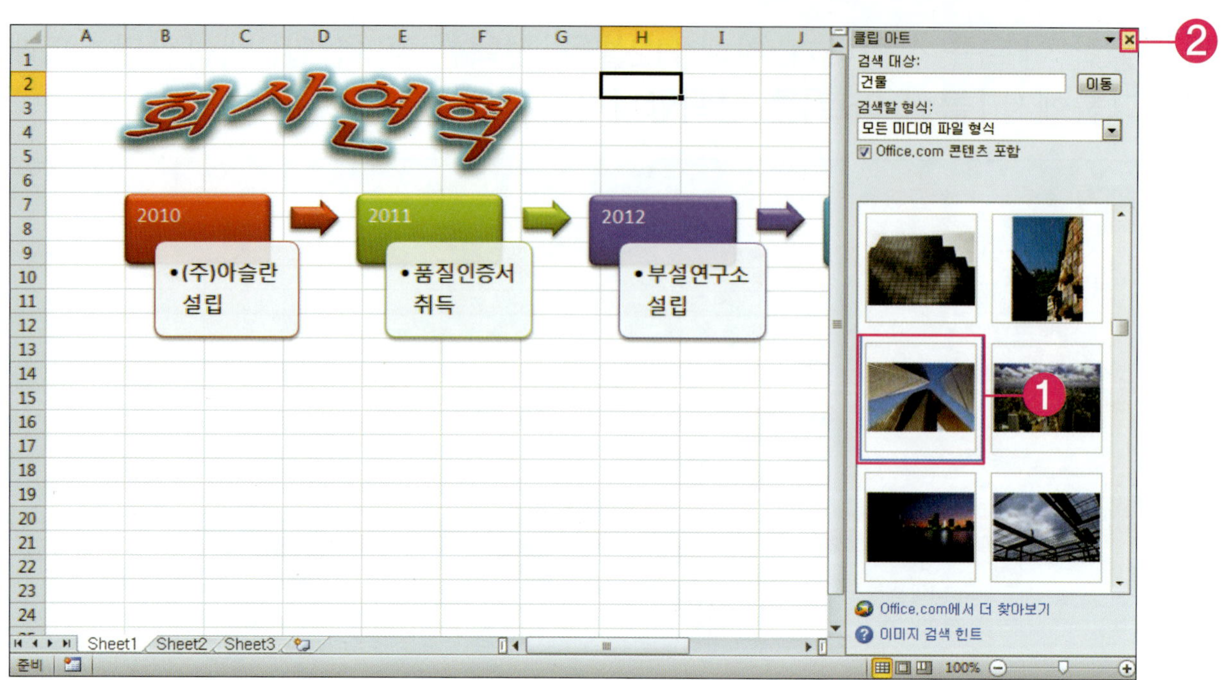

4 클립 아트가 삽입되면 클립 아트의 크기를 조정하기 위해 [그림 도구] 정황 탭-[서식] 탭-[크기] 그룹에서 **[추가 옵션]을 클릭**합니다.

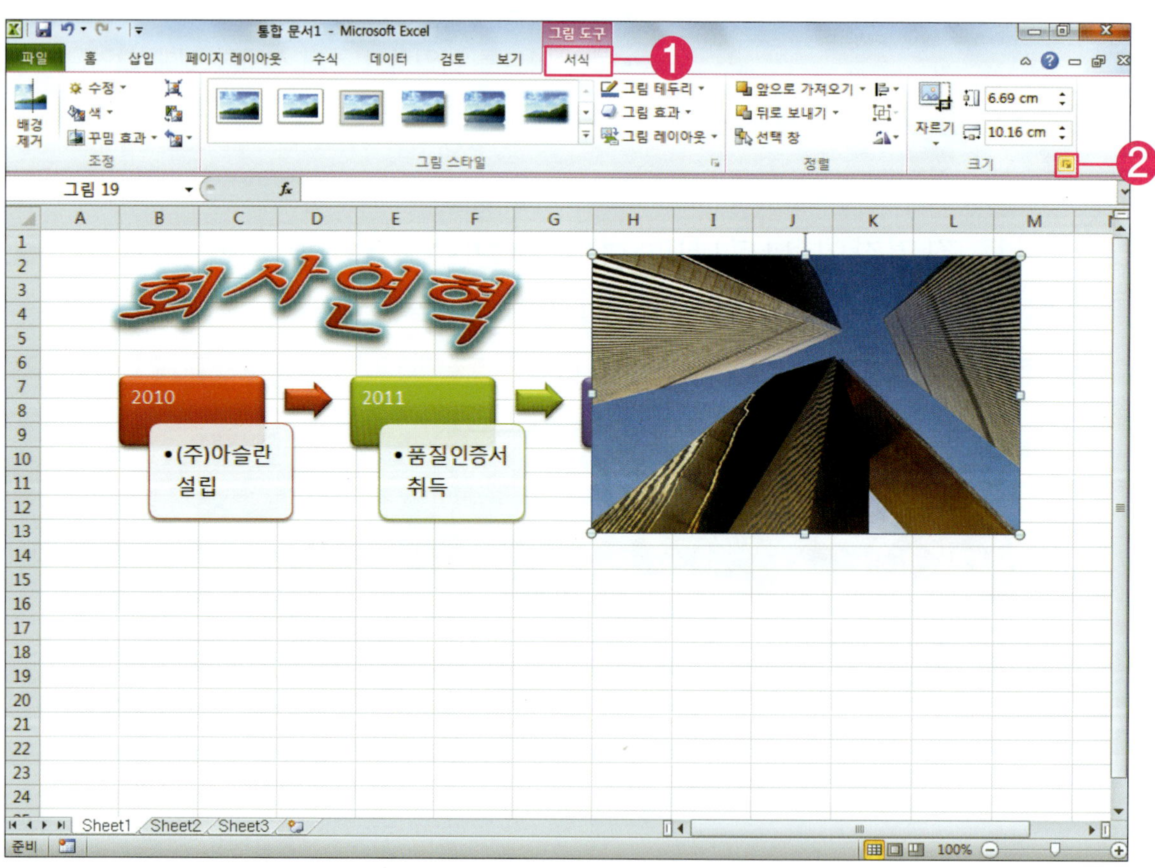

5 [그림 서식] 대화상자가 나타나면 [크기]에서 **[가로 세로 비율 고정]**과 **[원래 크기에 비례하여]**를 선택한 후 배율의 높이(40 %)를 입력한 다음 **[닫기]** 단추를 클릭합니다.

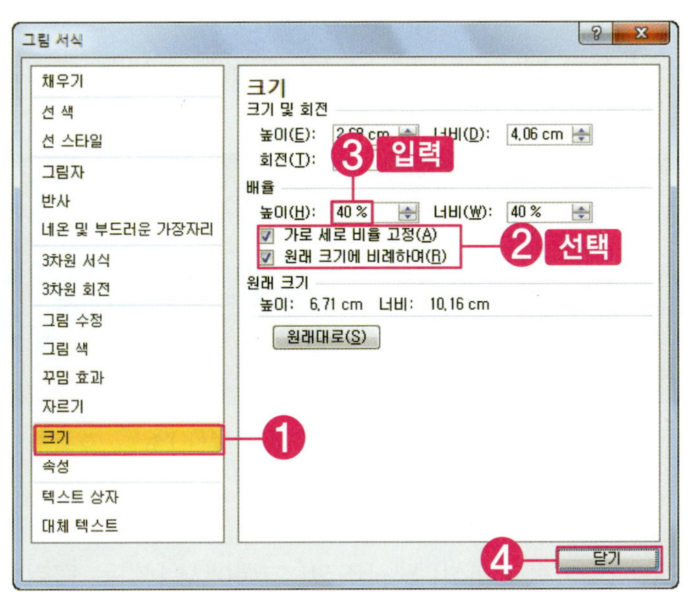

> **Tip**
>
> [가로 세로 비율 고정]을 선택하면 배율의 높이(세로 크기)만 입력해도 배율의 너비(가로 크기)가 같은 비율로 변경됩니다. [원래 크기에 비례하여]를 선택하면 원래 크기에 비례하여 배율의 높이와 너비만큼 확대되거나 축소됩니다.

6 클립 아트의 밝기 및 대비를 조정하기 위해 [그림 도구] 정황 탭–[서식] 탭–[조정] 그룹에서 **[수정]**을 클릭한 후 [밝기 및 대비]에서 **[밝기: +20% 대비: +20%]**를 클릭합니다.

> **Tip**
>
> 밝기는 클립 아트나 그림의 상대적인 밝은 정도이고, 대비는 클립 아트나 그림에서 가장 어두운 영역과 가장 밝은 영역 간의 차이입니다.

색 채도와 색조 조정하고 다시 칠하기

• 색 채도 조정하기

클립 아트나 그림을 선택한 후 [그림 도구] 정황 탭-[서식] 탭-[조정] 그룹에서 [색]을 클릭한 다음 [색 채도]에서 원하는 색 채도를 클릭합니다.

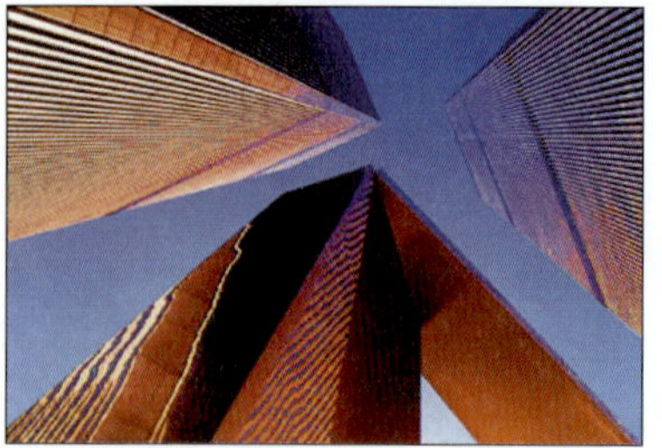

▲ 채도: 0%   ▲ 채도: 100%   ▲ 채도: 400%

• 색조 조정하기

클립 아트나 그림을 선택한 후 [그림 도구] 정황 탭-[서식] 탭-[조정] 그룹에서 [색]을 클릭한 다음 [색조]에서 원하는 색조를 클릭합니다.

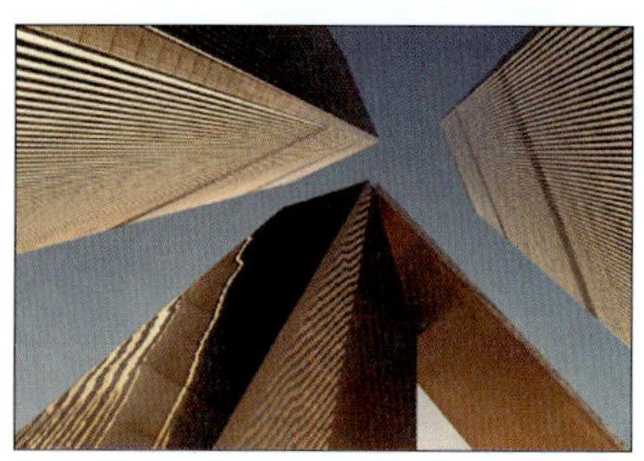

▲ 온도: 4700 K   ▲ 온도: 6500 K   ▲ 온도: 11200 K

• 다시 칠하기

클립 아트나 그림을 선택한 후 [그림 도구] 정황 탭-[서식] 탭-[조정] 그룹에서 [색]을 클릭한 다음 [다시 칠하기]에서 원하는 다시 칠하기를 클릭합니다.

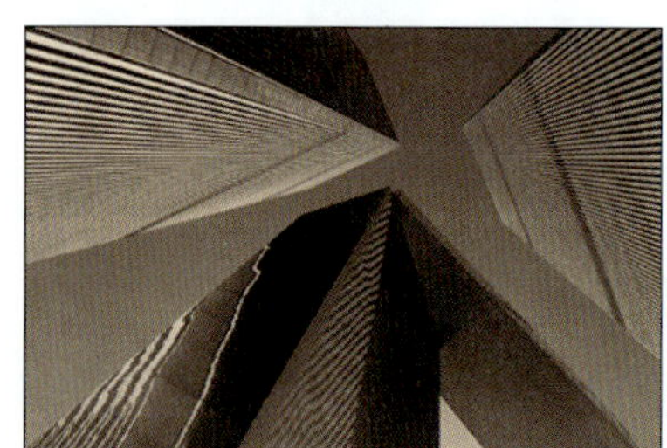

▲ 다시 칠하기 없음   ▲ 회색조   ▲ 세피아

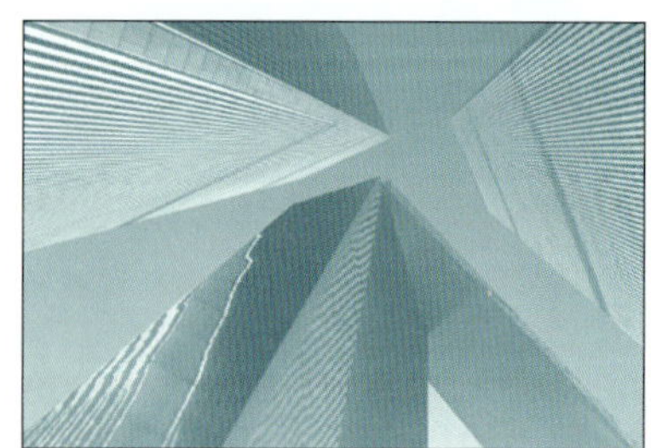

▲ 빨강, 어두운 강조색 2   ▲ 황갈색, 배경색 2 밝게   ▲ 바다색, 밝은 강조색 5

7 클립 아트에 꾸밈 효과를 지정하기 위해 [그림 도구] 정황 탭–[서식] 탭–[조정] 그룹에서 **[꾸밈 효과]**를 **클릭**한 후 **[파스텔 부드럽게]**를 **클릭**합니다.

8 클립 아트에 그림 스타일을 적용하기 위해 [그림 도구] 정황 탭–[서식] 탭–[그림 스타일] 그룹에서 **[자세히]** 단추를 **클릭**합니다.

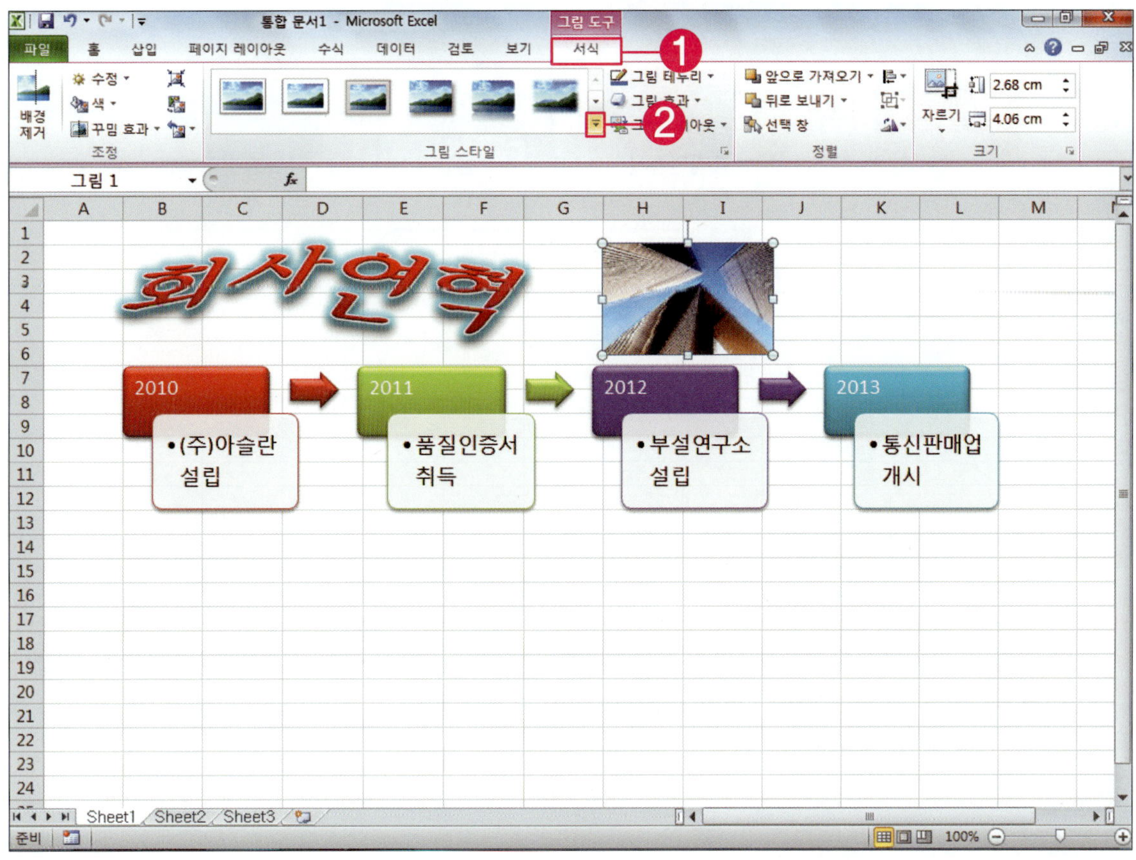

9 그림 스타일 목록이 나타나면 [회전, 흰색]을 클릭합니다.

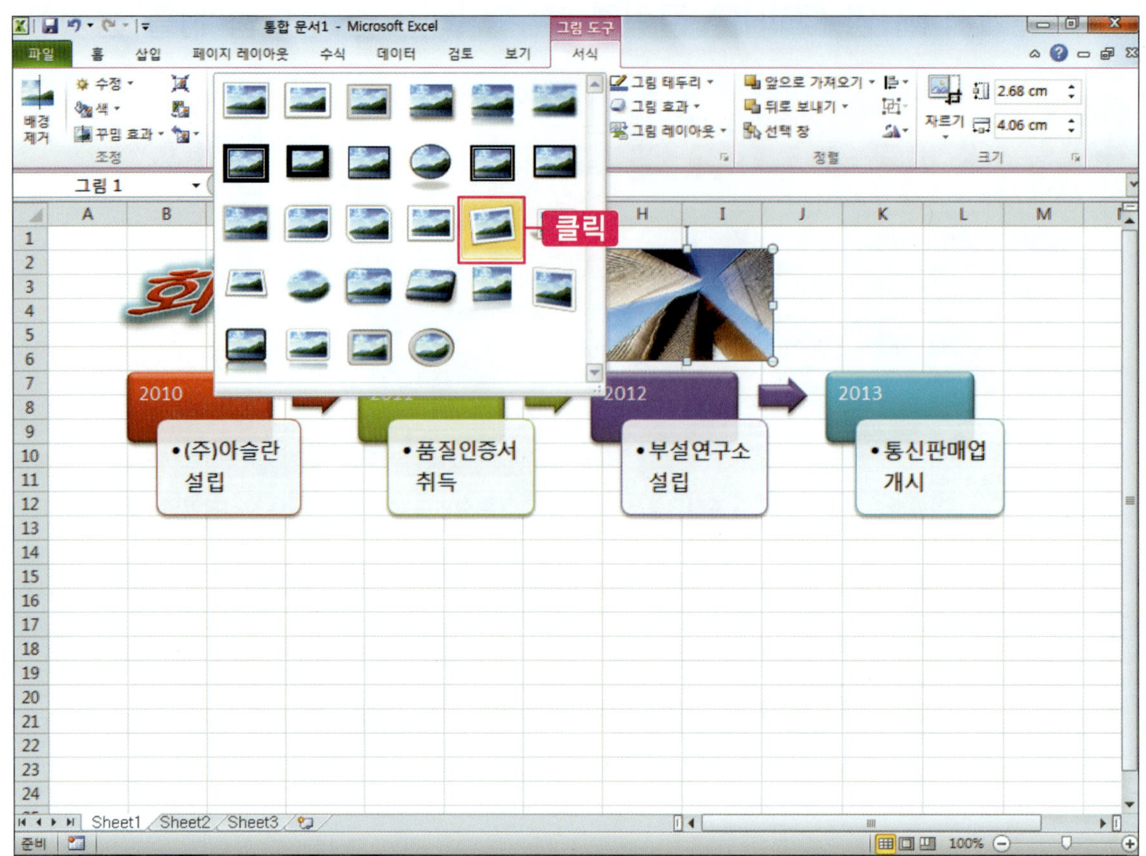

10 다음과 같이 클립 아트에 그림 스타일이 적용됩니다.

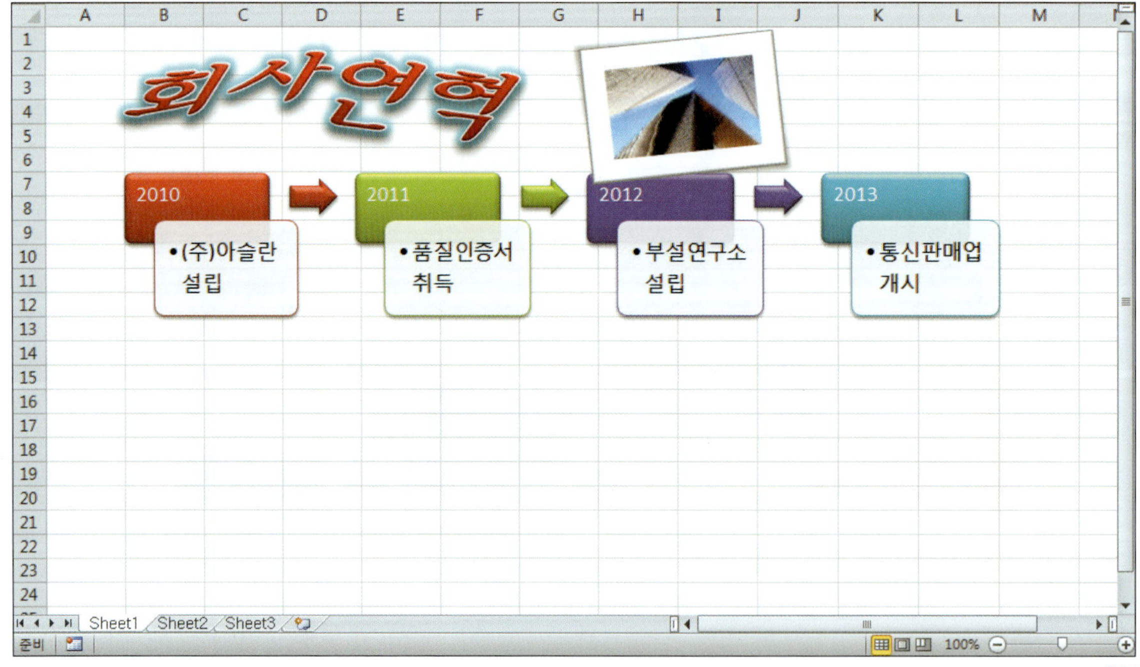

Tip

클립 아트나 그림을 선택한 후 [그림 도구] 정황 탭-[서식] 탭-[조정] 그룹에서 [그림 원래대로]의 ▾[목록] 단추를 클릭한 다음 [그림 원래대로]를 클릭하면 클립 아트나 그림에 직접 지정한 서식이 제거되고, [그림 및 크기 다시 설정]을 클릭하면 그림의 크기가 원래대로 되돌려집니다.

개체의 겹치는 순서 다시 매기기

개체를 서로 겹치면 나중에 삽입한 개체가 먼저 삽입한 개체 위에 겹쳐집니다. 이런 경우에는 개체를 선택한 후 [그림 도구]/[그리기 도구] 정황 탭-[서식] 탭-[정렬] 그룹에서 [앞으로 가져오기]의 ▾[목록] 단추를 클릭한 다음 [앞으로 가져오기]/[맨 앞으로 가져오기]를 클릭하거나 [뒤로 보내기]의 ▾[목록] 단추를 클릭한 다음 [뒤로 보내기]/[맨 뒤로 보내기]를 클릭하면 먼저 삽입한 개체가 나중에 삽입한 개체 위에 겹쳐지게 할 수 있습니다. 개체 중에서 WordArt나 도형을 선택하면 [그리기 도구] 정황 탭이 나타나고, 클립 아트나 그림을 선택하면 [그림 도구] 정황 탭이 나타납니다.

앞으로 가져오기

선택한 개체(S)가 한 단계 위로 이동됩니다.

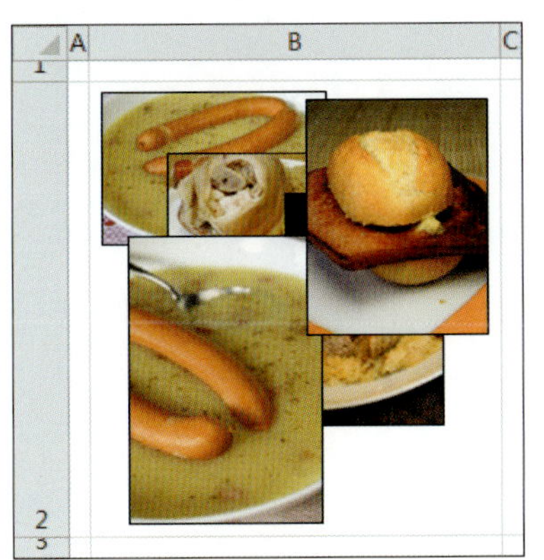

맨 앞으로 가져오기

선택한 개체(S)가 맨 위로 이동됩니다.

뒤로 보내기

선택한 개제(S)가 한 단계 아래로 이동됩니다.

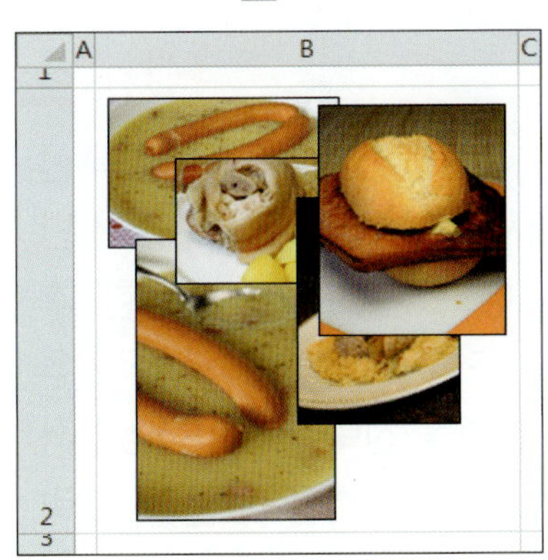

맨 뒤로 보내기

선택한 개체(S)가 맨 이래로 이동됩니다.

01 다음과 같이 WordArt를 활용하여 문서를 작성해 보세요.

- **WordArt** : WordArt 스타일(**A**[그라데이션 채우기 – 파랑, 강조 1]), 글꼴 서식(글꼴 (HY나무B)), 네온 텍스트 효과(A[바다색, 5 pt 네온, 강조색 5]), 변환 텍스트 효과 (𝒶𝒷𝒸𝒹𝑒[갈매기형 수장])

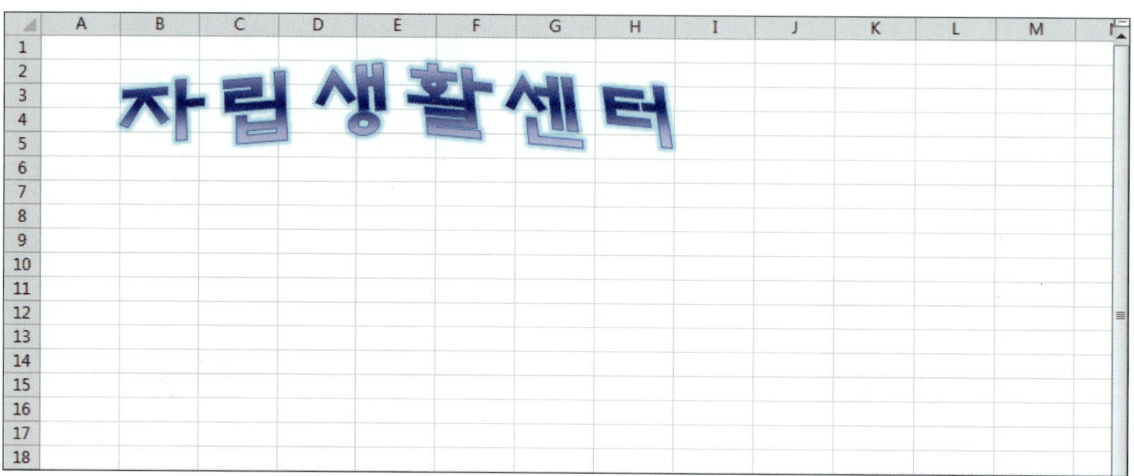

02 다음과 같이 SmartArt를 삽입해 보세요.

- **SmartArt의 종류** : [계층 구조형]–[조직도형]

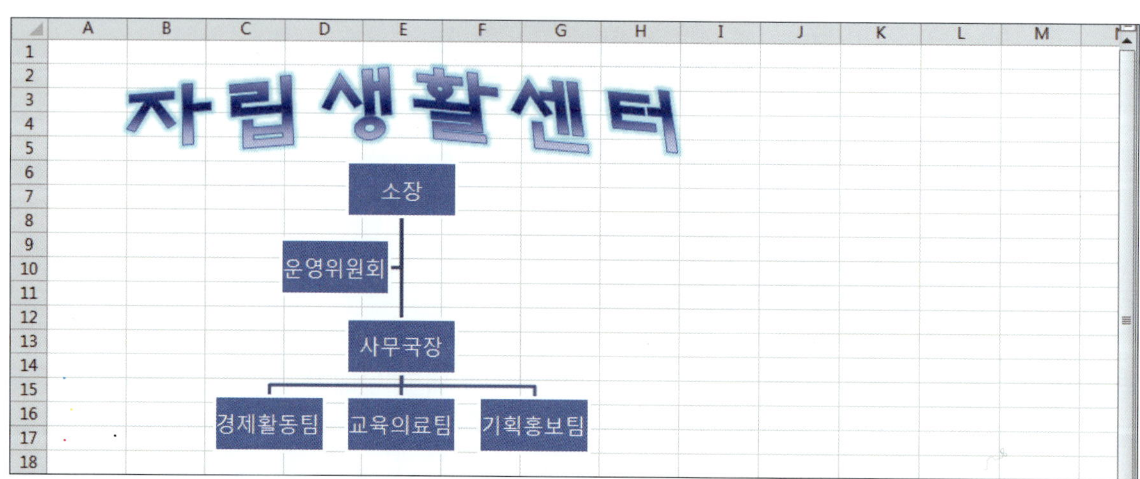

Hint

두 번째 줄에 있는 도형을 선택한 후 Delete 를 누릅니다. 첫 번째 줄에 있는 도형을 선택한 후 [SmartArt 도구] 정황 탭–[디자인] 탭–[그래픽 만들기] 그룹에서 [도형 추가]의 ▼[목록] 단추를 클릭한 다음 [위에 도형 추가]를 클릭합니다. 첫 번째 줄에 있는 도형을 선택한 후 [SmartArt 도구] 정황 탭–[디자인] 탭–[그래픽 만들기] 그룹에서 [도형 추가]의 ▼[목록] 단추를 클릭한 다음 [보조자 추가]를 클릭합니다. 세 번째 줄에 있는 도형을 선택한 후 [SmartArt 도구] 정황 탭–[디자인] 탭–[그래픽 만들기] 그룹에서 [레이아웃]을 클릭한 다음 [표준]을 클릭합니다.

03 다음과 같이 SmartArt 스타일을 적용한 후 SmartArt 스타일의 색을 변경해 보세요.

- SmartArt 스타일 : [보통 효과]
- SmartArt 스타일의 색 : [색상형 범위 – 강조색 4 또는 5]

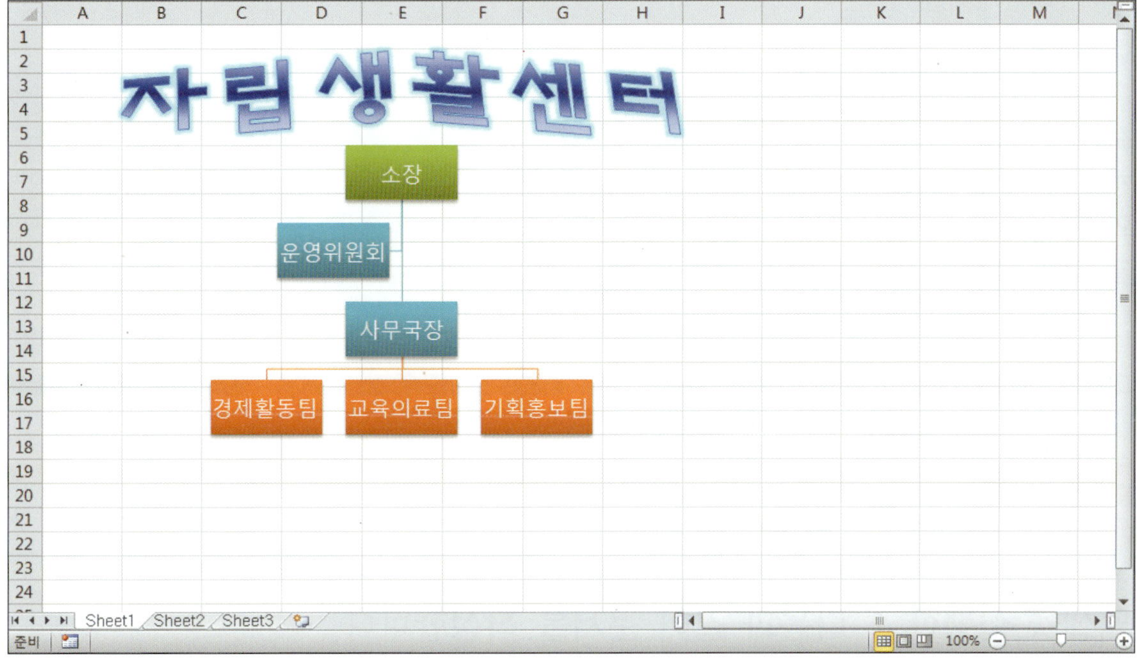

04 다음과 같이 클립 아트를 활용하여 문서를 작성해 보세요.

- **클립 아트** : 검색 대상(장애인), 클립 아트의 크기(배율(높이(60 %), 너비(60 %)))

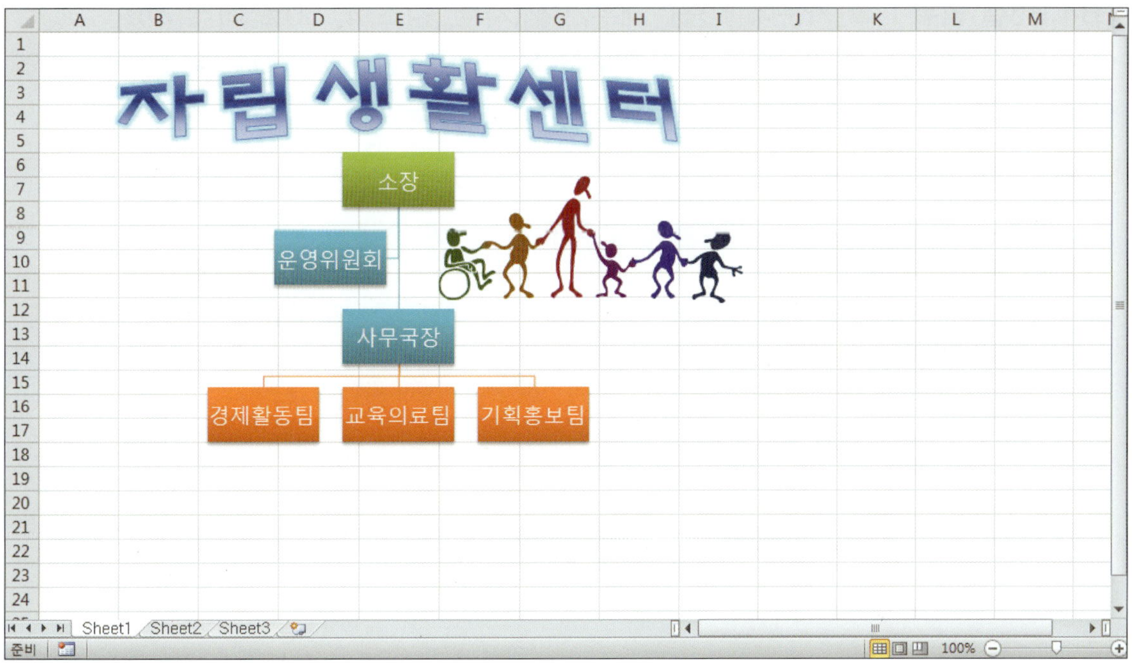

차트 작성하기

Chapter 08

차트는 매입량이나 매출량 등의 수치 데이터를 분석하여 그 관계를 일정한 양식의 그림으로 나타낸 것입니다. 차트를 작성하면 수치 데이터를 막대나 원 등으로 표시해 주기 때문에 수치 데이터를 한 눈에 파악할 수 있습니다.

Step · 01 차트 삽입하기

1 **엑셀을 실행**한 후 **다음과 같이 문서를 작성**합니다.
- **열 너비** : A열(1), B:G열(12)
- **B2:G2셀 범위** : 글꼴 크기(18), [병합하고 가운데 맞춤], 채우기 색(진한 파랑, 텍스트 2, 60% 더 밝게)
- **G3셀** : [가운데 맞춤]
- **B4:B5셀 범위** : [가운데 맞춤], 채우기 색(자주, 강조 4, 60% 더 밝게)
- **C4:G4셀 범위** : [가운데 맞춤], 채우기 색(바다색, 강조 5, 60% 더 밝게)
- **C5:G5셀 범위** : 범주(회계), 소수 자릿수(1), 기호(없음)

◢ A	B	C	D	E	F	G	H	I
1								
2		해외여행객수						
3						(단위 : 만명)		
4	연도	2008년	2009년	2010년	2011년	2012년		
5	해외여행객수	1,199.6	949.4	1,248.8	1,269.4	1,373.7		
6								
7								
8								
9								
10								
11								
12								
13								
14								
15								
16								
17								
18								

2 차트를 삽입하기 위해 **B4:G5셀 범위를 선택**한 후 [삽입] 탭-[차트] 그룹에서 [세로 막대형]을 클릭한 다음 ▮▮[묶은 세로 막대형]을 클릭합니다.

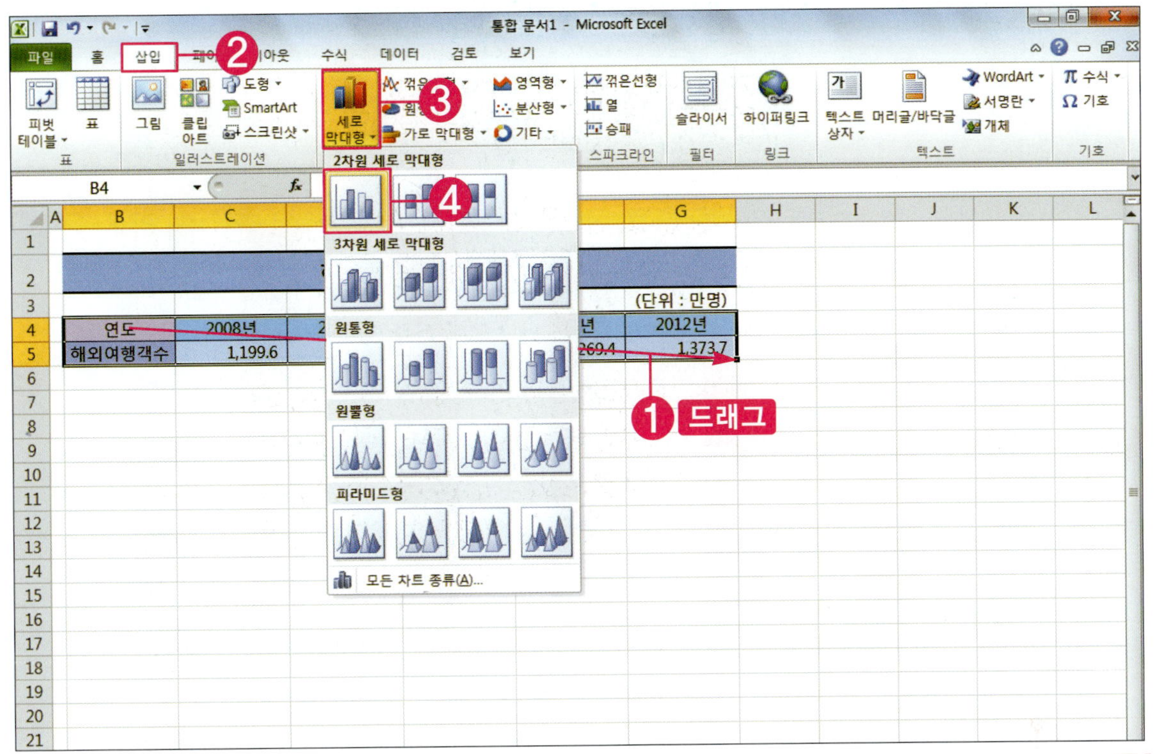

차트 데이터(차트로 작성될 데이터)를 선택한 후 Alt + F1 을 누르거나 F11 을 눌러 차트를 삽입할 수도 있습니다. 차트 데이터를 선택한 후 Alt + F1 을 누르면 현재 워크시트 정가운데에 기본 차트인 묶은 세로 막대형 차트가 삽입되고, F11 을 누르면 현재 워크시트 앞에 새 차트시트가 삽입된 다음 새 차트시트에 기본 차트인 묶은 세로 막대형 차트가 삽입됩니다.

3 차트가 삽입되면 **다음과 같이 차트를 이동**시킨 후 **차트의 크기를 조정**합니다.

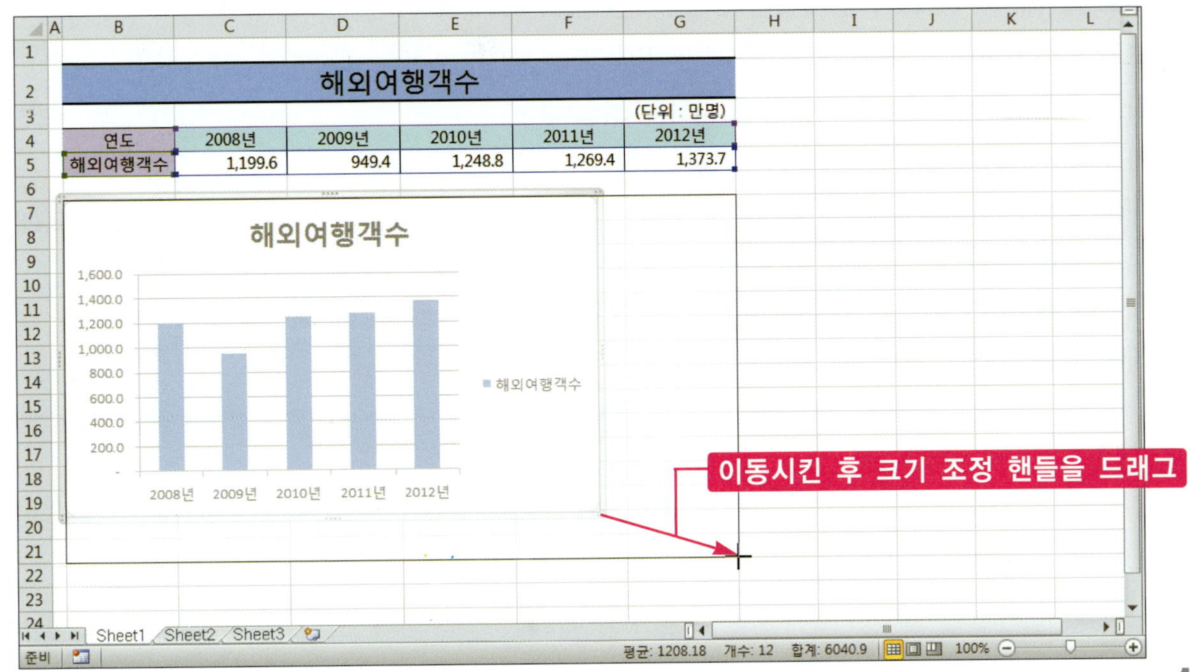

차트의 구성

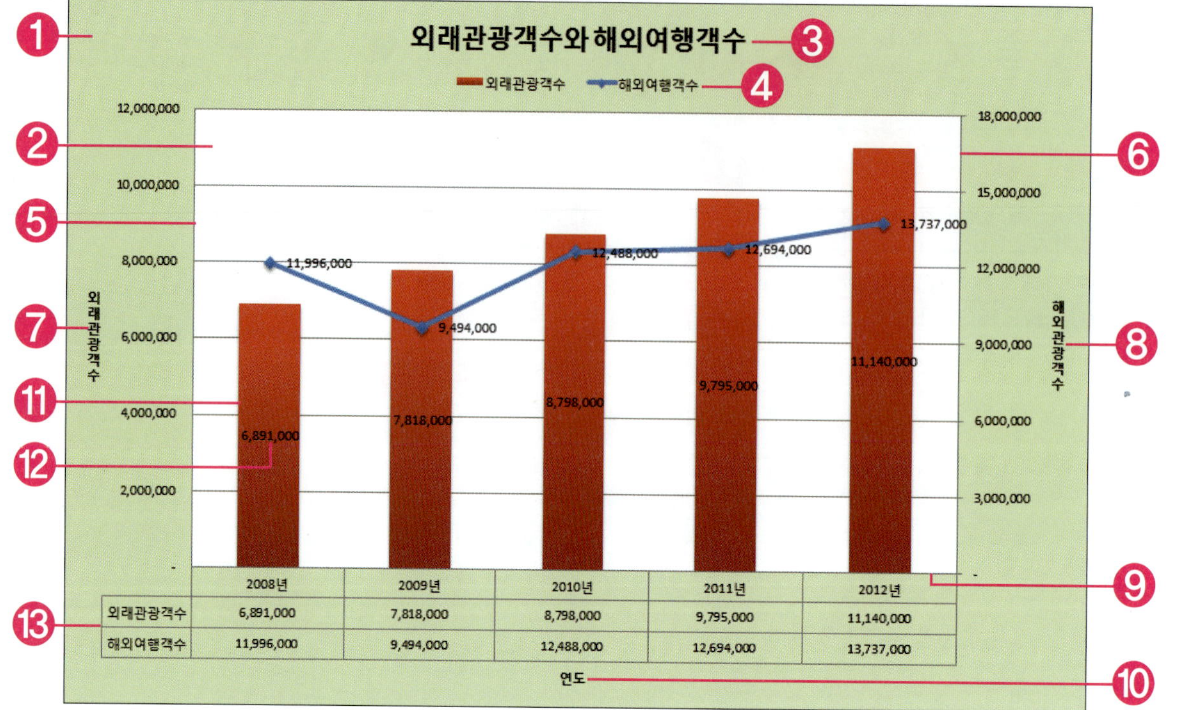

❶ **차트 영역** : 모든 차트 요소를 포함한 차트 전체입니다. 차트 요소는 차트 영역, 그림 영역, 차트 제목, 범례 등을 말합니다.

❷ **그림 영역** : 2차원 차트에서는 데이터 계열을 포함한 축으로 둘러싸인 영역이며 3차원 차트에서는 세로 축, 세로 축 제목, 가로 축, 가로 축 제목을 포함합니다.

❸ **차트 제목** : 차트의 제목입니다.

❹ **범례** : 데이터 계열을 구분하는 색과 이름을 표시하는 곳입니다.

❺ **세로 축** : 데이터 계열의 값을 표시하는 축입니다. '기본 세로 축'이라고도 합니다.

❻ **보조 세로 축** : 데이터 계열의 값을 표시하는 축입니다.

❼ **세로 축 제목** : 세로 축의 제목입니다. '기본 세로 축 제목'이라고도 합니다.

❽ **보조 세로 축 제목** : 보조 세로 축의 제목입니다.

❾ **가로 축** : 데이터 계열의 이름을 표시하는 축입니다.

❿ **가로 축 제목** : 가로 축의 제목입니다.

⓫ **데이터 계열** : 관련 데이터 요소의 집합으로 수치 데이터를 나타내는 가로 막대, 세로 막대, 꺾은선 등을 말합니다. '계열'이라고도 합니다.

⓬ **데이터 레이블** : 데이터 요소의 데이터 계열 이름, 항목 이름, 값을 표시합니다.

⓭ **데이터 표** : 차트 데이터를 표시합니다.

1 차트 레이아웃을 적용하기 위해 **차트를 선택**한 후 [차트 도구] 정황 탭-[디자인] 탭-[차트 레이아웃] 그룹에서 ▽[자세히] 단추를 클릭합니다.

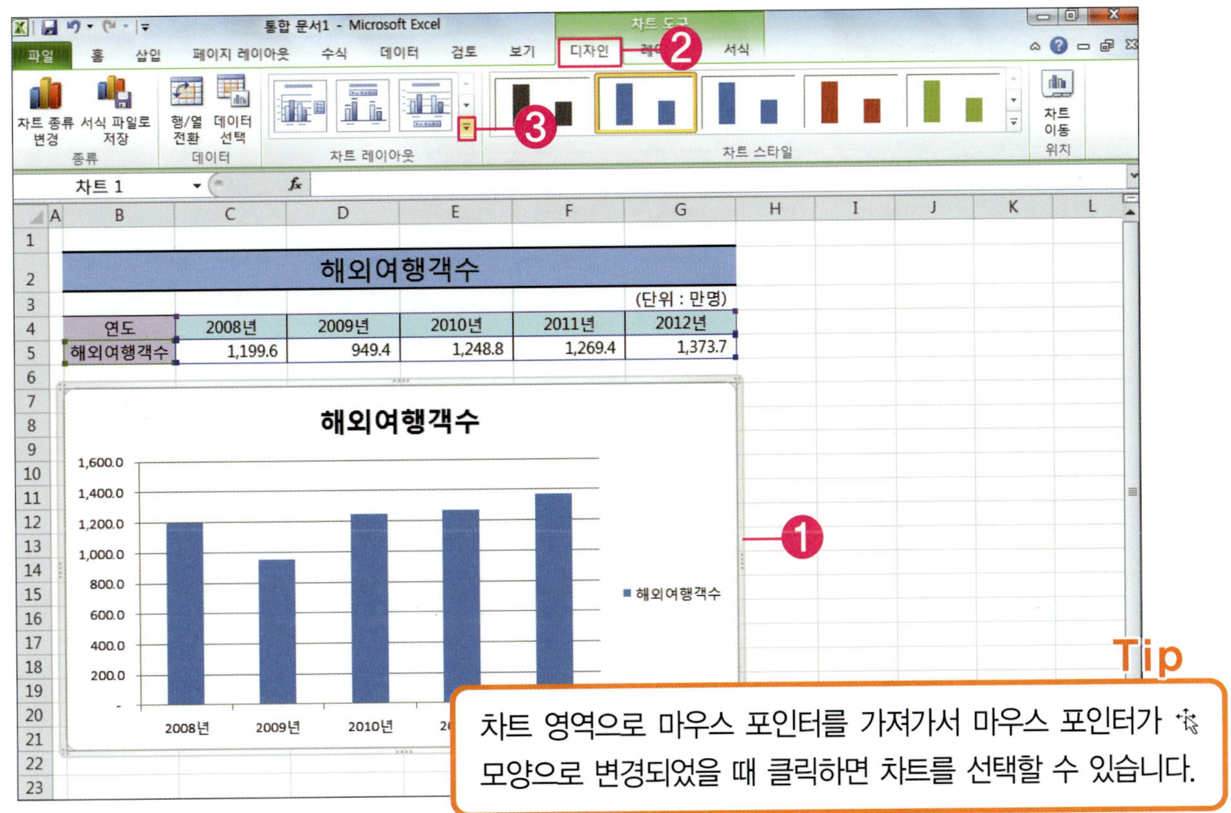

> **Tip**
> 차트 영역으로 마우스 포인터를 가져가서 마우스 포인터가 ⿰ 모양으로 변경되었을 때 클릭하면 차트를 선택할 수 있습니다.

2 차트 레이아웃 목록이 나타나면 ▦[레이아웃 1]을 클릭합니다.

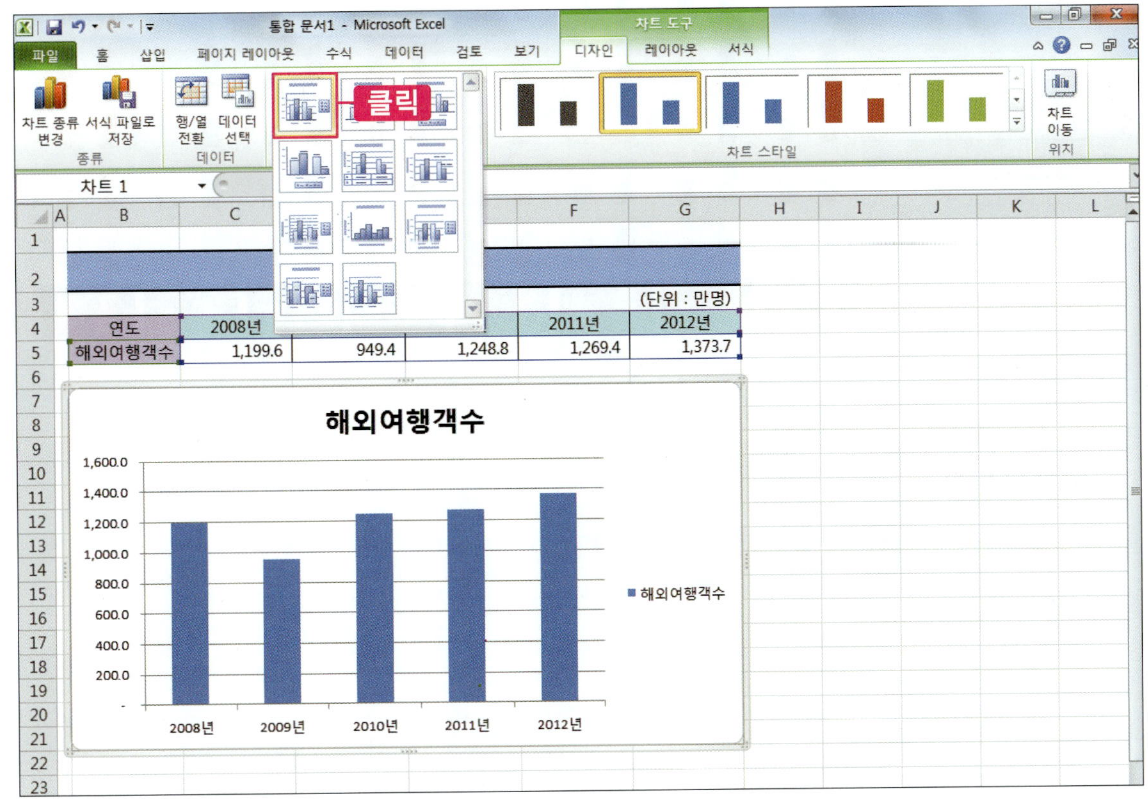

3 차트 레이아웃이 적용되면 차트 스타일을 적용하기 위해 [차트 도구] 정황 탭-[디자인] 탭-[차트 스타일] 그룹에서 [자세히] 단추를 클릭합니다.

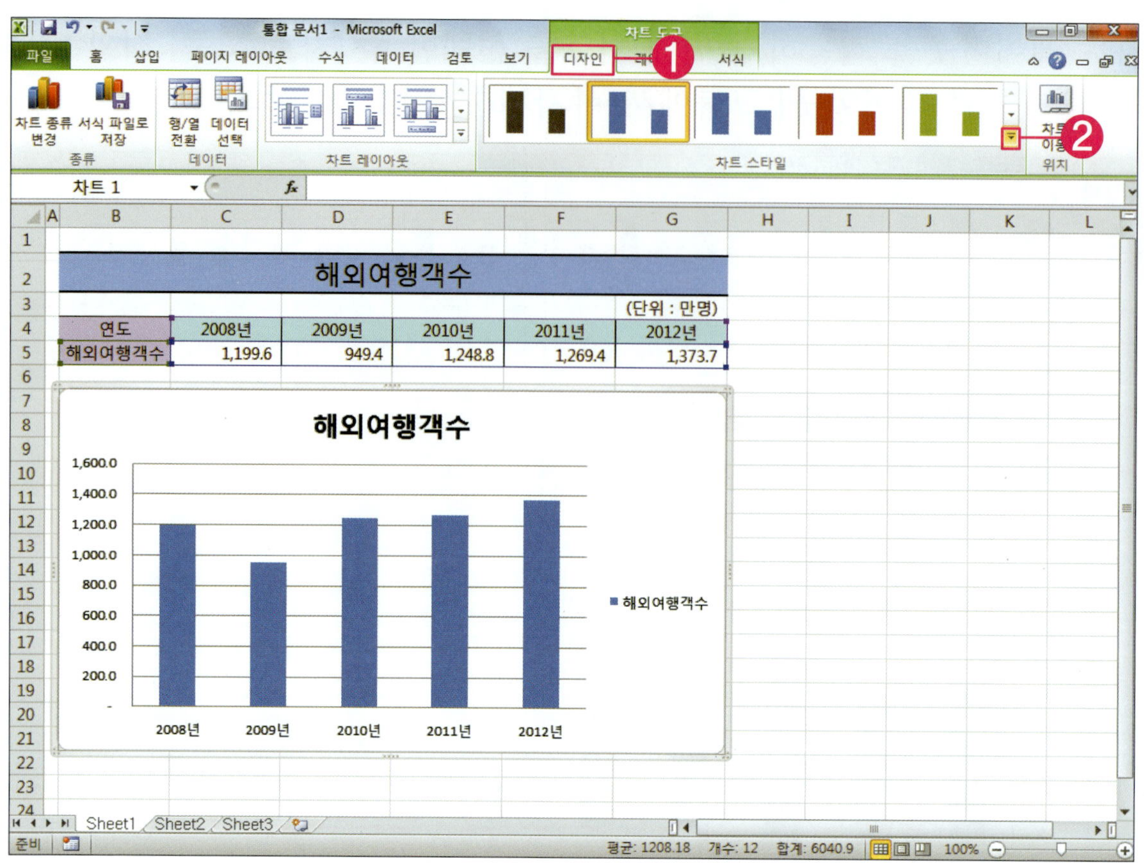

4 차트 스타일 목록이 나타나면 [스타일 18]을 클릭합니다.

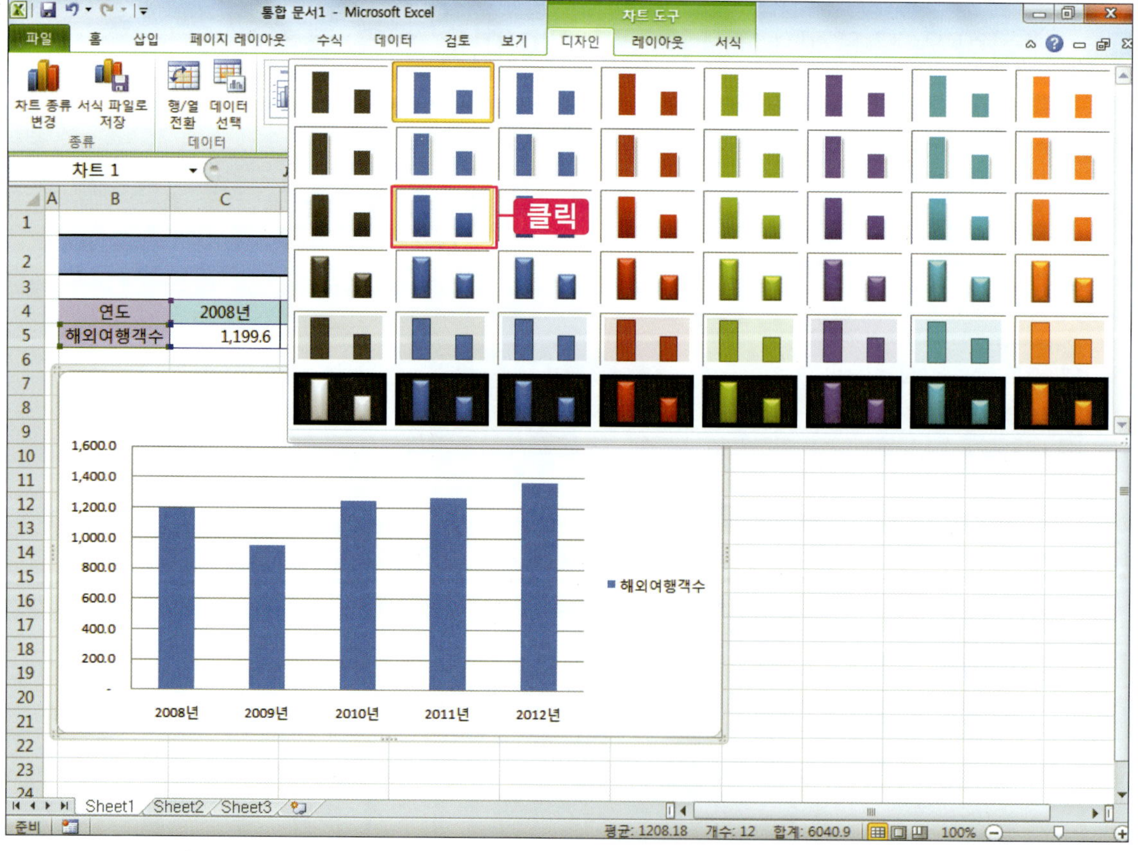

5 다음과 같이 차트 스타일이 적용됩니다.

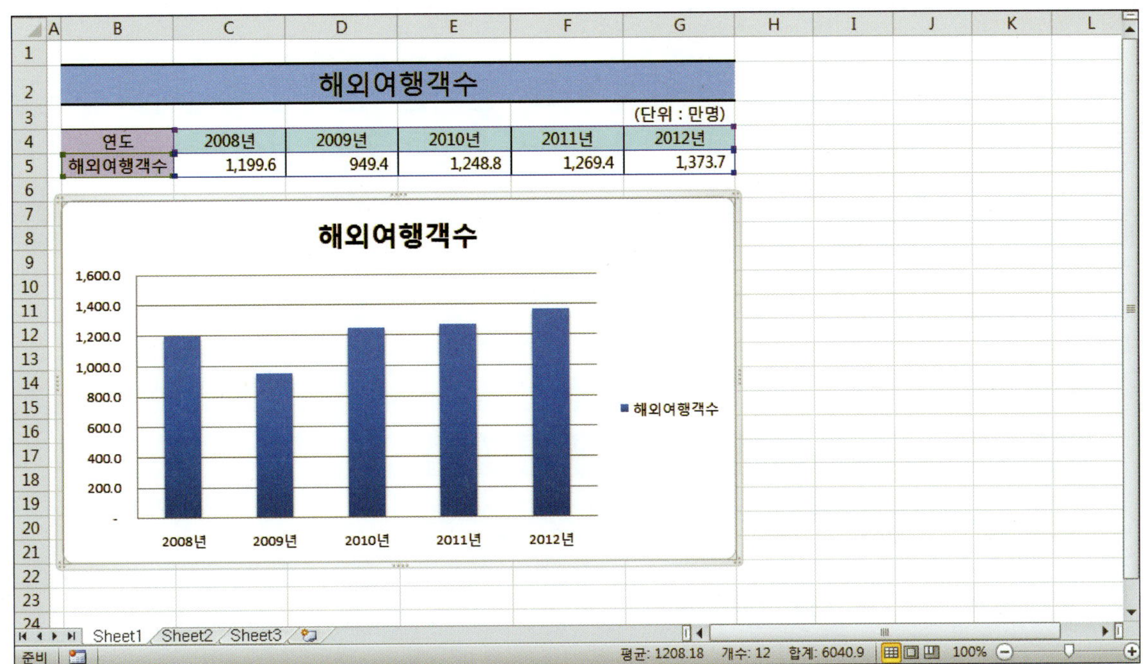

차트의 종류

- **세로 막대형**

  시간 경과에 따른 데이터 변화를 표시하거나 항목을 비교하는 경우에 사용합니다. 항목은 가로 축에 표시되고, 값은 세로 축에 표시되어 시간 경과에 따른 데이터 변화를 강조할 수 있습니다.

- **꺾은선형**

  분기나 월과 같이 일정한 기간 동안의 데이터 추세를 표시하는 경우에 사용합니다. 항목은 가로 축에 일정한 간격으로 표시되고, 값은 세로 축에 일정한 간격으로 표시됩니다.

- **원형**

  전체 항목에 대한 각 항목의 비율을 표시하는 경우에 사용합니다. 하나의 데이터 계열만 표시할 수 있습니다.

- **가로 막대형**

  시간 경과에 따른 데이터 변화보다 항목을 비교하는 경우에 주로 사용합니다. 항목 이름이 길거나 값이 기간인 경우에도 사용합니다. 항목은 세로 축에 표시되고, 값은 가로 축에 표시되어 비교하는 항목을 강조할 수 있습니다.

- **영역형**

  시간 경과에 따른 데이터 변화량을 강조하는 경우에 사용합니다. 전체 항목과 특정 항목의 영역을 비교하여 전체 항목과 특정 항목의 관계를 파악하는 경우에 유용합니다.

- **분산형**

  여러 데이터 계열 사이의 관계를 표시하는 경우에 사용합니다. 'XY 차트'라고도 합니다.

- **도넛형**

  원형 차트와 마찬가지로 전체 항목에 대한 각 항목의 비율을 표시하는 경우에 사용합니다. 원형 차트와 다른 점은 두 개 이상의 데이터 계열을 표시할 수 있다는 것입니다.

1 차트 영역 서식을 지정하기 위해 **차트 영역을 선택**한 후 [차트 도구] 정황 탭-[서식] 탭-[현재 선택 영역] 그룹에서 **[선택 영역 서식]**을 클릭합니다.

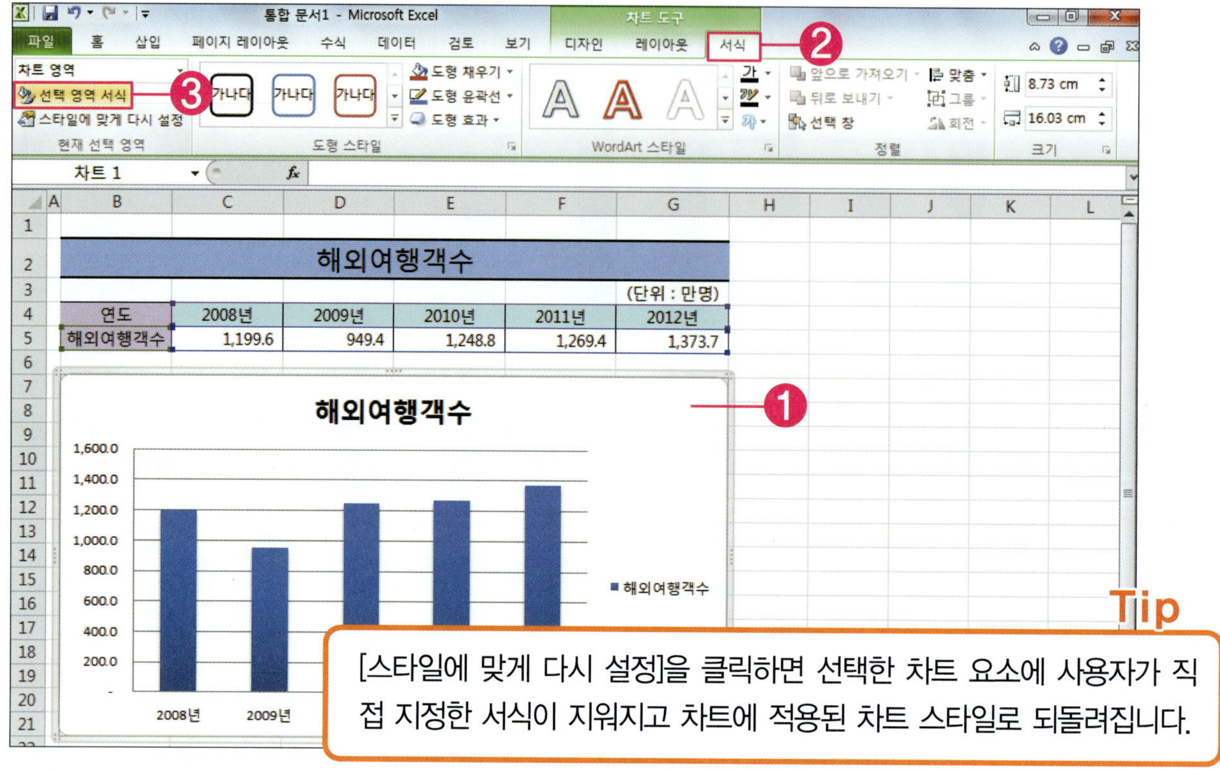

Tip
[스타일에 맞게 다시 설정]을 클릭하면 선택한 차트 요소에 사용자가 직접 지정한 서식이 지워지고 차트에 적용된 차트 스타일로 되돌려집니다.

차트 요소 선택하기

- **방법1** : 차트를 선택한 후 [차트 도구] 정황 탭-[서식] 탭-[현재 선택 영역] 그룹에서 [차트 요소]의 ▾[목록] 단추를 클릭한 다음 해당 차트 요소(차트 영역, 그림 영역, 차트 제목, 범례 등)를 클릭합니다. 이 방법을 사용하면 한 번에 선택하기 힘든 차트 요소를 손쉽게 선택할 수 있습니다.

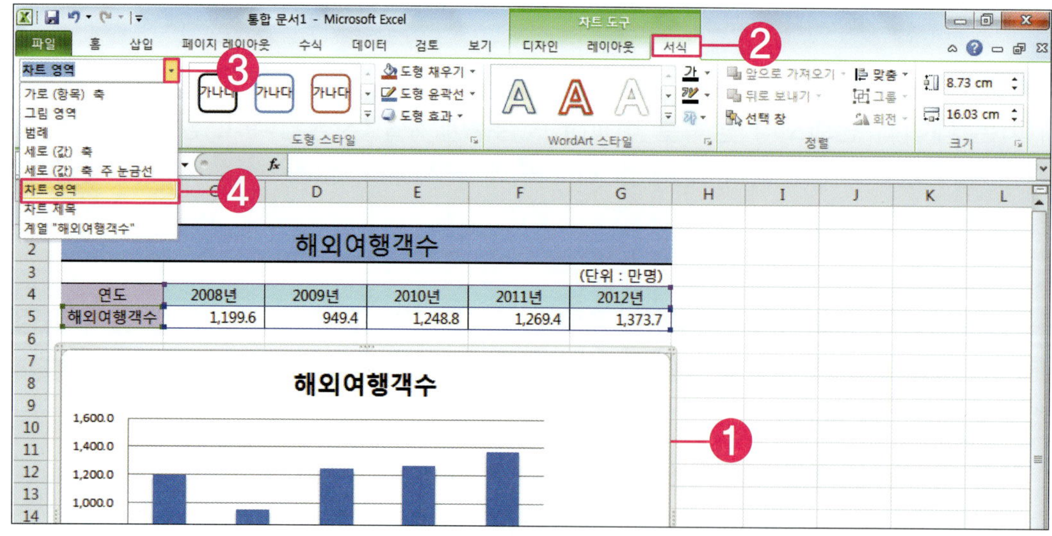

- **방법2** : 차트 요소로 마우스 포인터를 가져가서 마우스 포인터가 모양이나 모양으로 변경되었을 때 클릭합니다.

2 [차트 영역 서식] 대화상자가 나타나면 [채우기]에서 [단색 채우기]를 선택한 후 색(황록색, 강조 3, 60% 더 밝게)을 선택한 다음 [닫기] 단추를 클릭합니다.

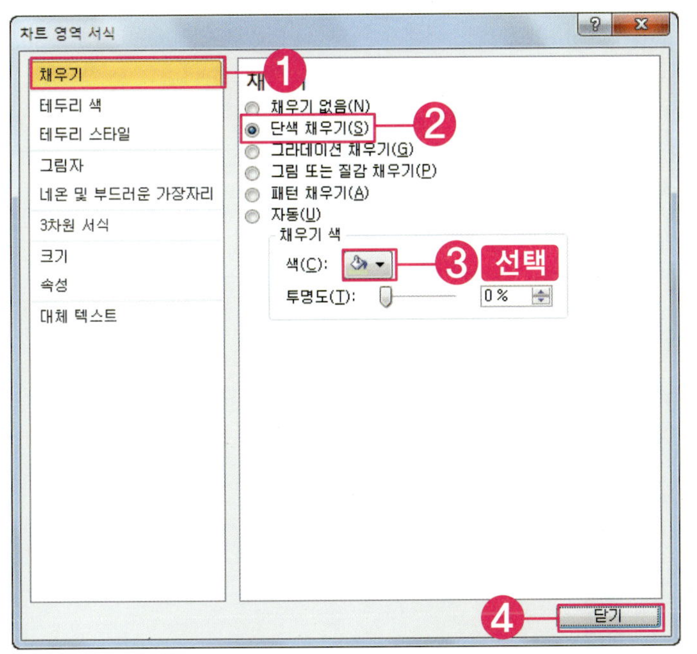

Tip

차트 영역 서식을 지정한 후 차트 스타일을 적용하면 적용한 차트 스타일과 관련된 차트 영역 서식으로 다시 지정됩니다. 그러므로 먼저 차트 스타일을 적용한 후 차트 영역 서식을 지정해야 합니다.

3 차트 제목에 글꼴 서식을 지정하기 위해 차트 제목을 선택한 후 [홈] 탭-[글꼴] 그룹에서 글꼴(HY나무M)을 선택한 다음 글꼴 크기(16)를 입력합니다.

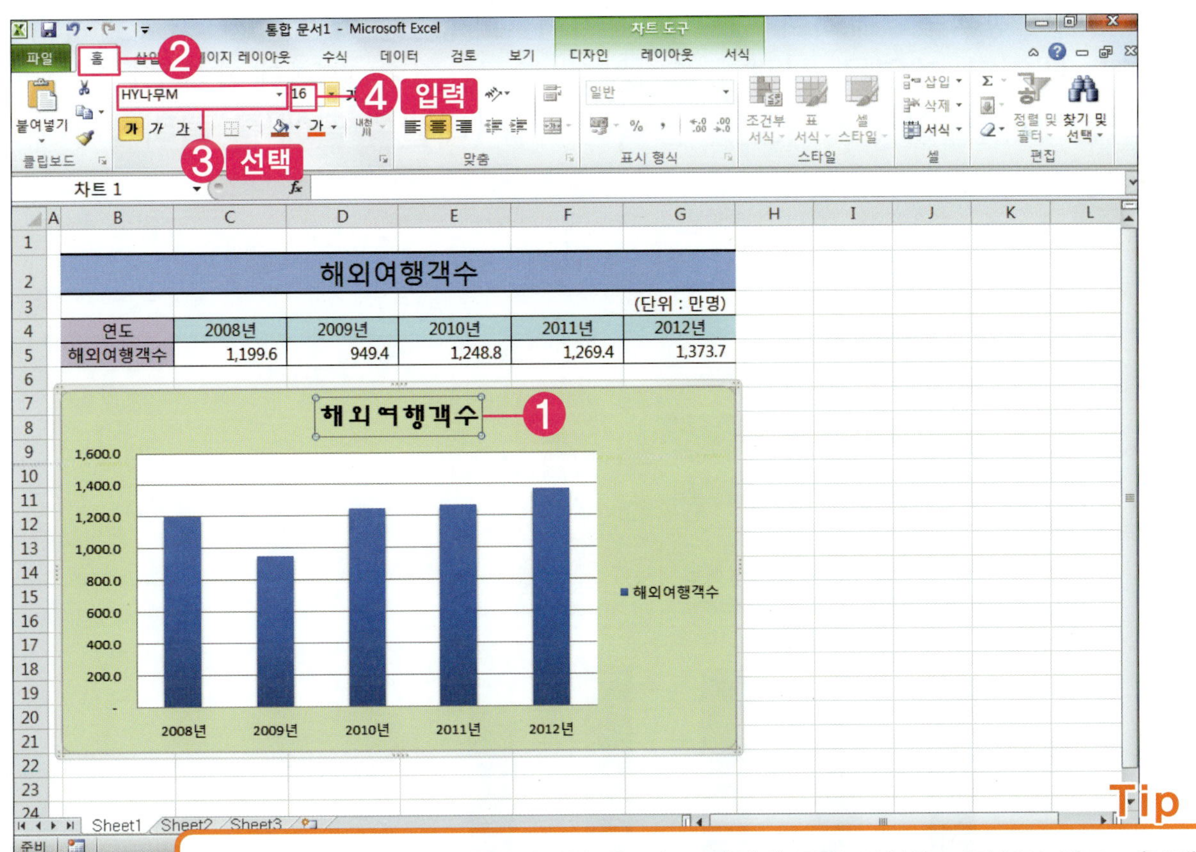

Tip

차트 제목에 글꼴 서식을 지정한 후 차트 영역에 글꼴 서식을 지정하면 차트 제목에 지정한 글꼴 서식이 차트 영역에 지정한 글꼴 서식으로 다시 지정됩니다. 그러므로 먼저 차트 영역에 글꼴 서식을 지정한 후 차트 제목에 글꼴 서식을 지정해야 합니다.

4 범례를 표시하지 않기 위해 **범례를 선택**한 후 [차트 도구] 정황 탭-[레이아웃] 탭-[레이블] 그룹에서 **[범례]를 클릭**한 다음 **[없음]**을 클릭합니다.

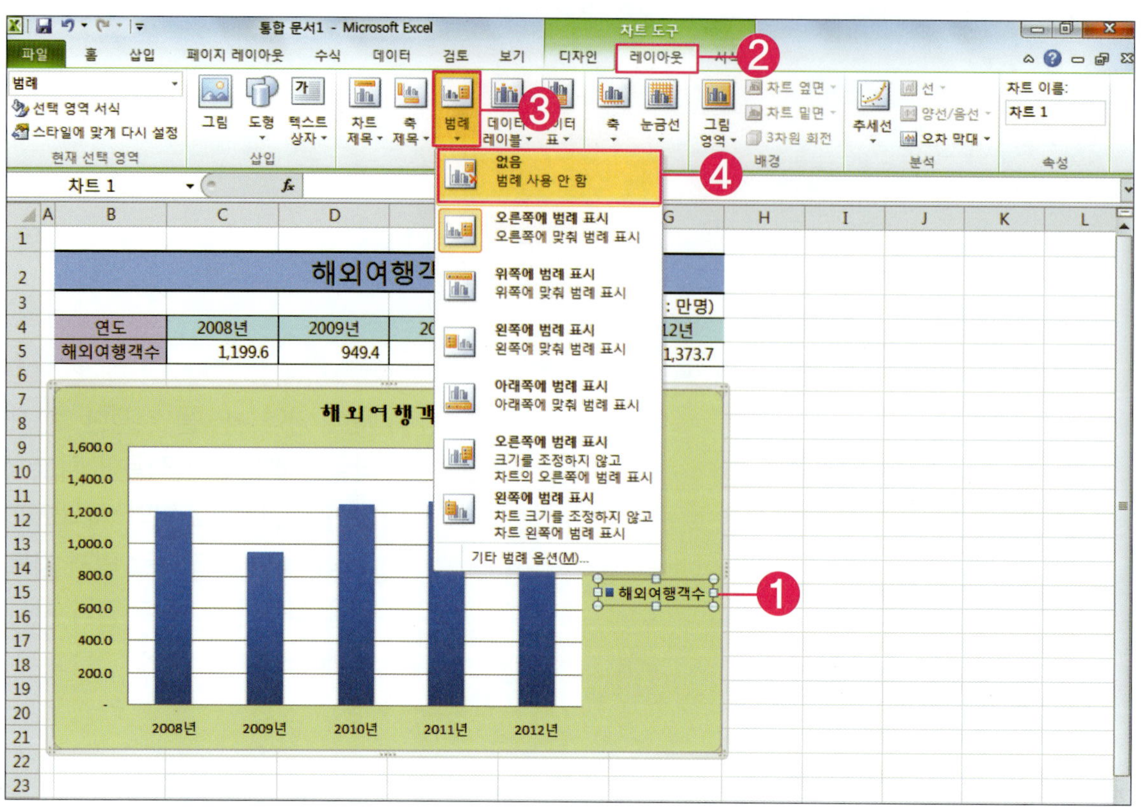

5 '해외여행객수' 데이터 계열에 데이터 레이블을 표시하기 위해 **'해외여행객수' 데이터 계열을 선택**한 후 [차트 도구] 정황 탭-[레이아웃] 탭-[레이블] 그룹에서 **[데이터 레이블]을 클릭**한 다음 **[바깥쪽 끝에]**를 클릭합니다.

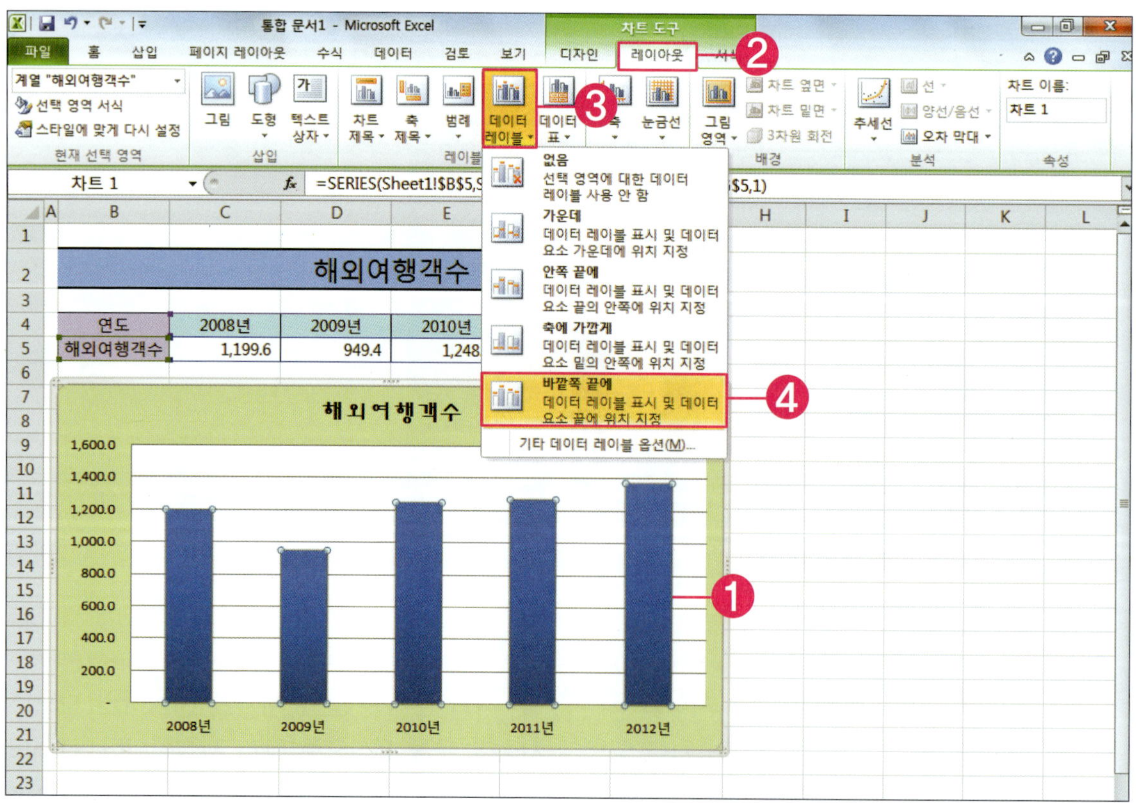

6 '2012년' 요소의 채우기 색을 변경하기 위해 '2012년' 요소를 클릭한 후 다시 클릭하여 '2012년' 요소만 선택한 다음 [차트 도구] 정황 탭-[서식] 탭-[현재 선택 영역] 그룹에서 **[선택 영역 서식]**을 클릭합니다.

7 [데이터 요소 서식] 대화상자가 나타나면 [채우기]에서 **[단색 채우기]**를 선택한 후 **색(빨강, 강조 2)**을 선택한 다음 **[닫기]** 단추를 클릭합니다.

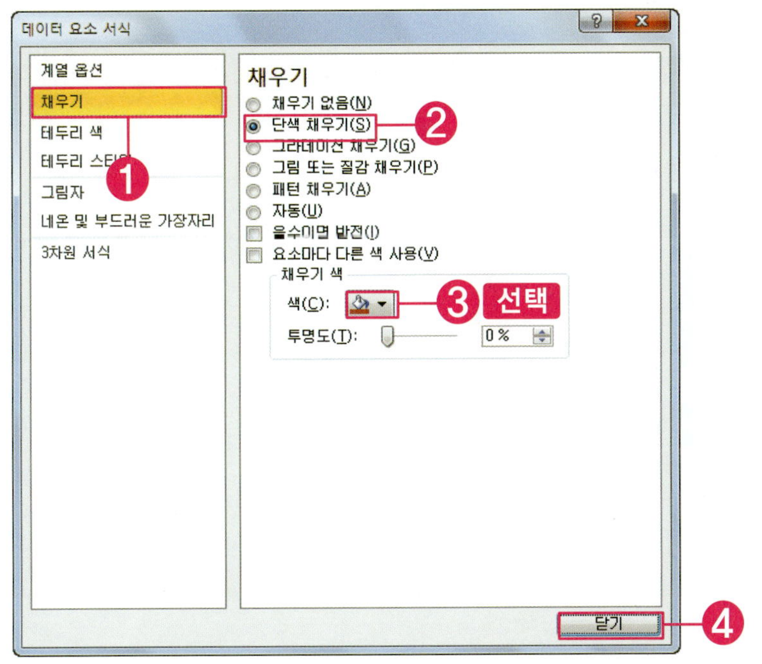

Tip
차트를 선택한 후 Delete 를 누르면 차트를 지울 수 있습니다.

8 세로 축 제목을 표시하기 위해 **차트를 선택**한 후 [차트 도구] 정황 탭-[레이아웃] 탭-[레이블] 그룹에서 **[축 제목]**을 클릭한 다음 **[기본 세로 축 제목]-[가로 제목]**을 클릭합니다.

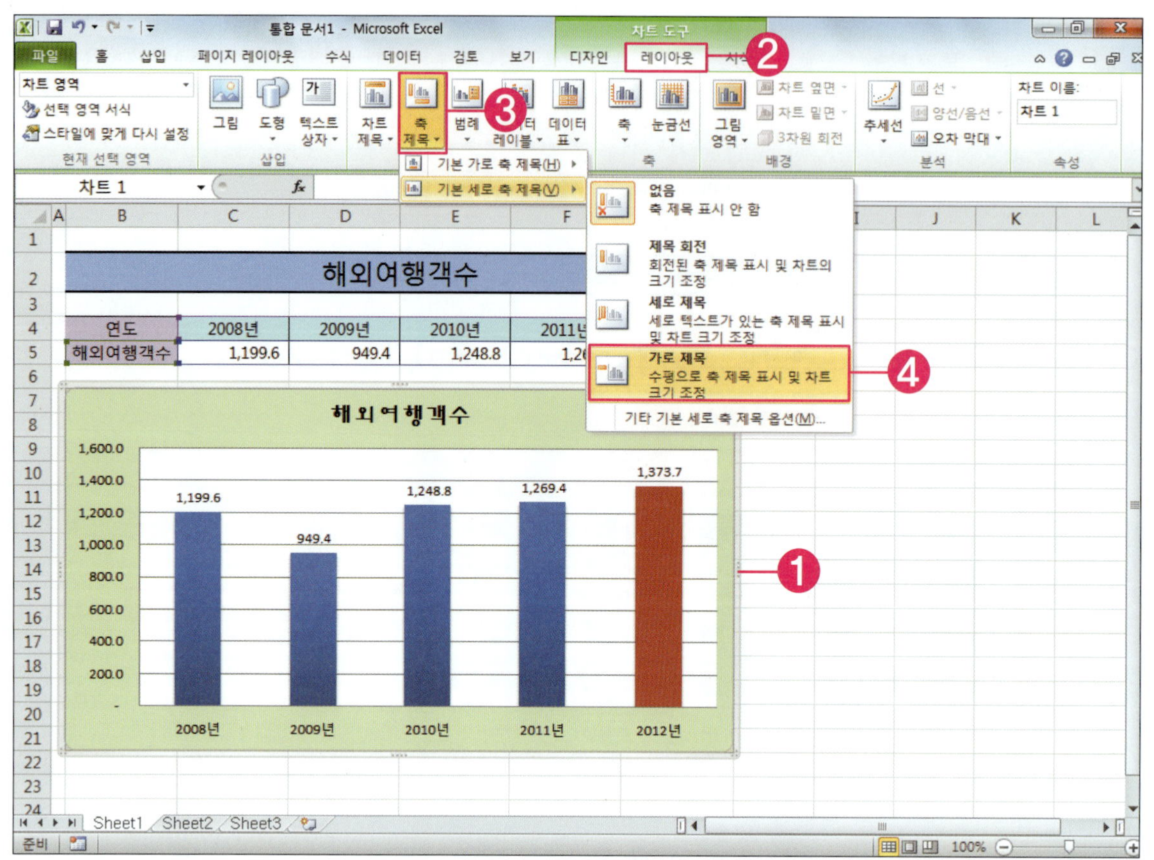

9 세로 축 제목이 표시되면 **다음과 같이 세로 축 제목을 수정**합니다.

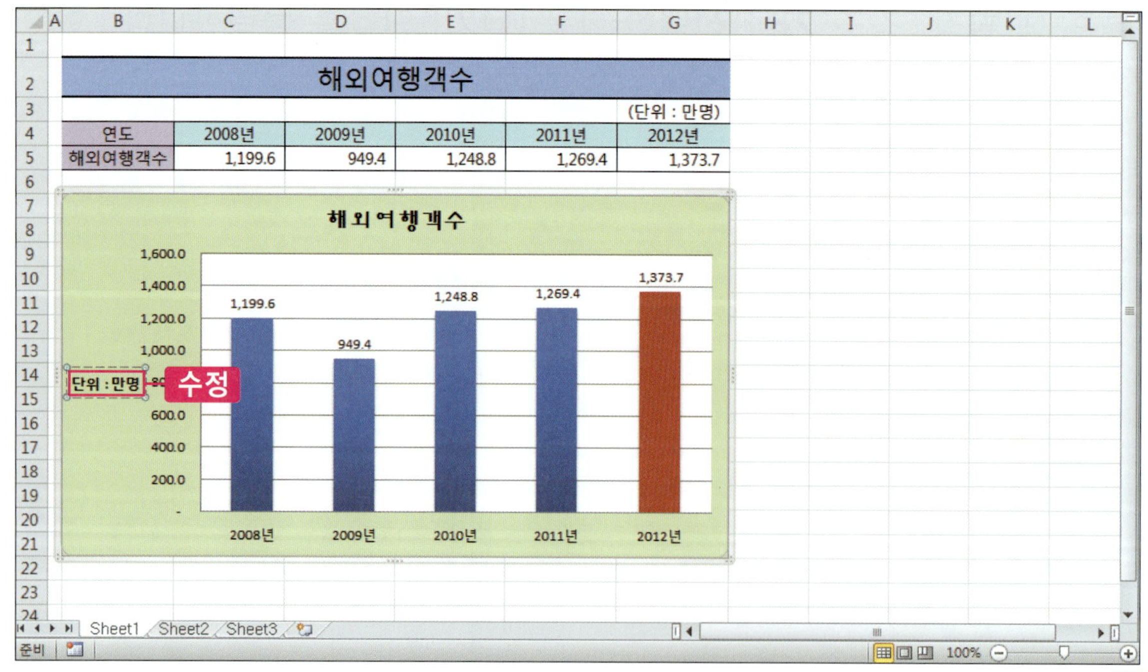

Tip

세로 축 제목을 선택한 후 세로 축 제목으로 마우스 포인터를 가져가서 마우스 포인터가 I 모양으로 변경되었을 때 클릭하면 세로 축 제목을 수정할 수 있습니다.

스파크라인 작성하기

스파크라인은 셀에 삽입하는 작은 차트입니다. 다음과 같이 스파크라인 데이터(스파크라인으로 작성될 데이터)를 선택한 후 [삽입] 탭-[스파크라인] 그룹에서 삽입할 스파크라인을 클릭하면 [스파크라인 만들기] 대화상자가 나타납니다. [스파크라인 만들기] 대화상자에서 위치 범위를 입력한 후 [확인] 단추를 클릭하면 스파크라인을 작성할 수 있습니다.

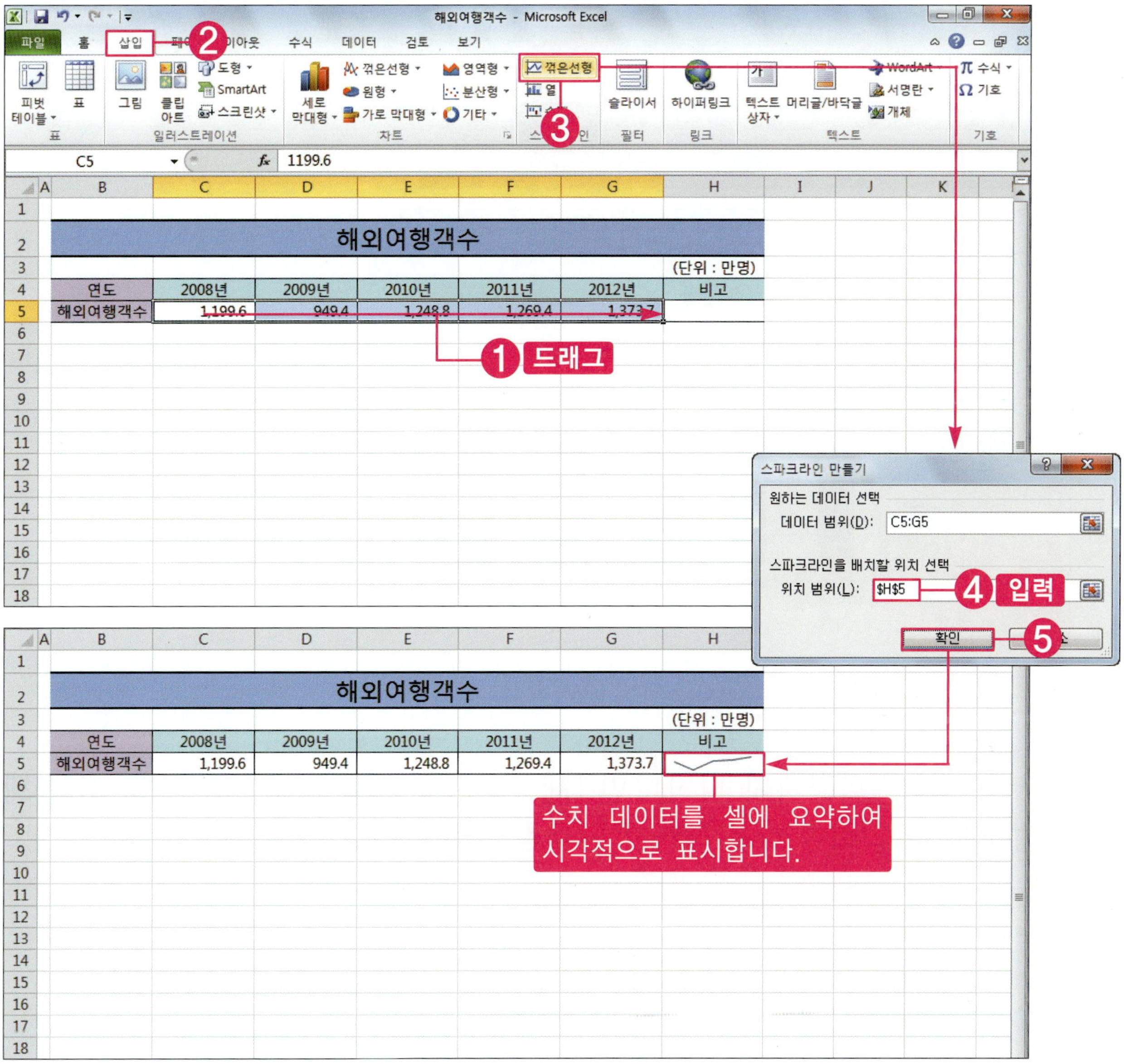

스파크라인의 종류

- 꺾은선형

데이터의 추세를 표시하는 경우에 적합합니다.

- 열

데이터의 크기를 비교하는 경우에 적합합니다.

- 승패

손익을 표시하는 경우에 적합합니다. 데이터의 값이 양수인 경우에는 위쪽 방향 막대로 표시되고, 음수인 경우에는 아래쪽 방향 막대로 표시됩니다. 막대의 크기는 양수인 경우와 음수인 경우 모두 같습니다.

1 차트를 선택한 후 [차트 도구] 정황 탭-[디자인] 탭-[위치] 그룹에서 **[차트 이동]**을 클릭합니다.

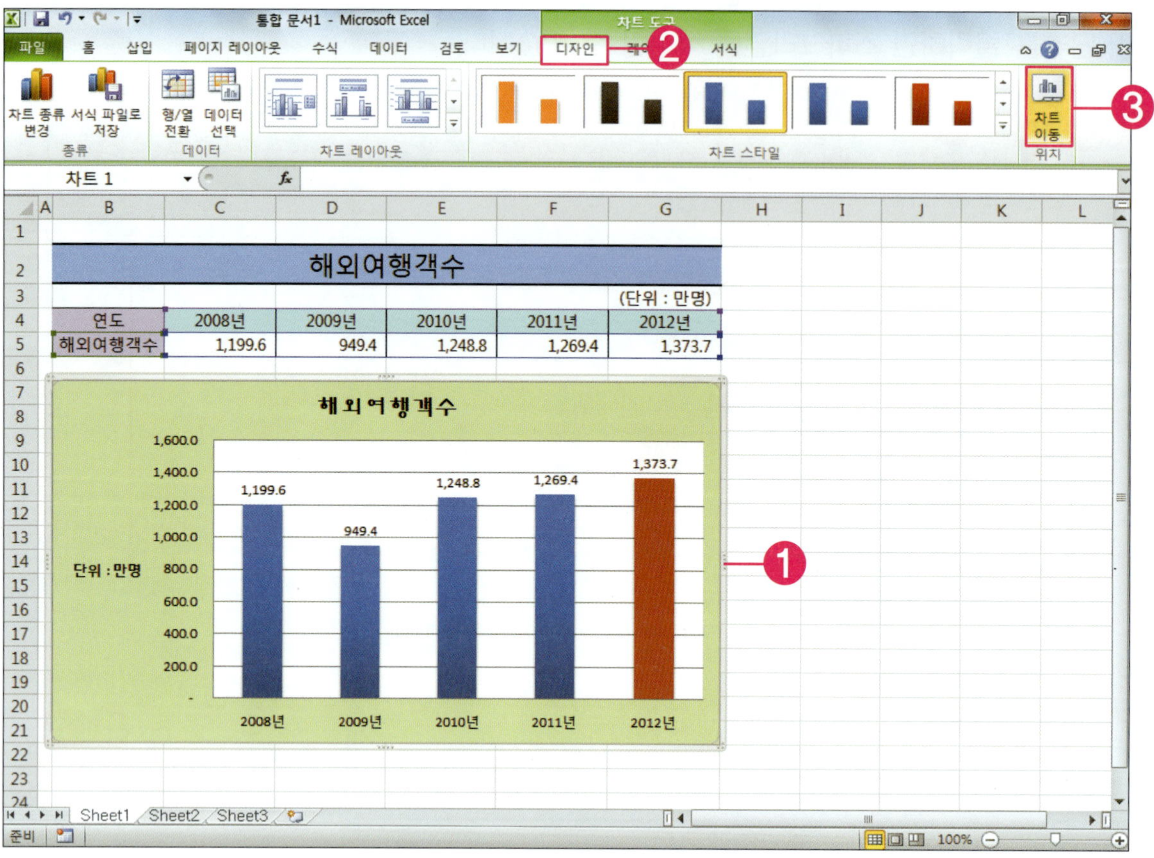

2 [차트 이동] 대화상자가 나타나면 **[새 시트]**를 선택한 후 **새 시트 이름(해외 여행객수)**을 입력한 다음 **[확인]** 단추를 클릭합니다.

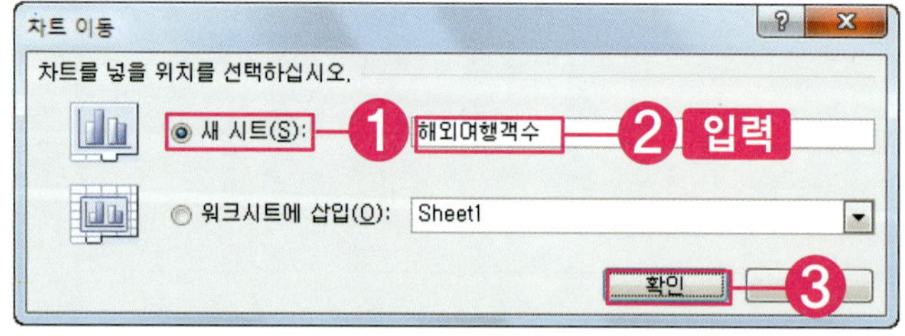

Tip

- [새 시트]를 선택하면 워크시트가 아닌 차트시트가 삽입됩니다.
- [워크시트에 삽입]을 선택한 후 [워크시트에 삽입]의 ▾[목록] 단추를 클릭하면 다른 워크시트로 차트를 이동시킬 수 있습니다.

3 다음과 같이 차트가 새 시트로 이동됩니다.

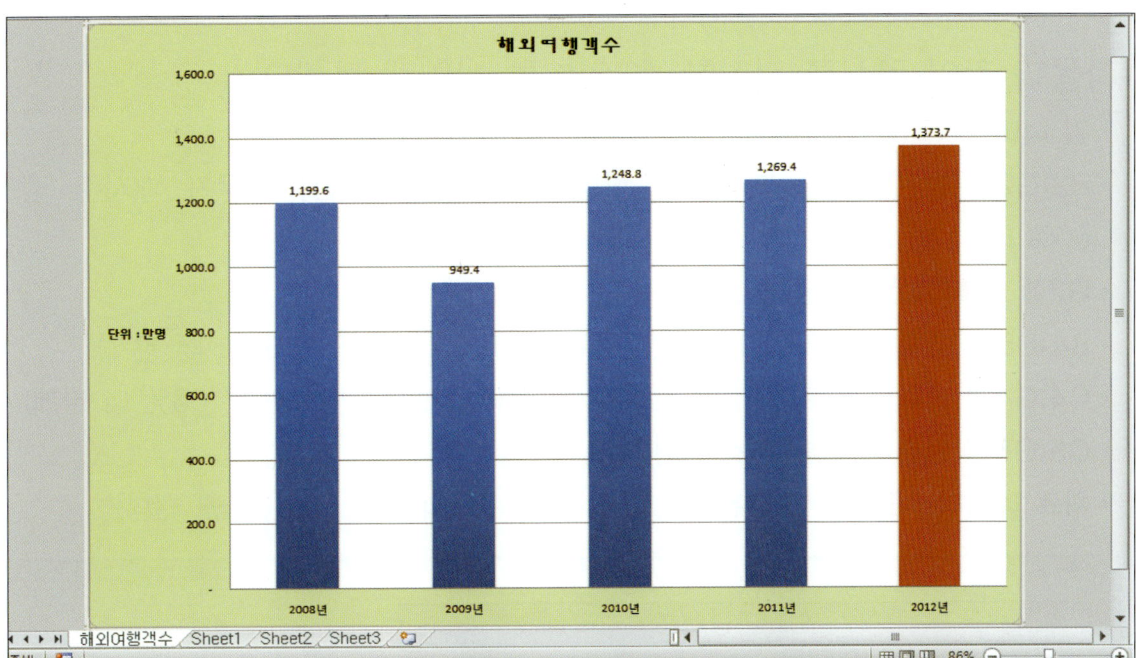

차트의 종류 변경하기

다음과 같이 차트를 선택한 후 [차트 도구] 정황 탭-[디자인] 탭-[종류] 그룹에서 [차트 종류 변경]
을 클릭하면 [차트 종류 변경] 대화상자가 나타납니다. [차트 종류 변경] 대화상자에서 차트를 선택
한 후 [확인] 단추를 클릭하면 차트의 종류를 변경할 수 있습니다.

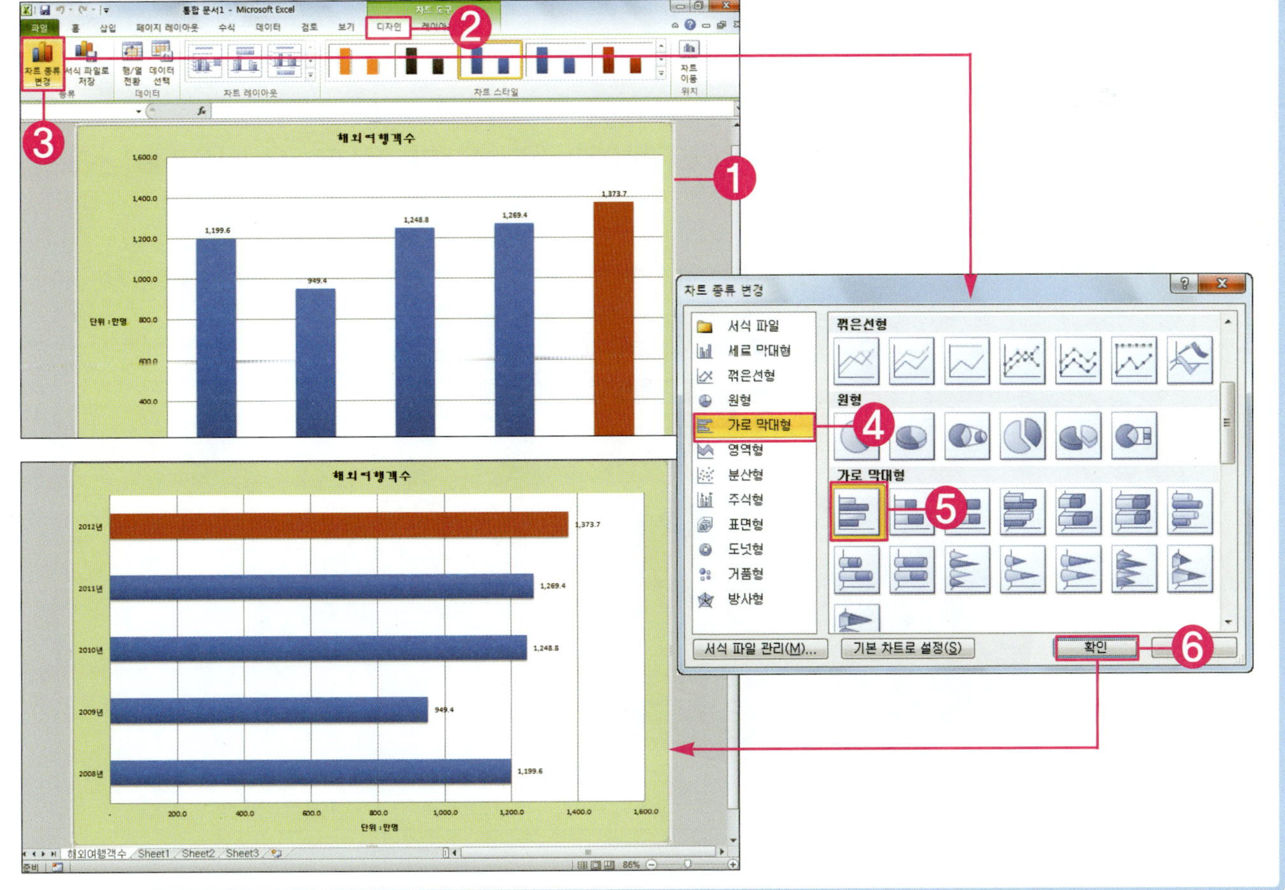

01 다음과 같이 문서를 작성한 후 차트를 삽입해 보세요.

- **열 너비** : A열(1), B:G열(12)
- **B2:G2셀 범위** : 글꼴 크기(18), ▦[병합하고 가운데 맞춤], 채우기 색(자주, 강조 4, 60% 더 밝게)
- **G3셀** : ≡[가운데 맞춤]
- **B4:B5셀 범위** : ≡[가운데 맞춤], 채우기 색(바다색, 강조 5, 60% 더 밝게)
- **C4:G4셀 범위** : ≡[가운데 맞춤], 채우기 색(진한 파랑, 텍스트 2, 60% 더 밝게)
- **C5:G5셀 범위** : ,[쉼표 스타일]
- **차트 데이터** : B4:G5셀 범위
- **차트의 종류** : ◕[3차원 원형]

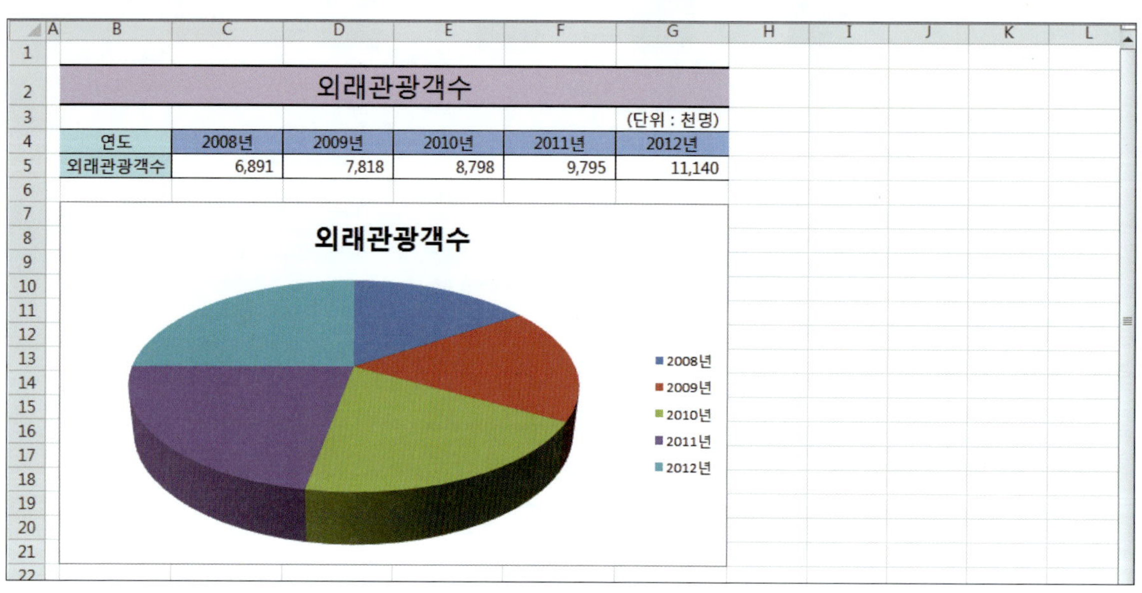

02 다음과 같이 차트 레이아웃(◕[레이아웃 4])과 차트 스타일(◕[스타일 34])을 적용해 보세요.

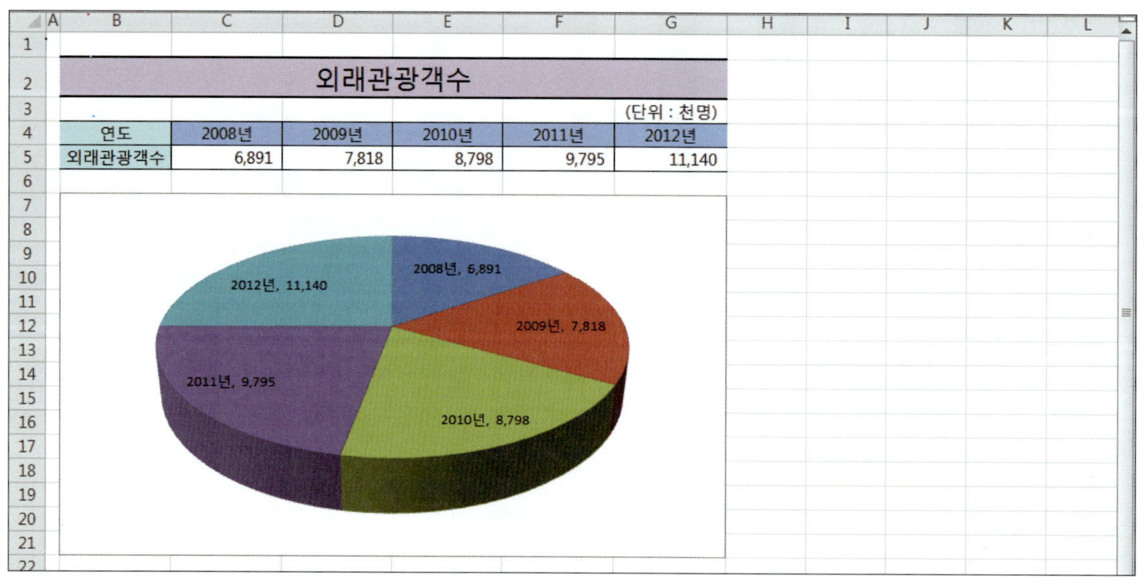

03 다음과 같이 차트를 편집해 보세요.

- **차트 제목** : 차트 위, 글꼴(HY강B), 글꼴 크기(16)

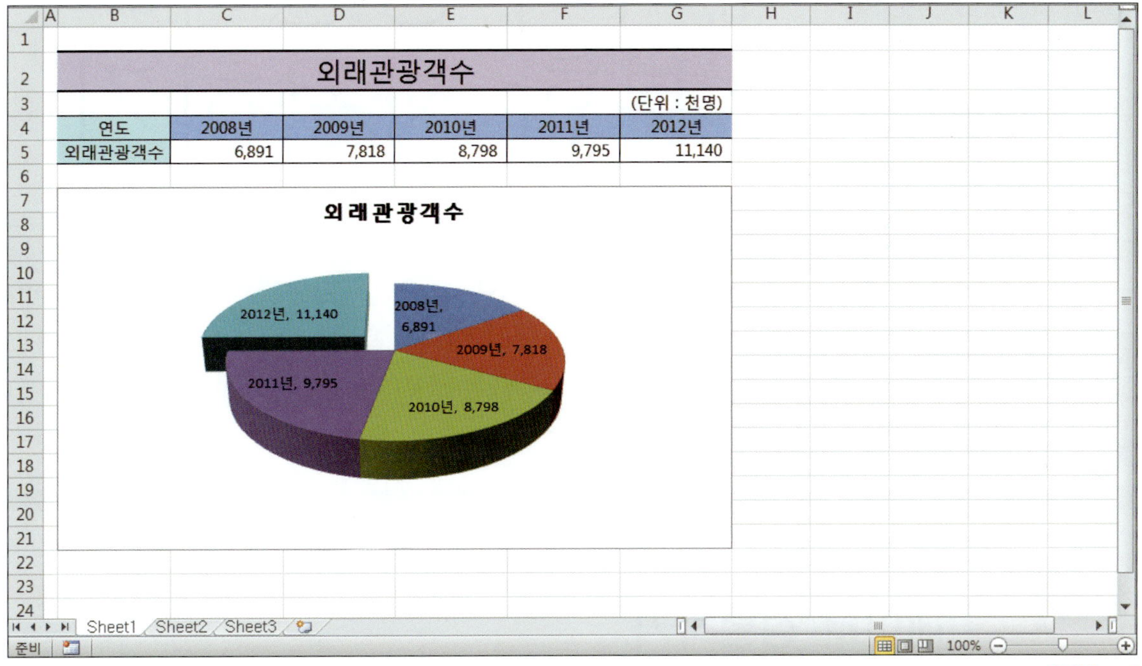

Hint

'2012년' 요소를 클릭한 후 다시 클릭하여 '2012년' 요소만 선택한 다음 바깥쪽으로 드래그하여 '2012년' 요소만 분리합니다.

04 다음과 같이 차트를 새 시트(외래관광객수)로 이동해 보세요.

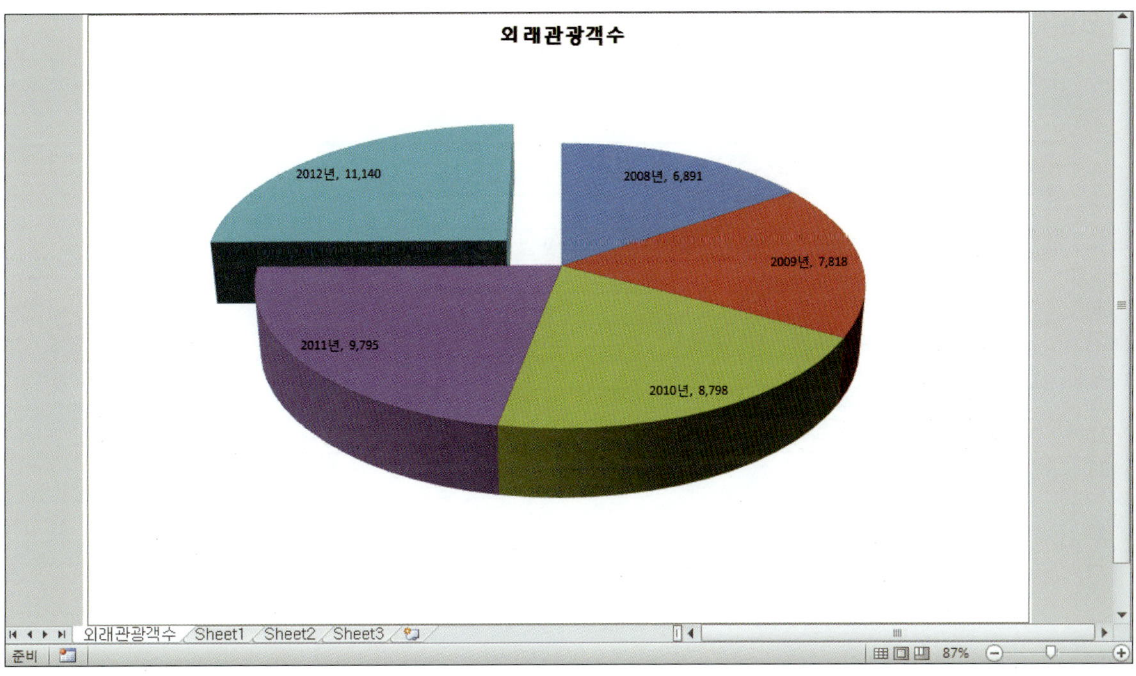

데이터 정렬하고 부분합 사용하기

Chapter **09**

정렬은 데이터를 일정한 순서에 의해 차례대로 재배열하는 작업을 말합니다. 데이터를 정렬하면 데이터가 차례대로 배열되어 있기 때문에 그만큼 원하는 데이터를 손쉽게 찾을 수 있습니다. 부분합은 데이터를 특정 항목별로 그룹화한 후 그룹별로 요약하는 기능입니다. 부분합을 사용하면 그룹별로 합계, 평균, 최대값, 최소값 등을 손쉽게 구할 수 있습니다.

Step · 01 데이터 정렬하기

1 **엑셀을 실행**한 후 **다음과 같이 문서를 작성**합니다.

- **열 너비** : A열(1), B:F열(12)
- **B2:F2셀 범위** : 글꼴 크기(18), [병합하고 가운데 맞춤], 채우기 색(자주, 강조 4, 60% 더 밝게)
- **B4:F4셀 범위** : 틀[가운데 맞춤], 채우기 색(황록색, 강조 3, 60% 더 밝게)
- **B5:E10셀 범위** : 틀[가운데 맞춤]

A	B	C	D	E	F	G	H	I
1								
2			입출고 내역서					
3								
4	날짜	거래처	입출고	품명	수량			
5	11월 04일	성원무역	입고	GX-01	210			
6	11월 05일	공주무역	입고	GX-03	150			
7	11월 06일	성원무역	출고	GX-02	140			
8	11월 07일	성원무역	출고	GX-03	100			
9	11월 07일	공주무역	입고	GX-02	200			
10	11월 08일	공주무역	출고	GX-03	120			

2 거래처를 기준으로 데이터를 정렬하기 위해 **C4셀을 선택**한 후 [데이터] 탭–
[정렬 및 필터] 그룹에서 ↧[**텍스트 오름차순 정렬**]을 **클릭**합니다.

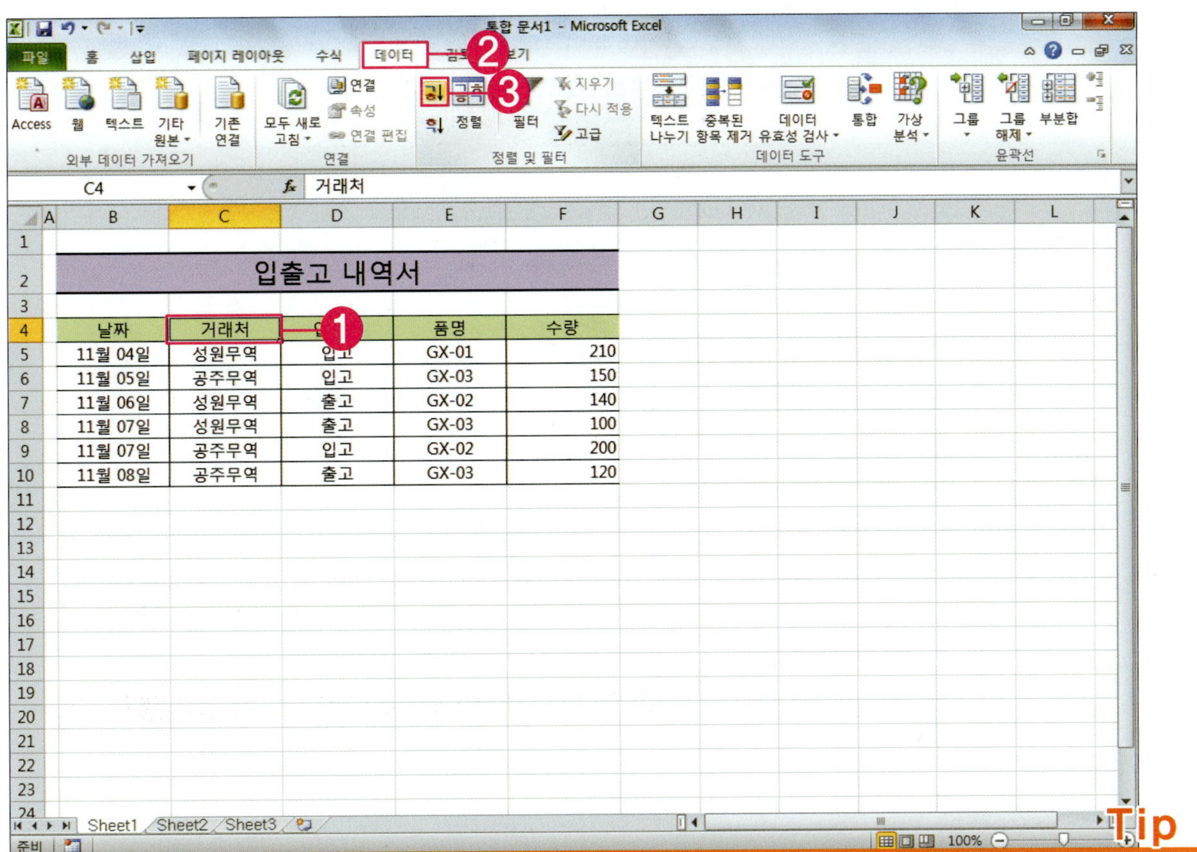

> **Tip**
> • 정렬에는 데이터를 작은 값에서 큰 값 순으로 재배열하는 오름차순 정렬과 큰 값에서 작은
>   값 순으로 재배열하는 내림차순 정렬이 있습니다.
> • 거래처를 기준으로 내림차순 정렬하려면 C4셀을 선택한 후 [데이터] 탭–[정렬 및 필터] 그룹
>   에서 ↥[텍스트 내림차순 정렬]을 클릭하면 됩니다.

3 다음과 같이 거래처를 기준으로 오름차순 정렬됩니다.

4 입출고와 수량을 기준으로 데이터를 정렬하기 위해 **B4셀을 선택**한 후 [데이터] 탭–[정렬 및 필터] 그룹에서 **[정렬]을 클릭**합니다.

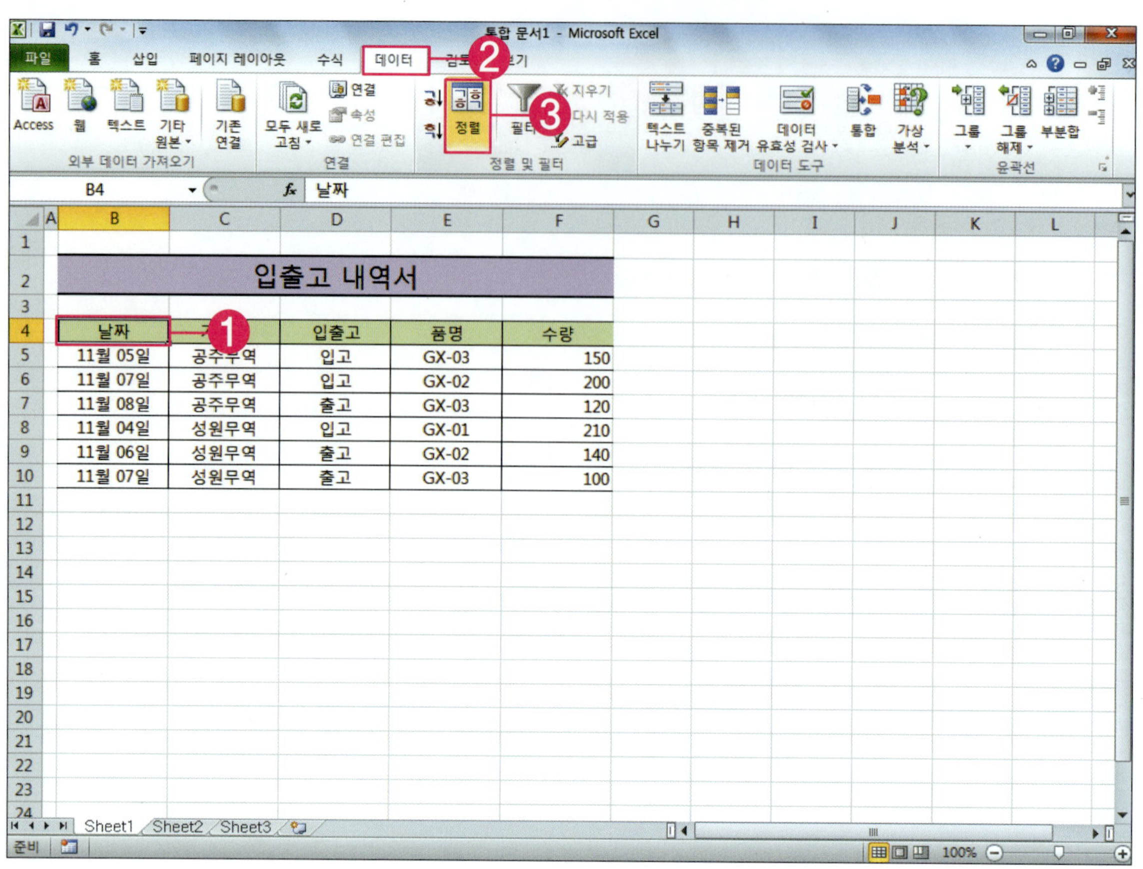

잠깐 만요!

정렬 순서

- **오름차순 정렬** : 숫자(작은 숫자 → 큰 숫자) ➡ 문자(ㄱ → ㅎ → A → Z) ➡ 논리값(FALSE → TRUE) ➡ 오류값 ➡ 빈 셀(데이터가 없는 셀)
- **내림차순 정렬** : 오류값 ➡ 논리값(TRUE → FALSE) ➡ 문자(Z → A → ㅎ → ㄱ) ➡ 숫자(큰 숫자 → 작은 숫자) ➡ 빈 셀(데이터가 없는 셀)

5 [정렬] 대화상자가 나타나면 정렬 기준에서 **열(입출고), 정렬 기준(값), 정렬(오름차순)을 선택**한 후 **[기준 추가]** 단추를 **클릭**합니다.

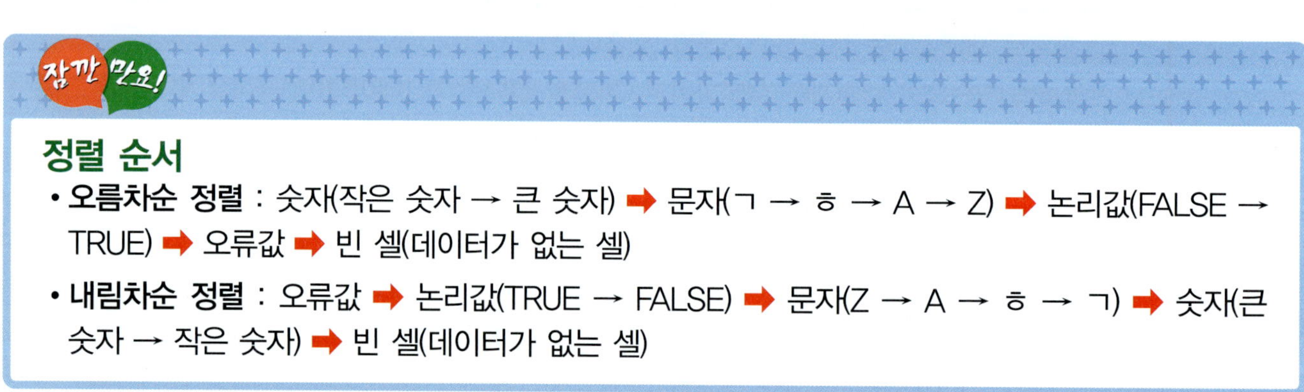

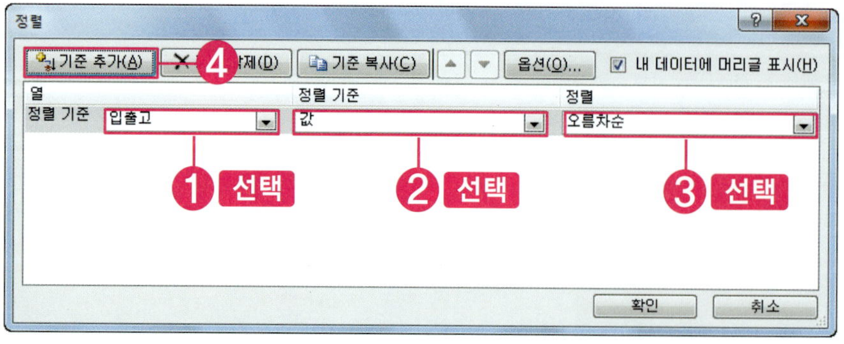

6 다음 기준이 추가되면 다음 기준에서 **열(수량), 정렬 기준(값), 정렬(내림차순)을 선택**한 후 **[확인] 단추를 클릭**합니다.

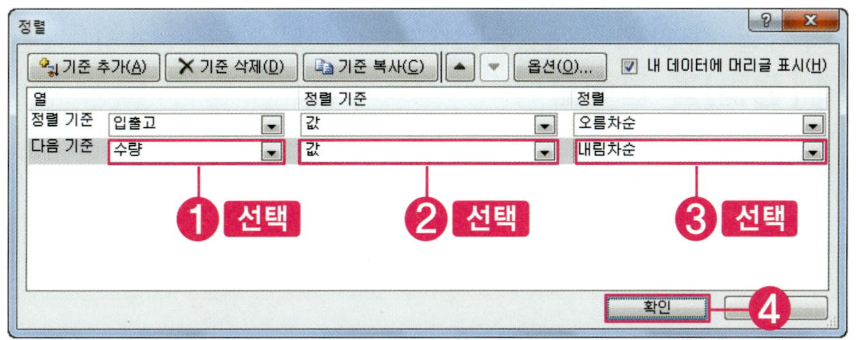

> 다음 기준(두 번째 정렬 기준)을 선택한 후 ▲[위로 이동] 단추를 클릭하면 다음 기준(두 번째 정렬 기준)이 위로 이동하여 정렬 기준(첫 번째 정렬 기준)이 되고, 기존의 정렬 기준(첫 번째 정렬 기준)은 다음 기준(두 번째 정렬 기준)이 됩니다.

7 다음과 같이 입출고를 기준으로 오름차순 정렬되고, 입출고가 같으면 수량을 기준으로 내림차순 정렬됩니다.

날짜	거래처	입출고	품명	수량
입출고 내역서				
11월 04일	성원무역	입고	GX-01	210
11월 07일	공주무역	입고	GX-02	200
11월 05일	공주무역	입고	GX-03	150
11월 06일	성원무역	출고	GX-02	140
11월 08일	공주무역	출고	GX-03	120
11월 07일	성원무역	출고	GX-03	100

> 입출고(D5:D10셀 범위)를 보면 입고, 출고 순으로 오름차순 정렬되어 있는 것을 확인할 수 있으며 입출고가 같으면(D5:D7셀 범위의 값(입고)이 같고, D8:D10셀 범위의 값(출고)이 같습니다) 수량을 기준으로 내림차순 정렬되어 있는 것을 확인할 수 있습니다(F5:F7셀 범위를 보면 210, 200, 150 순으로 내림차순 정렬되어 있고, F8:F10셀 범위를 보면 140, 120, 100 순으로 내림차순 정렬되어 있습니다).

1 품명을 기준으로 데이터를 정렬하기 위해 **B4셀을 선택**한 후 [데이터] 탭−[정렬 및 필터] 그룹에서 **[정렬]을 클릭**합니다.

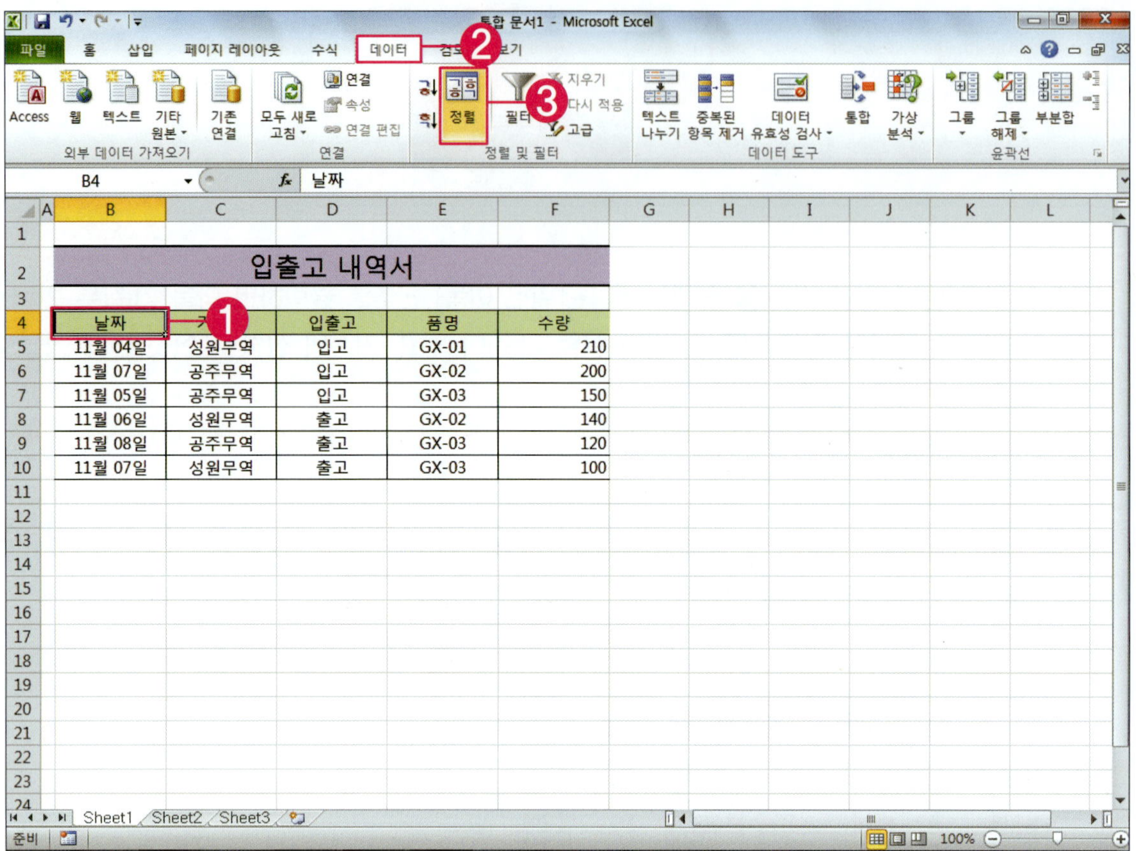

2 [정렬] 대화상자가 나타나면 정렬 기준에서 **열(품명)**과 **정렬 기준(값)**을 선택한 후 **정렬의** ▾**[목록] 단추를 클릭**한 다음 **[사용자 지정 목록]**을 클릭합니다.

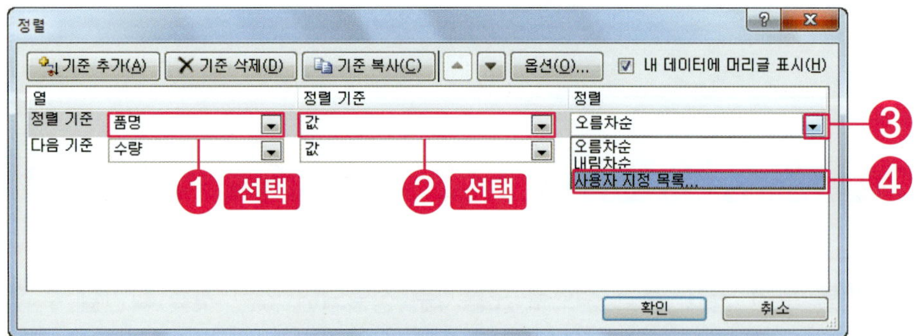

3 [사용자 지정 목록] 대화상자가 나타나면 **목록 항목(GX-01, GX-03, GX-02)을 입력**한 후 **[추가] 단추를 클릭**하여 목록 항목이 사용자 지정 목록에 추가되면 **[확인] 단추를 클릭**합니다.

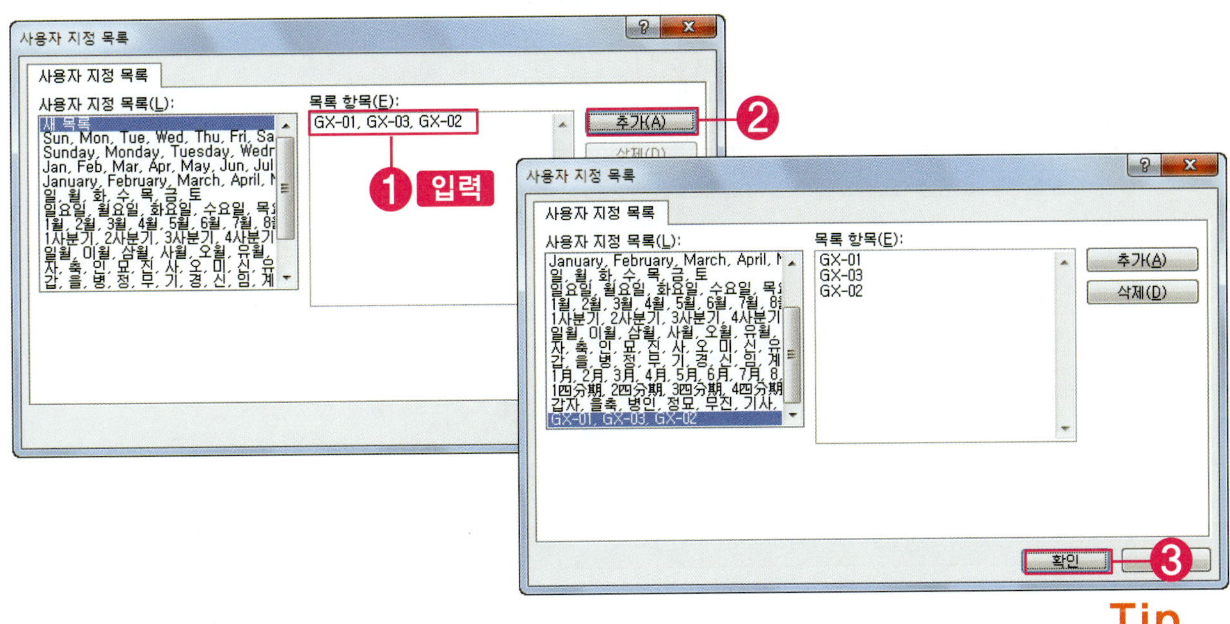

4 [정렬] 대화상자가 다시 나타나면 **[다음 기준]을 선택**한 후 **[기준 삭제] 단추를 클릭**합니다.

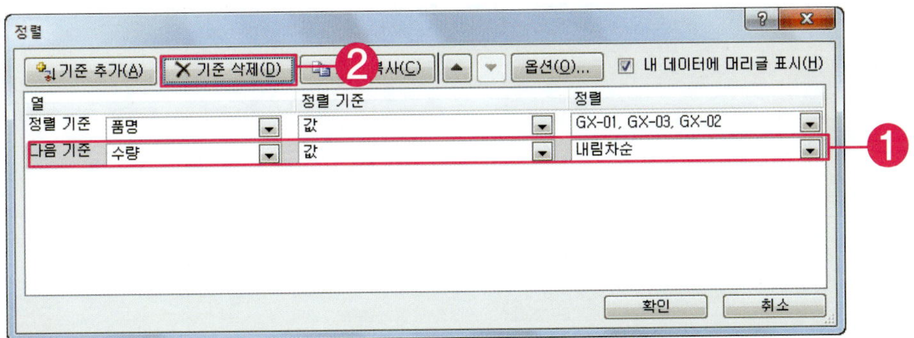

5 [다음 기준]이 삭제되면 **[확인] 단추를 클릭**합니다.

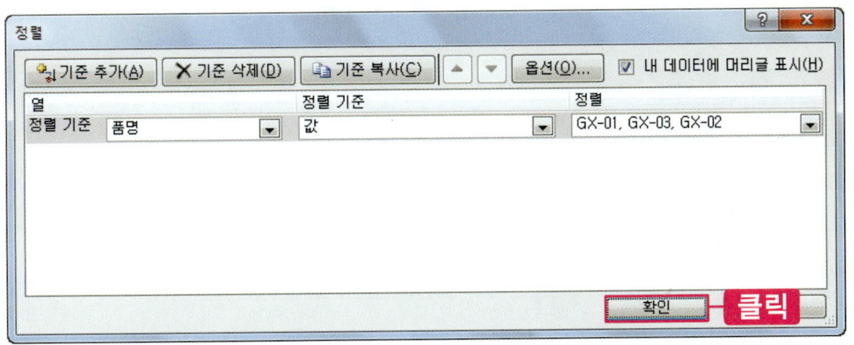

6 다음과 같이 품명을 기준으로 GX-01, GX-03, GX-02 순으로 정렬됩니다.

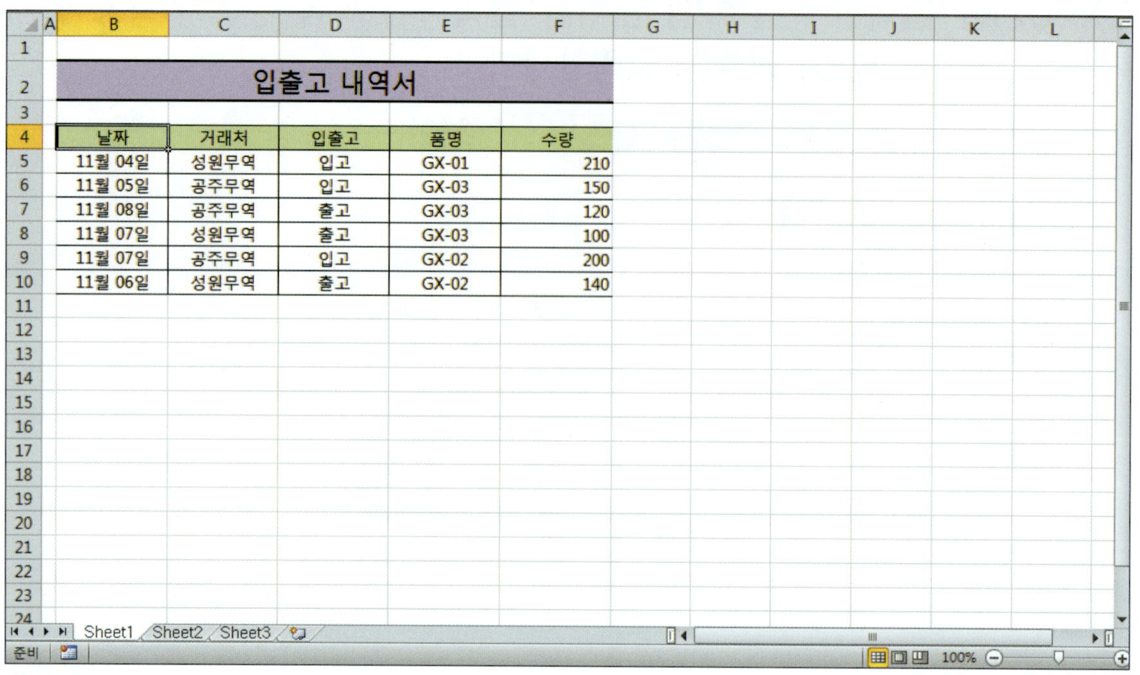

잠깐만요!

셀 색이나 글꼴 색 및 셀 아이콘을 기준으로 데이터 정렬하기

엑셀에서는 셀 색이나 글꼴 색을 기준으로 데이터를 정렬할 수 있으며 아이콘 집합을 사용하여 조건부 서식을 지정한 경우에는 셀 아이콘을 기준으로 데이터를 정렬할 수도 있습니다. 다음은 수량의 셀 색을 기준으로 셀 색이 노랑인 데이터를 아래쪽에 표시한 경우입니다.

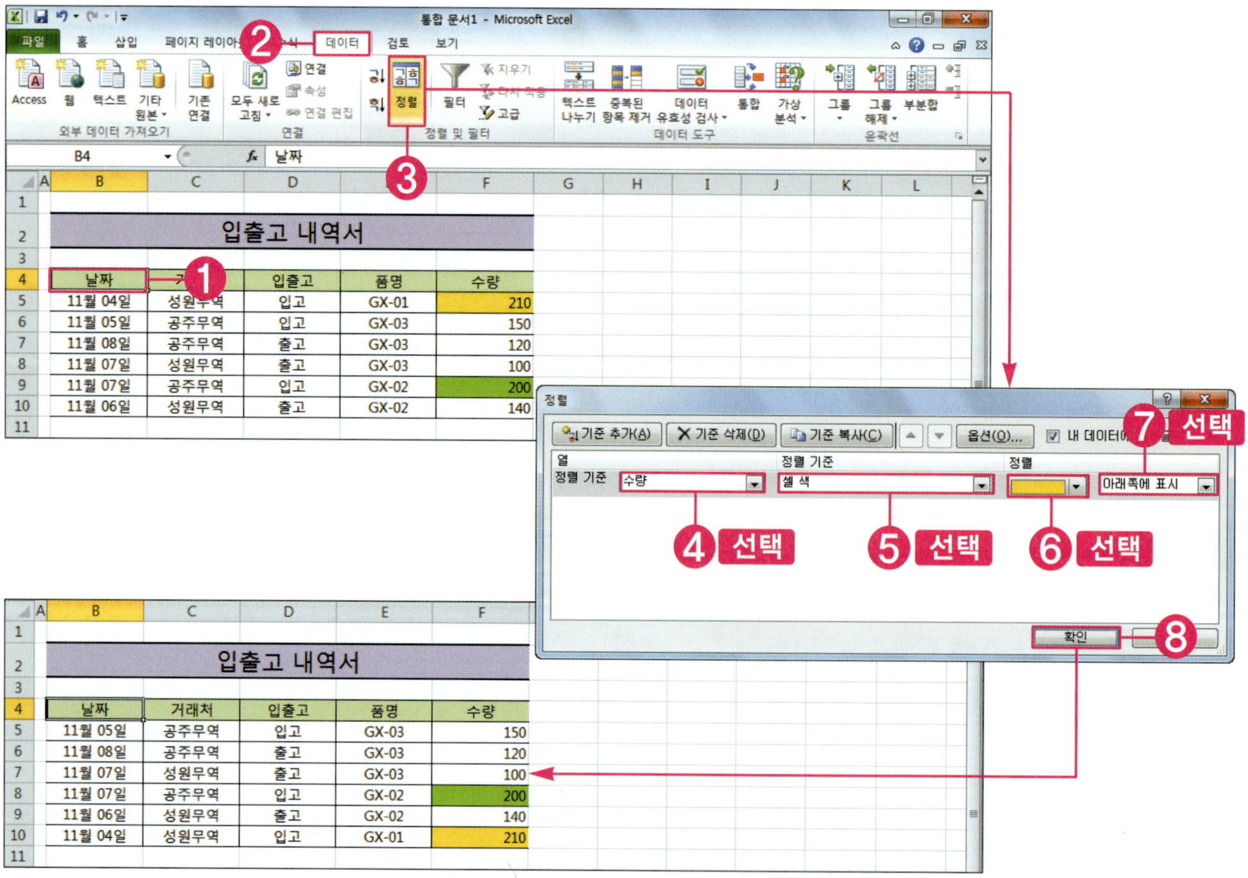

1 입출고를 기준으로 데이터를 정렬하기 위해 **D4셀을 선택**한 후 [데이터] 탭–
[정렬 및 필터] 그룹에서 [텍스트 오름차순 정렬]을 **클릭**합니다.

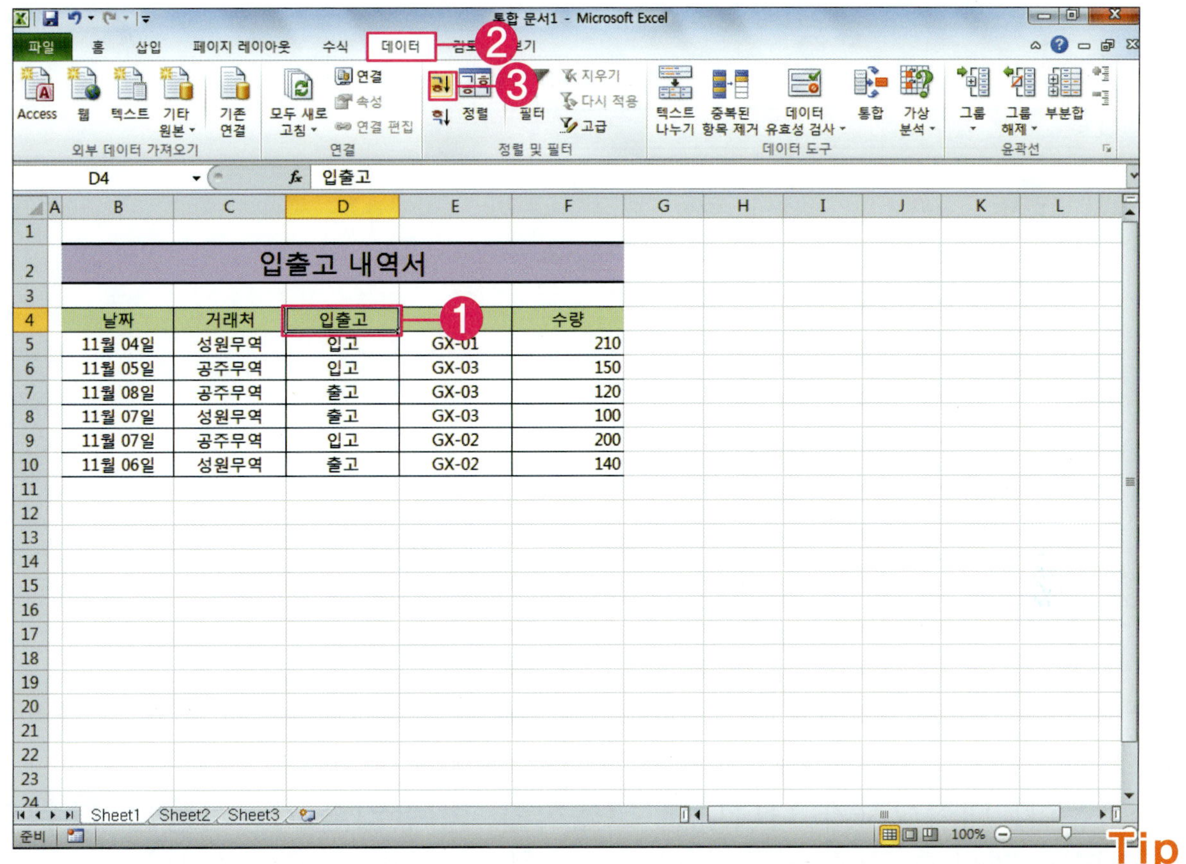

Tip

부분합을 제대로 사용하려면 먼저 그룹화할 항목을 기준으로 데이터를 정렬해야 합니다.

2 다음과 같이 입출고를 기준으로 오름차순 정렬됩니다.

3 입출고별로 수량의 합계를 구하기 위해 **B4셀을 선택**한 후 [데이터] 탭-[윤곽선] 그룹에서 **[부분합]을 클릭**합니다.

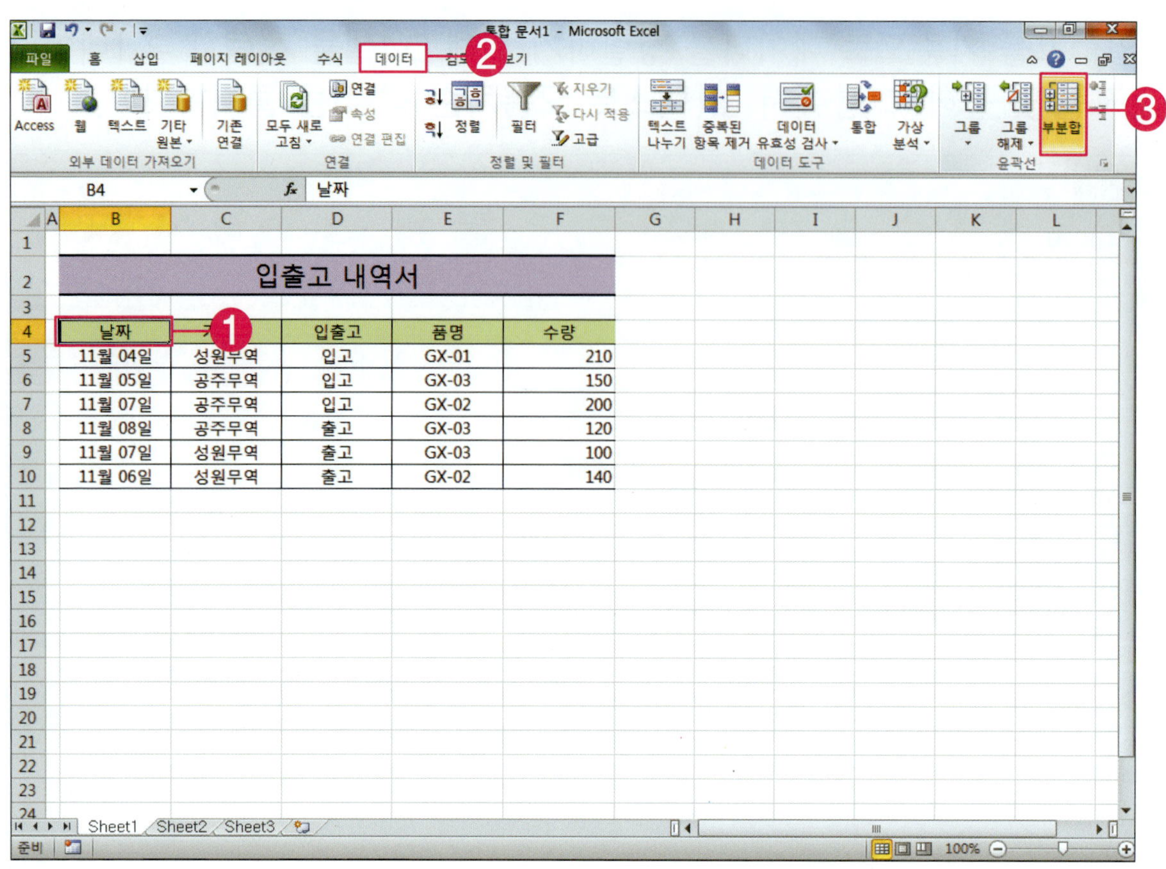

4 [부분합] 대화상자가 나타나면 **그룹화할 항목(입출고), 사용할 함수(합계), 부분합 계산 항목(수량)을 선택**한 후 [확인] 단추를 클릭합니다.

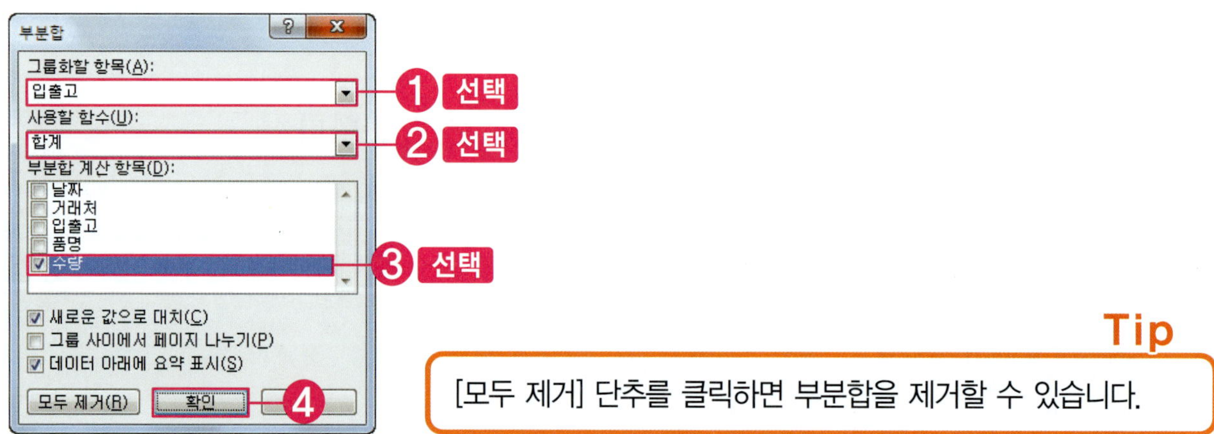

[부분합] 대화상자의 항목

- **그룹화할 항목** : 데이터를 그룹화할 때 기준이 되는 항목입니다.
- **사용할 함수** : 그룹별로 계산할 때 사용할 함수입니다.
- **부분합 계산 항목** : 그룹별로 계산할 항목입니다.

입출고별로 수량의 합계가 구해지면 입출고별로 수량의 평균을 구하기 위해 **B4셀을 선택**한 후 [데이터] 탭-[윤곽선] 그룹에서 **[부분합]**을 클릭합니다.

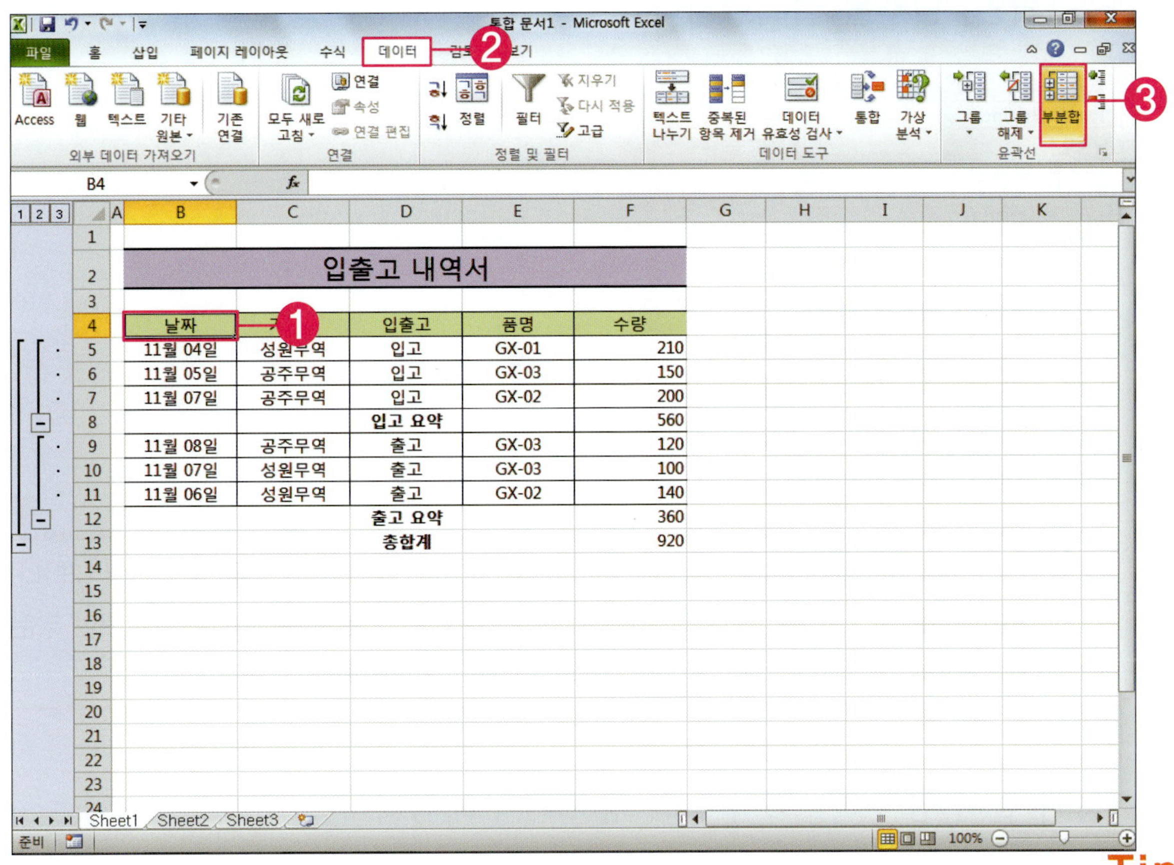

Tip

- 부분합에서 요약은 합계를 말합니다.
- 부분합을 사용하면 워크시트 왼쪽에 하위 그룹을 숨기거나 나타나게 할 수 있는 1, 2, 3 등의 윤곽 기호가 나타납니다.

잠깐만요!

그룹화할 항목을 기준으로 데이터를 정렬하지 않고 부분합을 사용한 경우

그룹화할 항목인 입출고를 기준으로 데이터를 정렬하지 않고 부분합을 사용한 경우에는 다음과 같이 입출고가 다를 때마다 다른 그룹으로 인식하여 수량의 합계가 구해집니다.

	날짜	거래처	입출고	품명	수량
	11월 04일	성원무역	입고	GX-01	210
	11월 05일	공주무역	입고	GX-03	150
			입고 요약		360
	11월 08일	공주무역	출고	GX-03	120
	11월 07일	성원무역	출고	GX-03	100
			출고 요약		220
	11월 07일	공주무역	입고	GX-02	200
			입고 요약		200
	11월 06일	성원무역	출고	GX-02	140
			출고 요약		140
			총합계		920

6 [부분합] 대화상자가 나타나면 **그룹화할 항목(입출고), 사용할 함수(평균), 부분합 계산 항목(수량)을 선택**한 후 **[새로운 값으로 대치]를 선택 해제**한 다음 **[확인] 단추를 클릭**합니다.

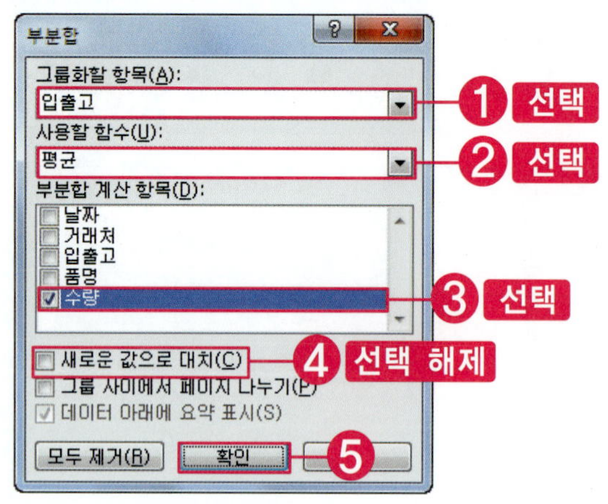

Tip

[새로운 값으로 대치]를 선택하면 기존에 구한 부분합을 제거한 후 새로 구한 부분합이 나타나고, 선택 해제하면 기존에 구한 부분합을 그대로 둔 상태에서 새로 구한 부분합이 기존에 구한 부분합 위에 나타납니다.

7 다음과 같이 입출고별로 수량의 평균이 구해집니다.

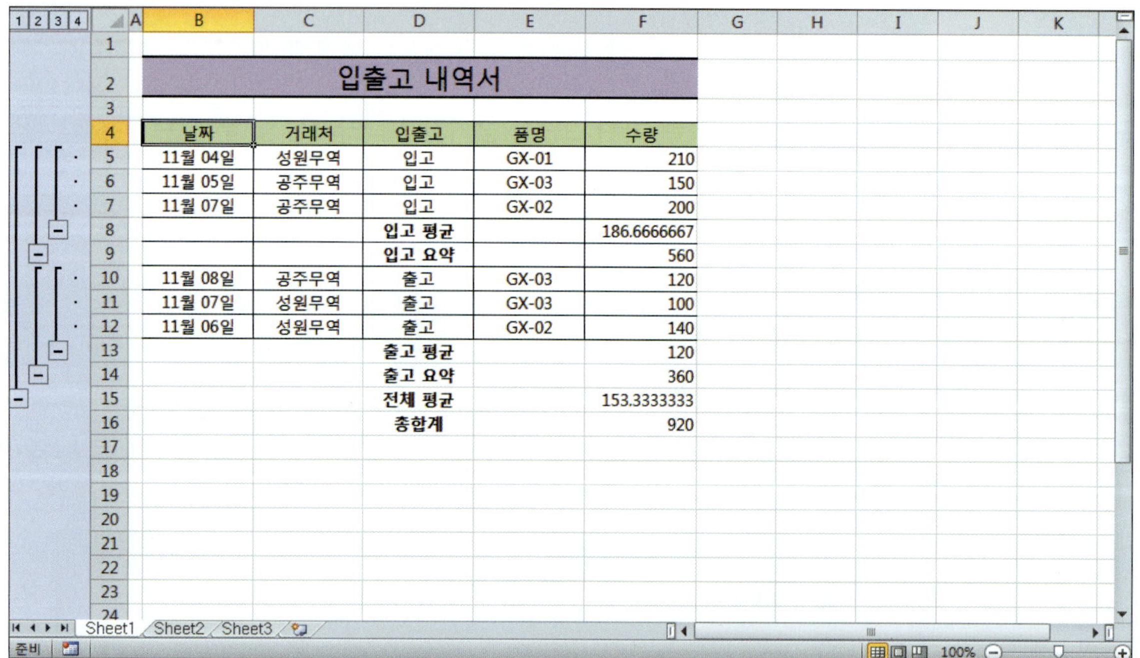

입출고 내역서

날짜	거래처	입출고	품명	수량
11월 04일	성원무역	입고	GX-01	210
11월 05일	공주무역	입고	GX-03	150
11월 07일	공주무역	입고	GX-02	200
		입고 평균		186.6666667
		입고 요약		560
11월 08일	공주무역	출고	GX-03	120
11월 07일	성원무역	출고	GX-03	100
11월 06일	성원무역	출고	GX-02	140
		출고 평균		120
		출고 요약		360
		전체 평균		153.3333333
		총합계		920

1 윤곽 기호에서 3 을 클릭합니다.

2 다음과 같이 입고 평균, 입고 요약, 출고 평균, 출고 요약, 전체 평균, 총합계 만 표시됩니다.

Tip

- 윤곽 기호에서 1 을 클릭하면 전체 평균과 총합계만 표시되고, 2 를 클릭하면 입고 요약, 출고 요약, 전체 평균, 총합계만 표시됩니다.
- [데이터] 탭–[윤곽선] 그룹에서 [그룹 해제]의 ▾[목록] 단추를 클릭한 후 [윤곽 지우기]를 클릭하면 윤곽 기호를 제거할 수 있습니다.

01 다음과 같이 문서를 작성한 후 품목명을 기준으로 오름차순 정렬, 품목명이 같으면 이익금액을 기준으로 내림차순 정렬해 보세요.

- **열 너비** : A열(1), B:F열(9), G:H열(12)
- **B2:H2셀 범위** : 글꼴 크기(18), [병합하고 가운데 맞춤], 채우기 색(황록색, 강조 3, 60% 더 밝게)
- **B4:H4셀 범위** : [가운데 맞춤], 채우기 색(자주, 강조 4, 60% 더 밝게)
- **B5:C9셀 범위** : [가운데 맞춤]
- **D5:H9셀 범위** : , [쉼표 스타일]
- **거래금액** : 출고가×출고량
- **이익금액** : 거래금액−입고가×출고량

품목코드	품목명	입고가	출고가	출고량	거래금액	이익금액
SS-213	스캐너	385,000	450,000	32	14,400,000	2,080,000
SS-214	스캐너	390,000	475,000	54	25,650,000	4,590,000
PT-202	프린터	160,000	195,000	28	5,460,000	980,000
PT-203	프린터	190,000	231,000	33	7,623,000	1,353,000
SS-215	스캐너	437,000	549,000	48	26,352,000	5,376,000

거래 이익금 현황

품목코드	품목명	입고가	출고가	출고량	거래금액	이익금액
SS-215	스캐너	437,000	549,000	48	26,352,000	5,376,000
SS-214	스캐너	390,000	475,000	54	25,650,000	4,590,000
SS-213	스캐너	385,000	450,000	32	14,400,000	2,080,000
PT-203	프린터	190,000	231,000	33	7,623,000	1,353,000
PT-202	프린터	160,000	195,000	28	5,460,000	980,000

02 다음과 같이 품목코드를 기준으로 SS-213, SS-214, SS-215, PT-202, PT-203 순으로 정렬해 보세요.

거래 이익금 현황

품목코드	품목명	입고가	출고가	출고량	거래금액	이익금액
SS-213	스캐너	385,000	450,000	32	14,400,000	2,080,000
SS-214	스캐너	390,000	475,000	54	25,650,000	4,590,000
SS-215	스캐너	437,000	549,000	48	26,352,000	5,376,000
PT-202	프린터	160,000	195,000	28	5,460,000	980,000
PT-203	프린터	190,000	231,000	33	7,623,000	1,353,000

03 다음과 같이 품목명별로 출고량의 평균과 이익금액의 합계를 구해 보세요.

품목코드	품목명	입고가	출고가	출고량	거래금액	이익금액
					거래 이익금 현황	
SS-213	스캐너	385,000	450,000	32	14,400,000	2,080,000
SS-214	스캐너	390,000	475,000	54	25,650,000	4,590,000
SS-215	스캐너	437,000	549,000	48	26,352,000	5,376,000
	스캐너 평균			45		
	스캐너 요약					12,046,000
PT-202	프린터	160,000	195,000	28	5,460,000	980,000
PT-203	프린터	190,000	231,000	33	7,623,000	1,353,000
	프린터 평균			31		
	프린터 요약					2,333,000
	전체 평균			39		
	총합계					14,379,000

04 다음과 같이 윤곽 기호를 제거해 보세요.

품목코드	품목명	입고가	출고가	출고량	거래금액	이익금액
					거래 이익금 현황	
SS-213	스캐너	385,000	450,000	32	14,400,000	2,080,000
SS-214	스캐너	390,000	475,000	54	25,650,000	4,590,000
SS-215	스캐너	437,000	549,000	48	26,352,000	5,376,000
	스캐너 평균			45		
	스캐너 요약					12,046,000
PT-202	프린터	160,000	195,000	28	5,460,000	980,000
PT-203	프린터	190,000	231,000	33	7,623,000	1,353,000
	프린터 평균			31		
	프린터 요약					2,333,000
	전체 평균			39		
	총합계					14,379,000

Hint

[데이터] 탭–[윤곽선] 그룹에서 [그룹 해제]의 ▾[목록] 단추를 클릭한 후 [윤곽 지우기]를 클릭합니다.

Chapter 10

자동 필터와 고급 필터 사용하기

많은 데이터 중에서 원하는 데이터만 표시하는 작업을 '필터링' 이라고 하고, 필터링을 하기 위해 지정한 조건을 '필터' 라고 합니다. 엑셀에서는 자동 필터나 고급 필터를 사용하면 필터링을 할 수 있습니다. 자동 필터는 필터 목록을 사용하여 필터링을 하고, 고급 필터는 조건을 입력하여 필터링을 합니다.

Step · 01　자동 필터 사용하기

1 **엑셀을 실행**한 후 **다음과 같이 문서를 작성**합니다.

- **열 너비** : A열(1), B열(9), C열(30), D:F열(11)
- **B2:F2셀 범위** : 글꼴 크기(18), ▦[병합하고 가운데 맞춤], 채우기 색(파랑, 강조 1, 60% 더 밝게)
- **B4:F4셀 범위** : 틀[가운데 맞춤], 채우기 색(바다색, 강조 5, 60% 더 밝게)
- **B5:F14셀 범위** : 틀[가운데 맞춤]

	A	B	C	D	E	F	G	H
1								
2			문화유산-국보					
3								
4		지정번호	명칭	분류	시대	소재지		
5		1	서울 숭례문	성곽시설	조선	서울 중구		
6		2	서울 원각사지 십층석탑	탑	조선	서울 종로구		
7		3	서울 북한산 신라 진흥왕 순수비	비	신라	서울 용산구		
8		4	여주 고달사지 승탑	탑		경기 여주군		
9		5	보은 법주사 쌍사자 석등	석등	통일신라	충북 보은군		
10		6	충주 탑평리 칠층석탑	탑	통일신라	충북 충주시		
11		7	천안 봉선홍경사 갈기비	비	고려	충남 천안시		
12		8	보령 성주사지 낭혜화상탑비	비	통일신라	충남 보령시		
13		9	부여 정림사지 오층석탑	탑	백제	충남 부여군		
14		10	남원 실상사 백장암 삼층석탑	탑	통일신라	전북 남원시		
15								
16								
17								
18								
19								

2 자동 필터를 사용하기 위해 **B4셀을 선택**한 후 [데이터] 탭–[정렬 및 필터] 그룹에서 **[필터]를 클릭**합니다.

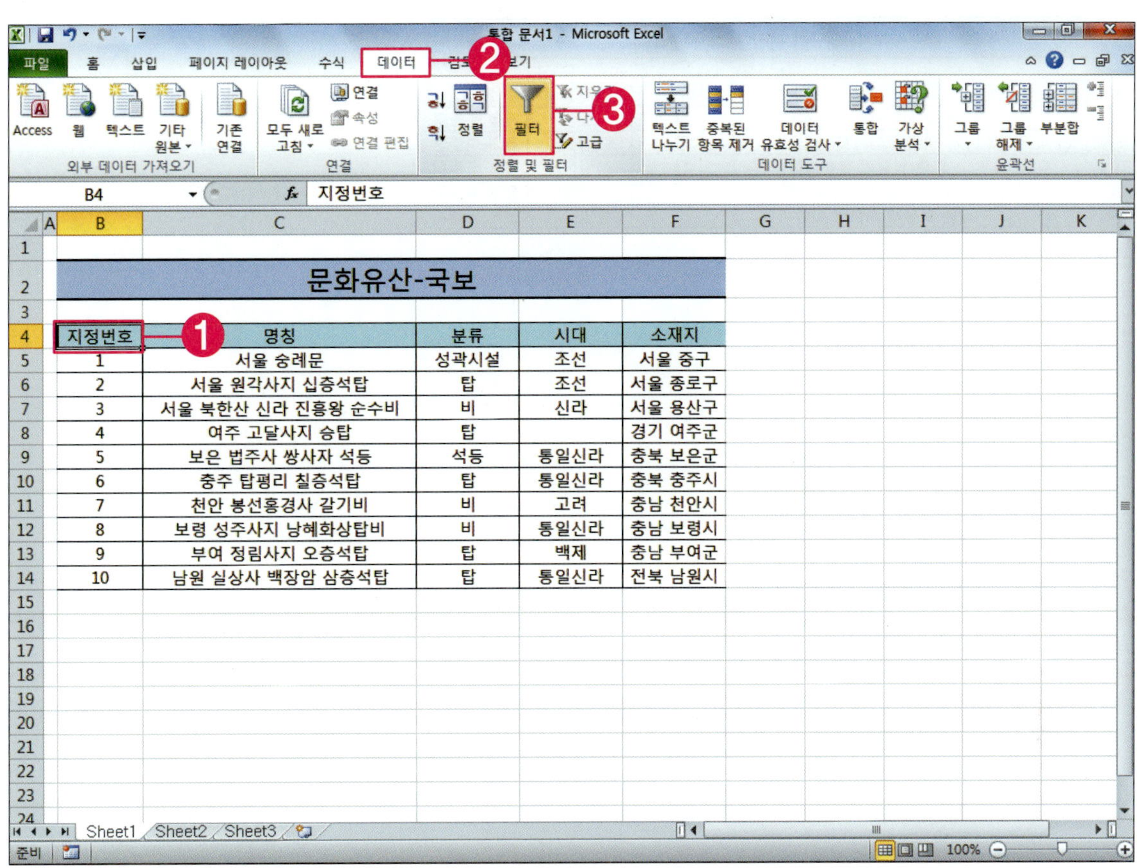

3 분류가 '탑' 인 데이터만 표시하기 위해 **[분류] 필드의** ▼**[필터 목록] 단추를 클릭**합니다. 그런 다음 **[모두 선택]을 선택 해제**한 후 **[탑]을 선택**한 다음 **[확인] 단추를 클릭**합니다.

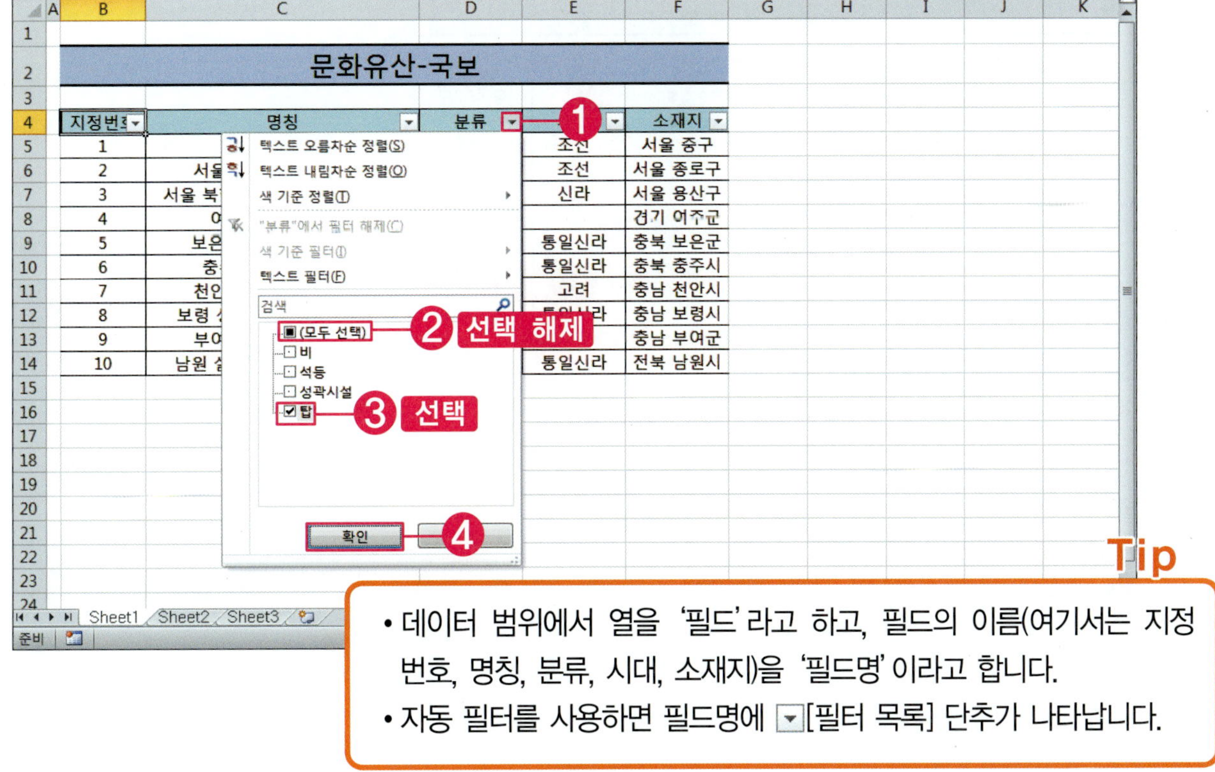

4 다음과 같이 분류가 '탑'인 데이터만 표시됩니다.

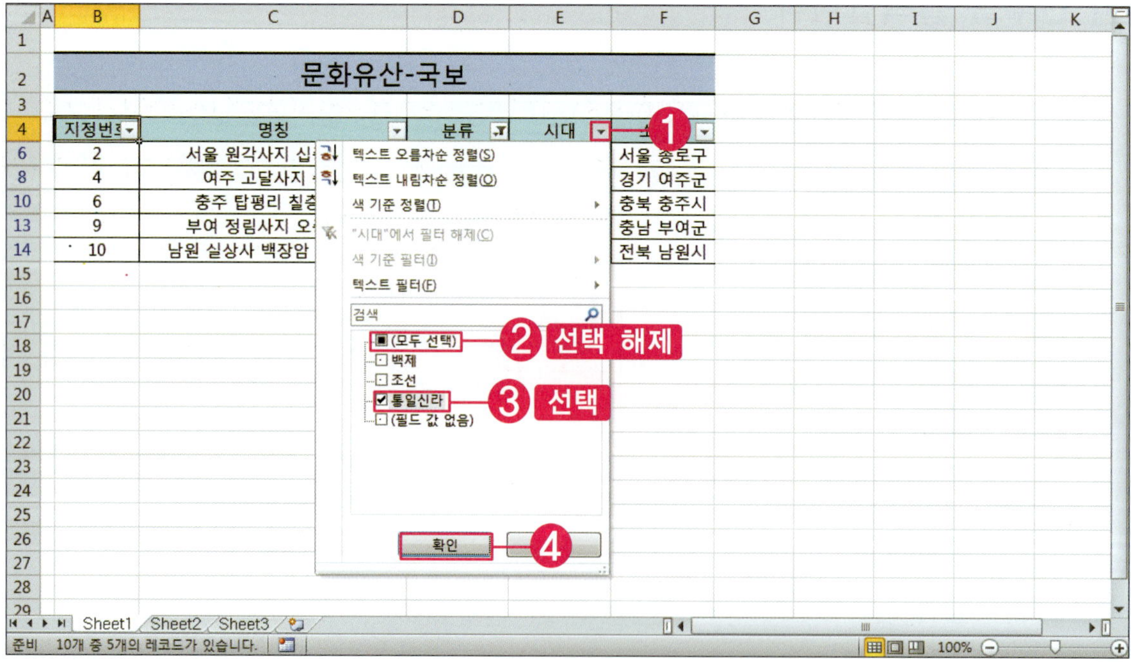

Tip

필터링을 하면 해당 필드의 ▼[필터 목록] 단추가 ☑ 모양으로 변경되고, 행 번호도 파란색으로 변경됩니다.

5 분류가 '탑'이면서 시대가 '통일신라'인 데이터만 표시하기 위해 [시대] 필드의 ▼[필터 목록] 단추를 클릭합니다. 그런 다음 [모두 선택]을 선택 해제한 후 [통일신라]를 선택한 다음 [확인] 단추를 클릭합니다.

6 다음과 같이 분류가 '탑'이면서 시대가 '통일신라'인 데이터만 표시됩니다.

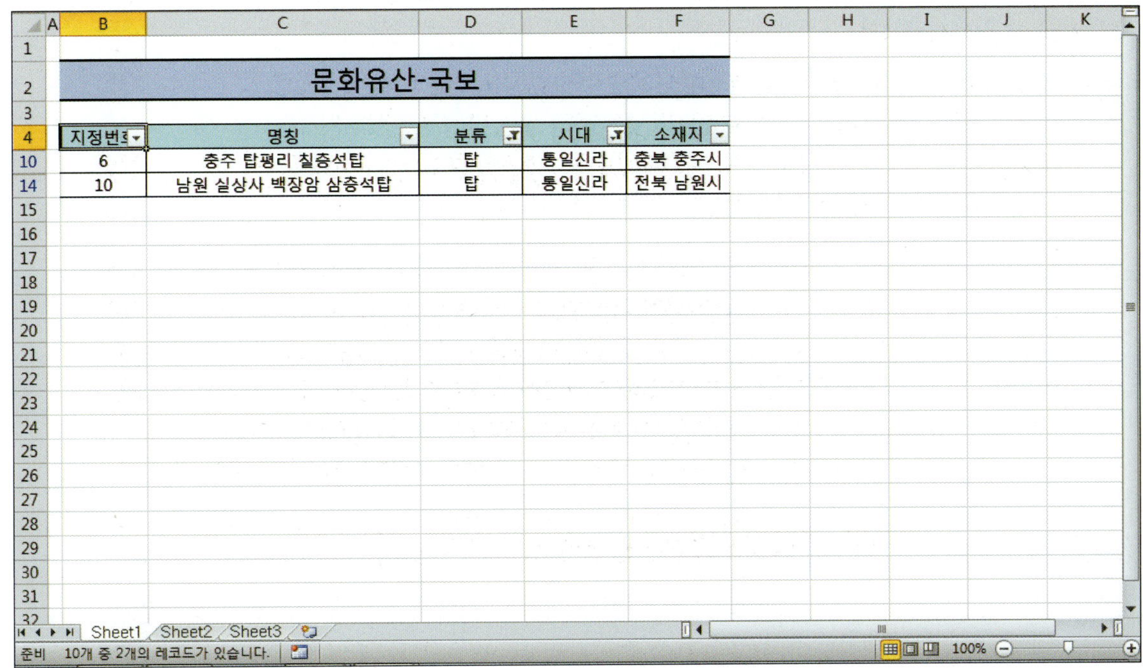

7 자동 필터에 지정되어 있는 조건을 모두 지우기 위해 [데이터] 탭-[정렬 및 필터] 그룹에서 **[지우기]를 클릭**합니다.

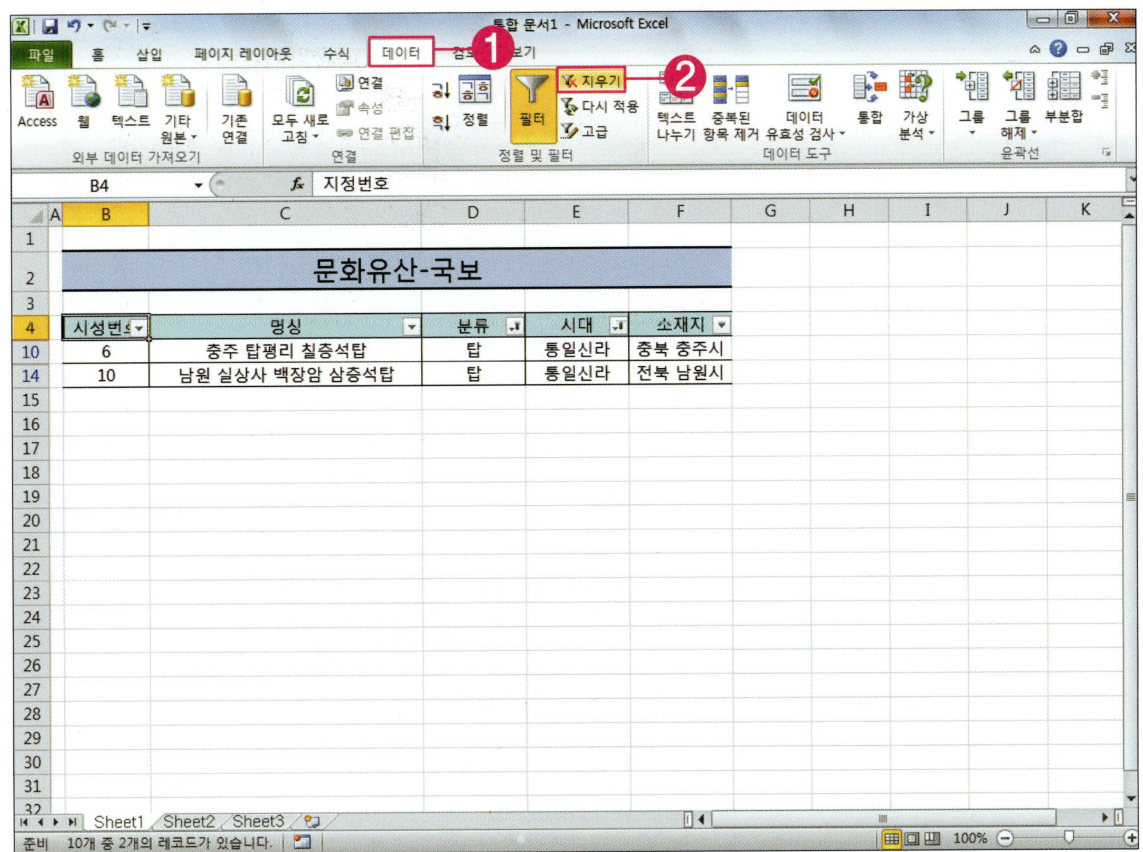

8 다음과 같이 모든 데이터가 표시됩니다.

지정번호	명칭	분류	시대	소재지
	문화유산-국보			
1	서울 숭례문	성곽시설	조선	서울 중구
2	서울 원각사지 십층석탑	탑	조선	서울 종로구
3	서울 북한산 신라 진흥왕 순수비	비	신라	서울 용산구
4	여주 고달사지 승탑	탑		경기 여주군
5	보은 법주사 쌍사자 석등	석등	통일신라	충북 보은군
6	충주 탑평리 칠층석탑	탑	통일신라	충북 충주시
7	천안 봉선홍경사 갈기비	비	고려	충남 천안시
8	보령 성주사지 낭혜화상탑비	비	통일신라	충남 보령시
9	부여 정림사지 오층석탑	탑	백제	충남 부여군
10	남원 실상사 백장암 삼층석탑	탑	통일신라	전북 남원시

지우기와 필터 해제

여러 필드에 조건이 지정되어 있는 경우, [데이터] 탭–[정렬 및 필터] 그룹에 있는 [지우기]는 여러 필드에 지정되어 있는 조건을 모두 지우고, 필터 목록에 있는 [필터 해제]는 다음과 같이 해당 필드에 지정되어 있는 조건만 지웁니다.

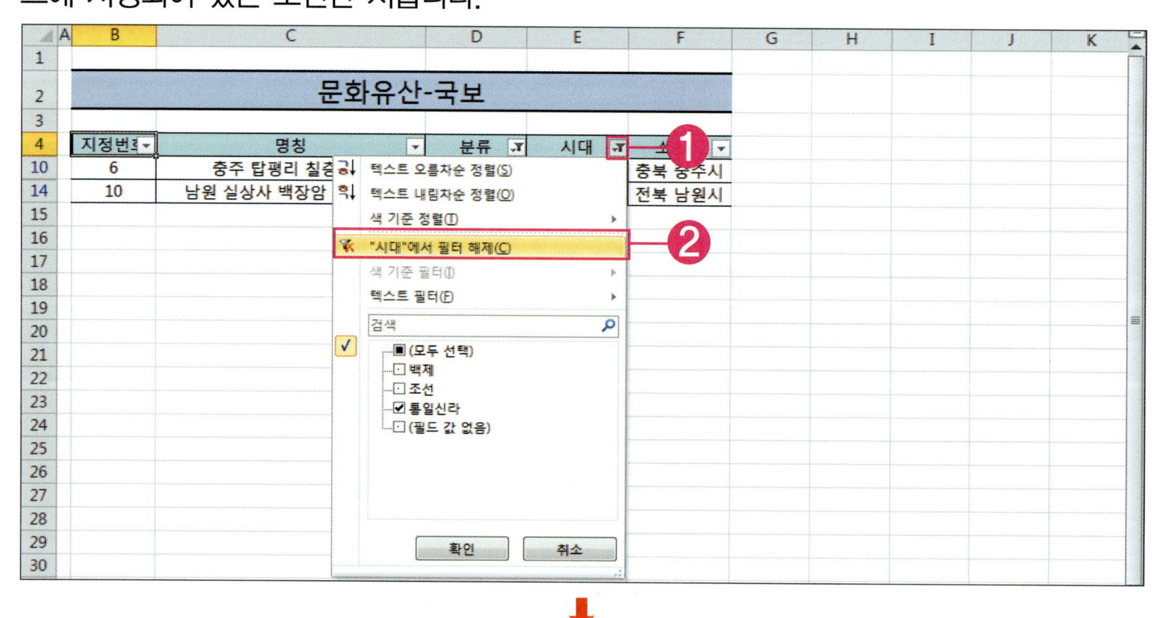

지정번호	명칭	분류	시대	소재지
	문화유산-국보			
2	서울 원각사지 십층석탑	탑	조선	서울 종로구
4	여주 고달사지 승탑	탑		경기 여주군
6	충주 탑평리 칠층석탑	탑	통일신라	충북 충주시
9	부여 정림사지 오층석탑	탑	백제	충남 부여군
10	남원 실상사 백장암 삼층석탑	탑	통일신라	전북 남원시

1 시대가 '신라'로 끝나는 데이터만 표시하기 위해 [시대] 필드의 ▼[필터 목록] 단추를 클릭한 후 [텍스트 필터]-[끝 문자]를 클릭합니다.

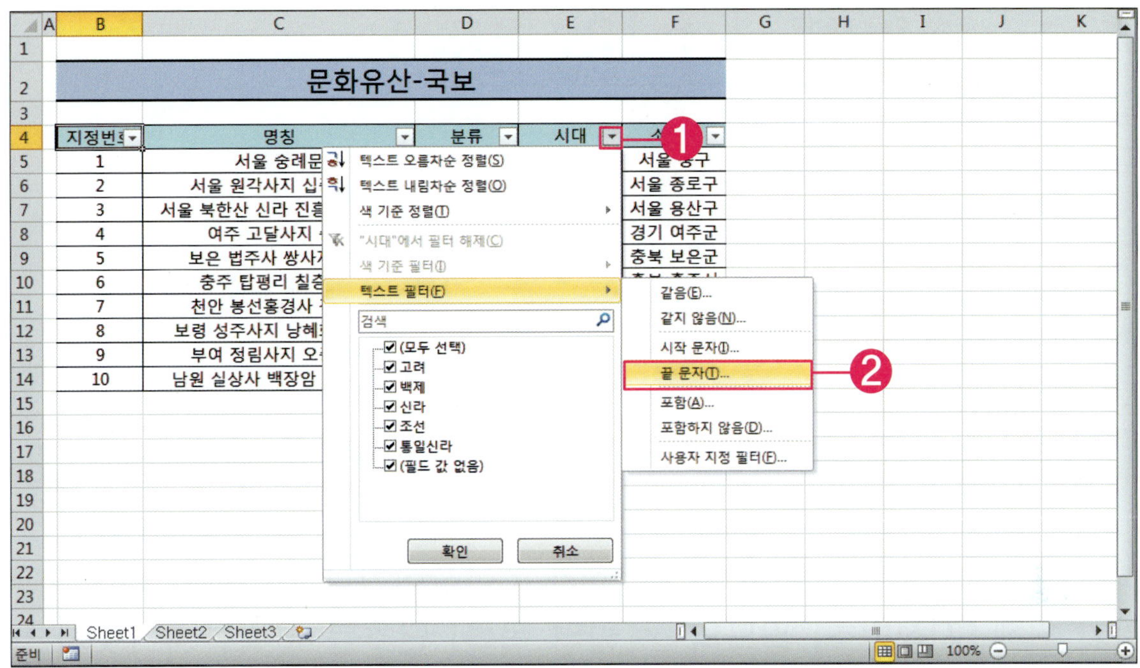

Tip

필드에 있는 데이터에 따라 필터 목록이 다르게 나타납니다. 필드에 있는 데이터가 문자 데이터이면 시작 문자, 끝 문자, 포함, 포함하지 않음 등의 텍스트 필터 목록이 나타나고, 숫자 데이터이면 보다 큼, 크거나 같음, 보다 작음, 작거나 같음 등의 숫자 필터 목록이 나타나며 날짜 데이터이면 이전, 이후, 내일, 오늘, 어제 등의 날짜 필터 목록이 나타납니다.

2 [사용자 지정 자동 필터] 대화상자가 나타나면 **끝 문자(신라)를 입력**한 후 [확인] 단추를 클릭합니다.

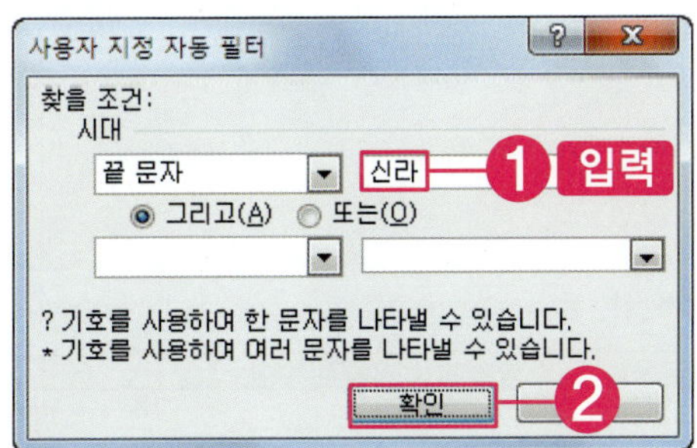

3 다음과 같이 시대가 '신라'로 끝나는 데이터만 표시됩니다.

4 시대가 '신라'로 끝나면서 지정번호가 8 이상이거나 3 이하인 데이터만 표시하기 위해 [지정번호] 필드의 ⊡[필터 목록] 단추를 클릭한 후 [숫자 필터]-[사용자 지정 필터]를 클릭합니다.

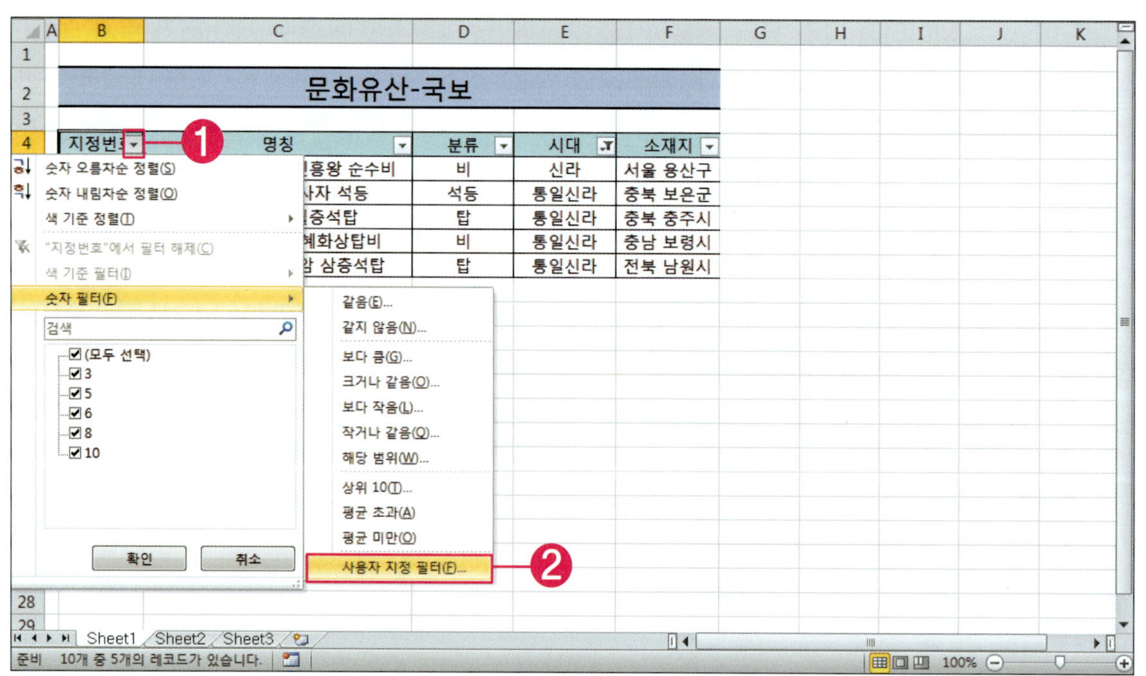

Tip

사용자 지정 필터는 조건을 직접 지정하여 필터링을 할 수 있는 자동 필터입니다.

5 [사용자 지정 자동 필터] 대화상자가 나타나면 **다음과 같이 조건을 지정**한 후 **[확인] 단추를 클릭**합니다.

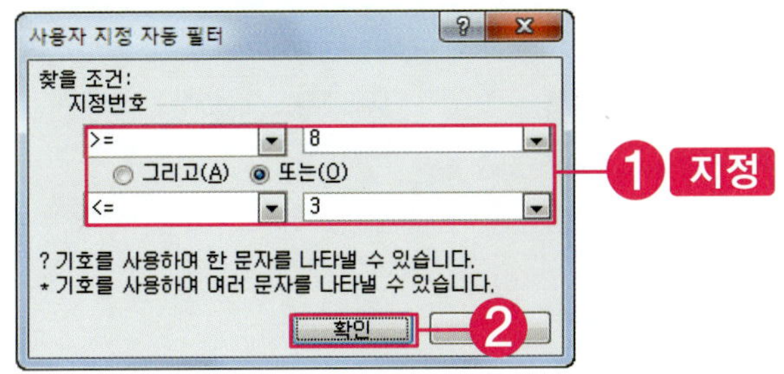

Tip

> '그리고'는 AND 조건으로 두 조건을 모두 만족해야 하는 경우에 선택하고, '또는'은 OR 조건으로 두 조건 중에서 하나라도 만족하면 되는 경우에 선택합니다.

6 다음과 같이 시대가 '신라'로 끝나면서 지정번호가 8 이상이거나 3 이하인 데이터만 표시됩니다.

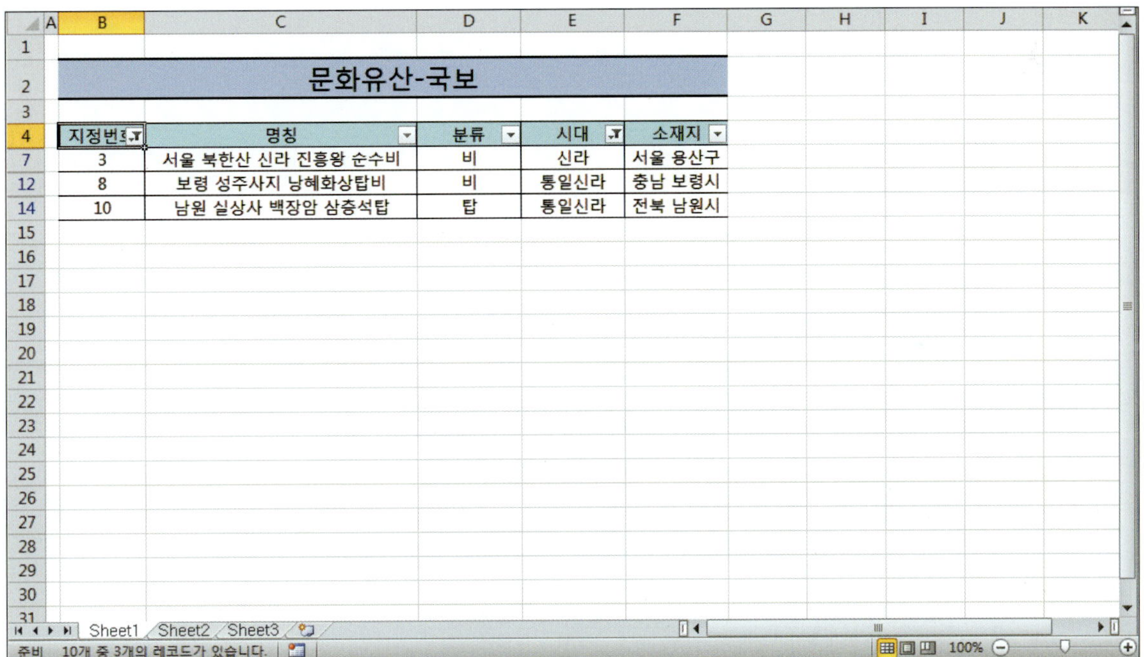

지정번호	명칭	분류	시대	소재지
	문화유산-국보			
3	서울 북한산 신라 진흥왕 순수비	비	신라	서울 용산구
8	보령 성주사지 낭혜화상탑비	비	통일신라	충남 보령시
10	남원 실상사 백장암 삼층석탑	탑	통일신라	전북 남원시

자동 필터를 해제하기 위해 [데이터] 탭-[정렬 및 필터] 그룹에서 **[필터]**를 클릭합니다.

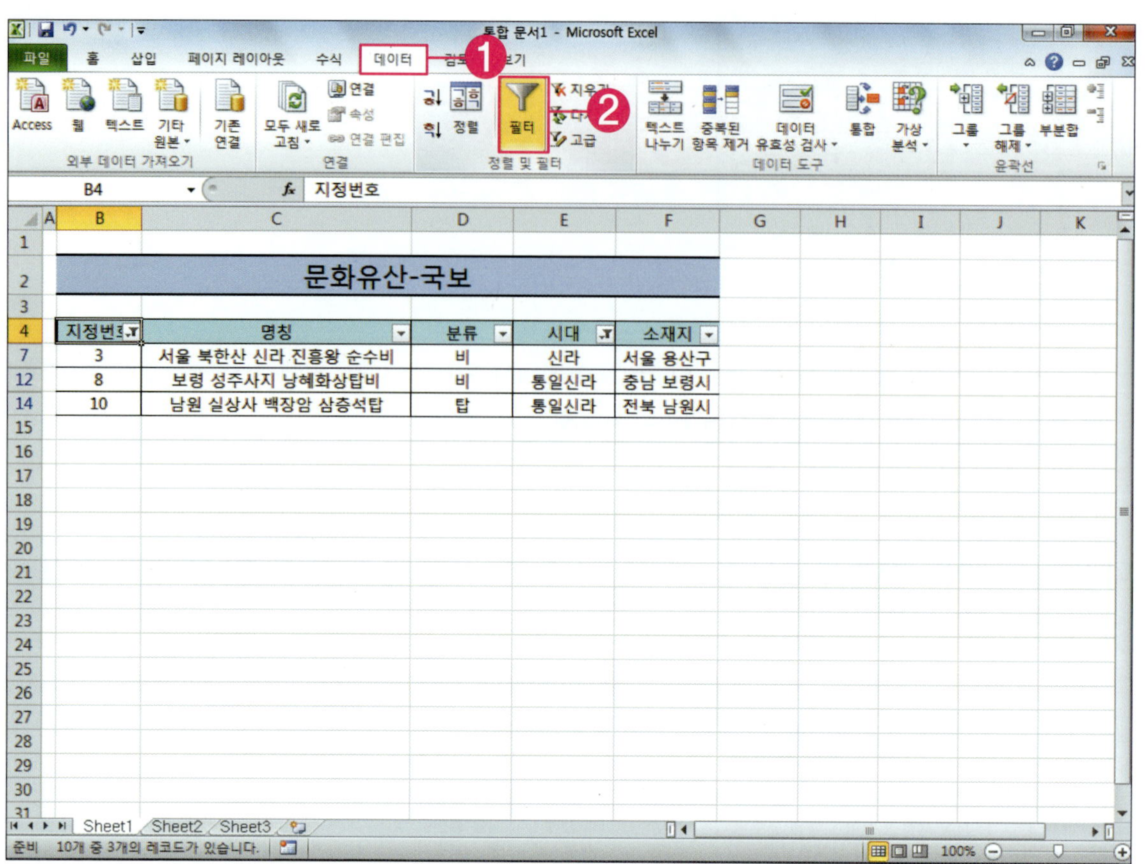

다음과 같이 자동 필터가 해제됩니다.

지정번호	명칭	분류	시대	소재지
1	서울 숭례문	성곽시설	조선	서울 중구
2	서울 원각사지 십층석탑	탑	조선	서울 종로구
3	서울 북한산 신라 진흥왕 순수비	비	신라	서울 용산구
4	여주 고달사지 승탑	탑		경기 여주군
5	보은 법주사 쌍사자 석등	석등	통일신라	충북 보은군
6	충주 탑평리 칠층석탑	탑	통일신라	충북 충주시
7	천안 봉선홍경사 갈기비	비	고려	충남 천안시
8	보령 성주사지 낭혜화상탑비	비	통일신라	충남 보령시
9	부여 정림사지 오층석탑	탑	백제	충남 부여군
10	남원 실상사 백장암 삼층석탑	탑	통일신라	전북 남원시

Tip

자동 필터를 해제하면 모든 데이터가 표시됩니다.

1 필드명을 복사하기 위해 **D4:E4셀 범위를 선택**한 후 [홈] 탭-[클립보드] 그룹에서 [복사]를 클릭합니다. 그런 다음 **H4셀을 선택**한 후 [홈] 탭-[클립보드] 그룹에서 **[붙여넣기]를 클릭**합니다.

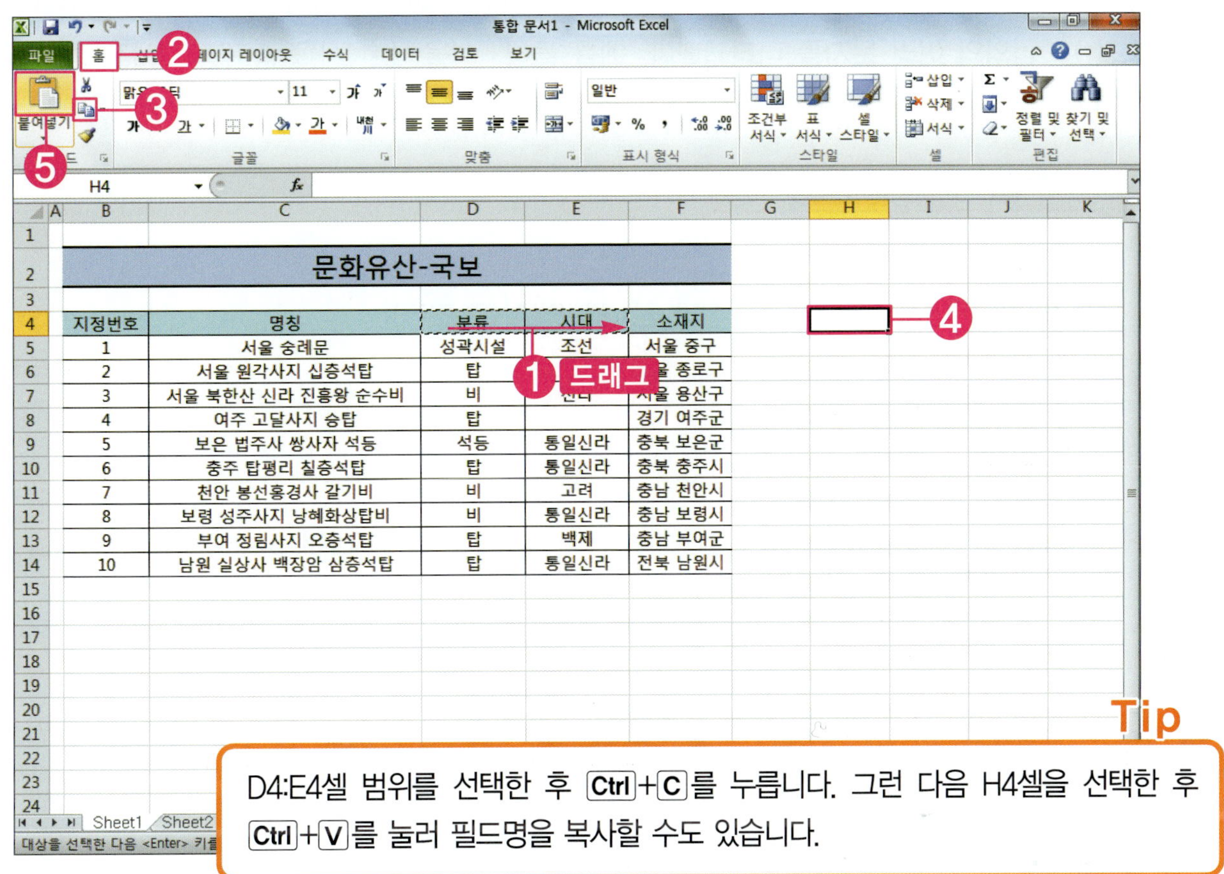

Tip

D4:E4셀 범위를 선택한 후 Ctrl+C 를 누릅니다. 그런 다음 H4셀을 선택한 후 Ctrl+V 를 눌러 필드명을 복사할 수도 있습니다.

2 필드명이 복사되면 **H5셀에 '탑', I6셀에 '조선'을 입력**합니다.

지정번호	명칭	분류	시대	소재지		분류	시대
1	서울 숭례문	성곽시설	조선	서울 중구		탑	
2	서울 원각사지 십층석탑	탑	조선	서울 종로구			조선
3	서울 북한산 신라 진흥왕 순수비	비	신라	서울 용산구			
4	여주 고달사지 승탑	탑		경기 여주군			
5	보은 법주사 쌍사자 석등	석등	통일신라	충북 보은군			
6	충주 탑평리 칠층석탑	탑	통일신라	충북 충주시			
7	천안 봉선홍경사 갈기비	비	고려	충남 천안시			
8	보령 성주사지 낭혜화상탑비	비	통일신라	충남 보령시			
9	부여 정림사지 오층석탑	탑	백제	충남 부여군			
10	남원 실상사 백장암 삼층석탑	탑	통일신라	전북 남원시			

문화유산-국보

입력

Tip

고급 필터를 사용하려면 먼저 조건을 해당하는 필드명과 함께 입력해야 합니다. 그런데 데이터에 있는 필드명과 조건에 있는 필드명이 서로 달라 필터링이 제대로 안 되는 경우가 있습니다. 예를 들어 '분류'를 '분루'와 같이 잘못 입력하거나 '분류 '와 같이 공백을 입력한 경우입니다. 조건을 입력할 때 필드명을 직접 입력하지 않고 데이터에 있는 필드명을 복사하면 이런 실수를 미연에 방지할 수 있습니다.

조건 입력하기

같은 행에 조건을 입력하면 AND 조건으로 입력한 조건을 모두 만족하는 데이터만 표시하고, 다른 행에 조건을 입력하면 OR 조건으로 입력한 조건 중에서 하나라도 만족하면 해당 데이터를 표시합니다.

- **물음표(?)** : 임의의 한 문자를 나타냅니다. 예를 들어 '충????시'는 '충북 충주시'나 '충남 천안시' 등 첫 번째 문자가 '충'이고 여섯 번째 문자가 '시'인 여섯 문자의 데이터를 의미합니다.
- **별표(*)** : 임의의 여러 문자를 나타냅니다. 예를 들어 '서울*'는 '서울 중구'나 '서울 종로구' 등 '서울'로 시작하는 데이터를 의미합니다.

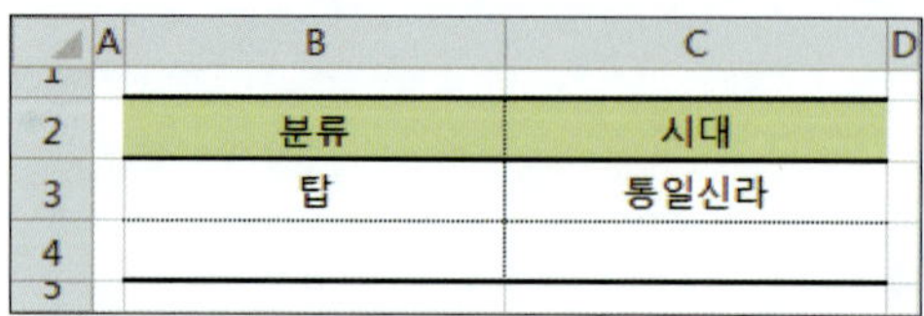

▲ 분류가 '탑'이면서 시대가 '통일신라'인 데이터(AND 조건)

▲ 소재지의 첫 번째 문자가 '서'이고 다섯 번째 문자가 '구'인 다섯 문자의 데이터이거나 소재지가 '군'으로 끝나는 데이터(OR 조건)

3 고급 필터를 사용하기 위해 **B4셀을 선택**한 후 [데이터] 탭-[정렬 및 필터] 그룹에서 **[고급]**을 클릭합니다.

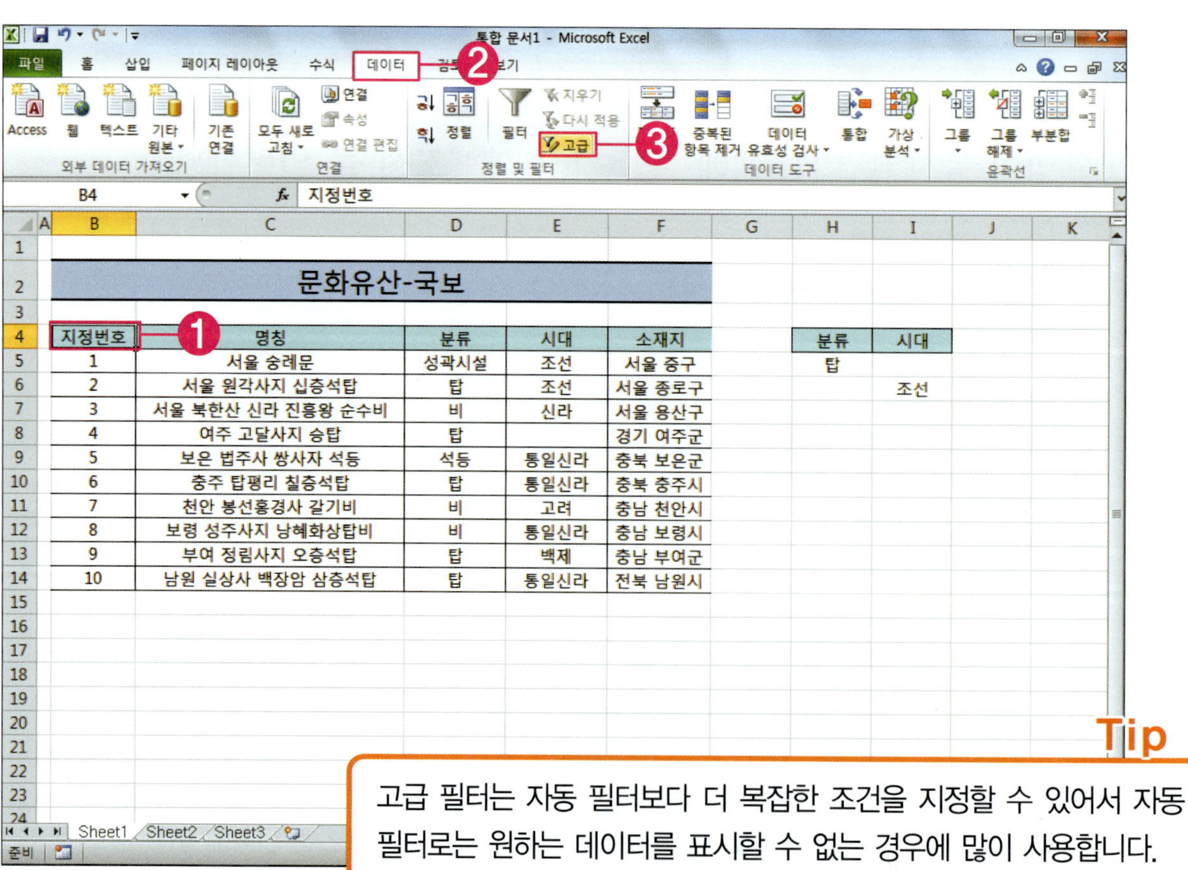

> **Tip**
> 고급 필터는 자동 필터보다 더 복잡한 조건을 지정할 수 있어서 자동 필터로는 원하는 데이터를 표시할 수 없는 경우에 많이 사용합니다.

4 [고급 필터] 대화상자가 나타나면 **[현재 위치에 필터]**를 선택한 후 **목록 범위($B$4:$F$14)**와 **조건 범위($H$4:$I$6)**를 입력한 다음 **[확인]** 단추를 클릭합니다.

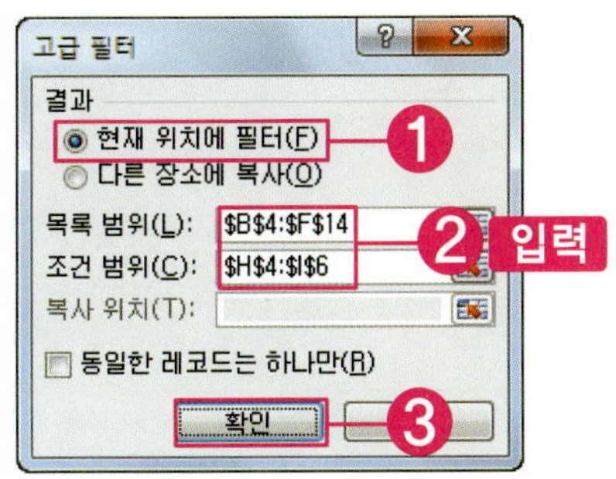

Tip

목록 범위는 데이터가 있는 셀 범위(B4:F14셀 범위)이고, 조건 범위는 조건이 있는 셀 범위(H4:I6셀 범위)입니다.

5 다음과 같이 현재 위치에 분류가 '탑'이거나 시대가 '조선'인 데이터만 표시됩니다.

지정번호	명칭	분류	시대	소재지		분류	시대
1	서울 숭례문	성곽시설	조선	서울 중구		탑	
2	서울 원각사지 십층석탑	탑	조선	서울 종로구			조선
4	여주 고달사지 승탑	탑		경기 여주군			
6	충주 탑평리 칠층석탑	탑	통일신라	충북 충주시			
9	부여 정림사지 오층석탑	탑	백제	충남 부여군			
10	남원 실상사 백장암 삼층석탑	탑	통일신라	전북 남원시			

Tip

현재 위치는 데이터가 있는 셀 범위를 말합니다.

6 고급 필터에 지정되어 있는 조건을 모두 지우기 위해 [데이터] 탭-[정렬 및 필터] 그룹에서 **[지우기]를 클릭**합니다.

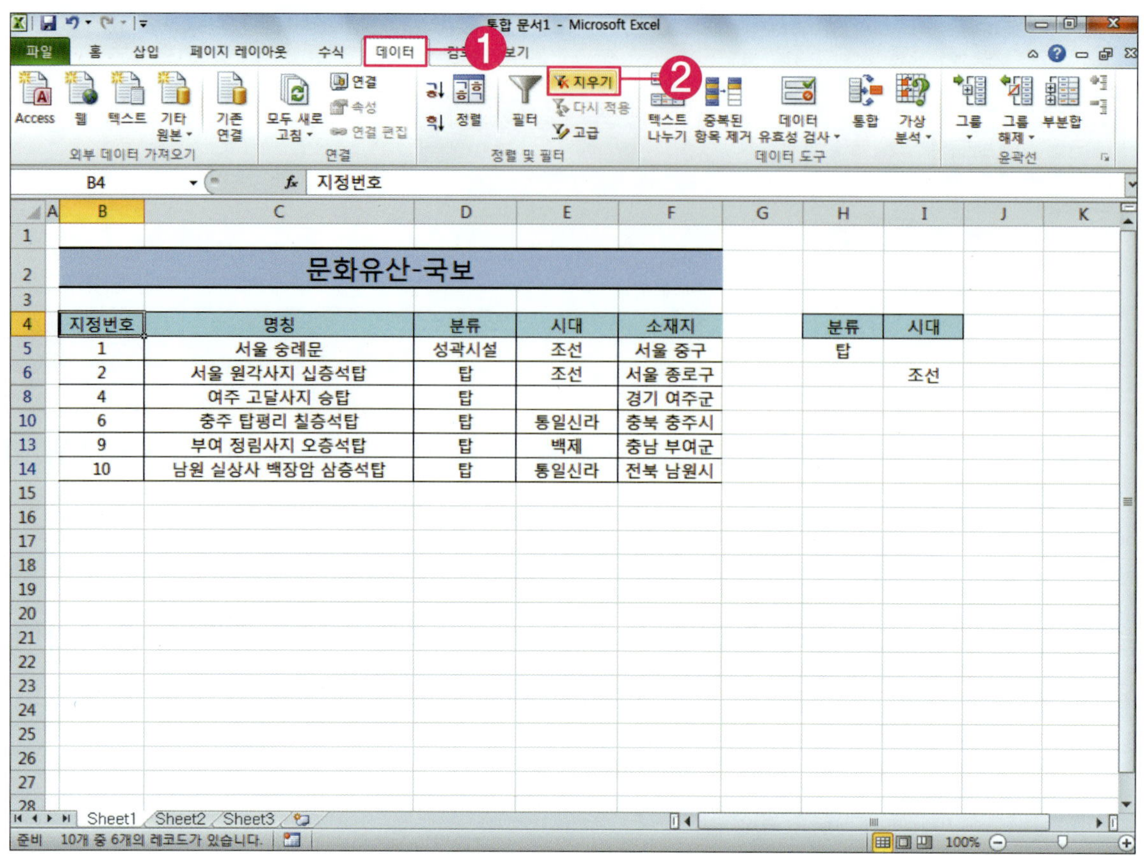

7 다음과 같이 모든 데이터가 표시됩니다.

지정번호	명칭	분류	시대	소재지		분류	시대
	문화유산-국보						
지정번호	명칭	분류	시대	소재지		분류	시대
1	서울 숭례문	성곽시설	조선	서울 중구		탑	
2	서울 원각사지 십층석탑	탑	조선	서울 종로구			조선
3	서울 북한산 신라 진흥왕 순수비	비	신라	서울 용산구			
4	여주 고달사지 승탑	탑		경기 여주군			
5	보은 법주사 쌍사자 석등	석등	통일신라	충북 보은군			
6	충주 탑평리 칠층석탑	탑	통일신라	충북 충주시			
7	천안 봉선홍경사 갈기비	비	고려	충남 천안시			
8	보령 성주사지 낭혜화상탑비	비	통일신라	충남 보령시			
9	부여 정림사지 오층석탑	탑	백제	충남 부여군			
10	남원 실상사 백장암 삼층석탑	탑	통일신라	전북 남원시			

1 다음과 같이 H5:I6셀 범위에 있는 조건을 지운 후 H5:I5셀 범위에 조건을 입력합니다. 그런 다음 고급 필터를 사용하기 위해 **B4셀을 선택**한 후 [데이터] 탭-[정렬 및 필터] 그룹에서 **[고급]을 클릭**합니다.

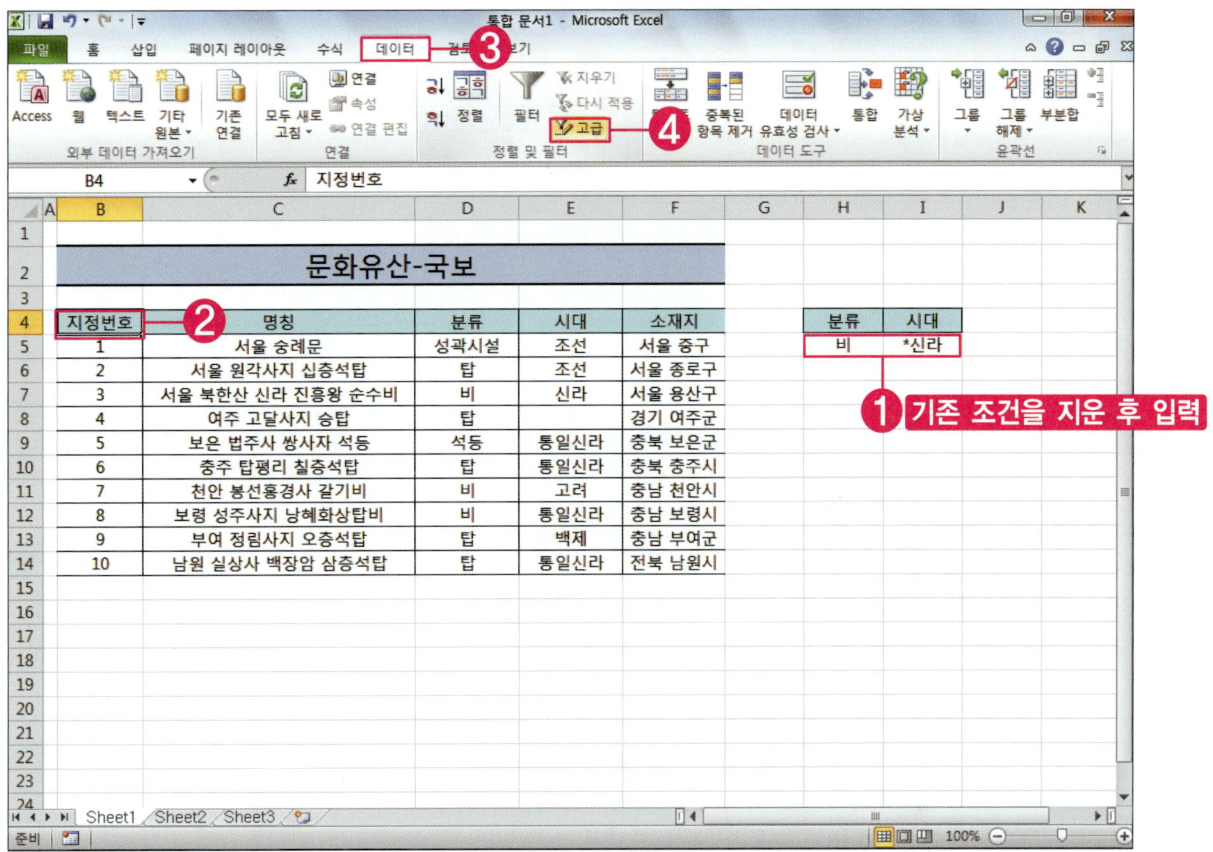

2 [고급 필터] 대화상자가 나타나면 **[다른 장소에 복사]를 선택**한 후 **목록 범위($B$4:$F$14), 조건 범위($H$4:$I$5), 복사 위치($B$16)를 입력**한 다음 **[확인] 단추를 클릭**합니다.

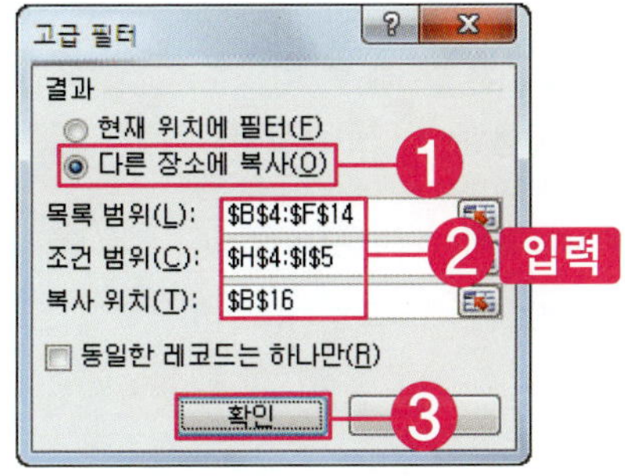

Tip

복사 위치는 원하는 데이터를 복사할 위치(B16셀)로 [다른 위치에 복사]를 선택한 경우에만 활성화 됩니다. 자동 필터는 원하는 데이터를 현재 위치에만 표시할 수 있지만 고급 필터는 다른 위치에도 표시할 수 있습니다.

3 다음과 같이 다른 위치에 분류가 '비'이면서 시대가 '신라'로 끝나는 데이터 만 표시됩니다.

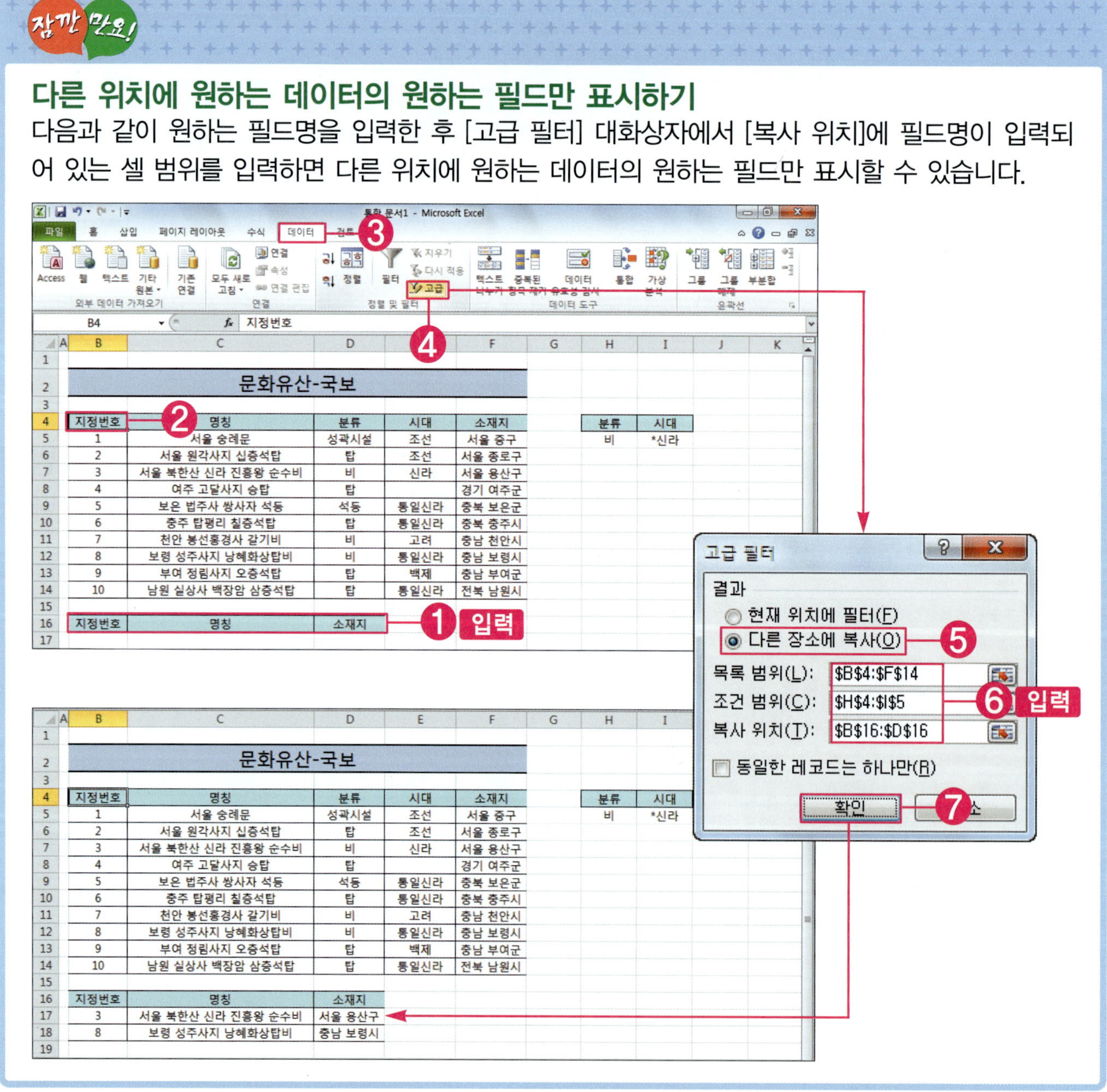

잠깐만요!

다른 위치에 원하는 데이터의 원하는 필드만 표시하기

다음과 같이 원하는 필드명을 입력한 후 [고급 필터] 대화상자에서 [복사 위치]에 필드명이 입력되어 있는 셀 범위를 입력하면 다른 위치에 원하는 데이터의 원하는 필드만 표시할 수 있습니다.

01 다음과 같이 문서를 작성한 후 자동 필터를 사용하여 소재지가 '경기 여주군'인 데이터만 표시해 보세요.

- **열 너비** : A열(1), B열(9), C열(30), D:G열(11)
- **B2:G2셀 범위** : 글꼴 크기(18), ▦[병합하고 가운데 맞춤], 채우기 색(자주, 강조 4, 60% 더 밝게)
- **B4:G4셀 범위** : ▦[가운데 맞춤], 채우기 색(진한 파랑, 텍스트 2, 60% 더 밝게)
- **B5:G14셀 범위** : ▦[가운데 맞춤]

지정번호	명칭	지정일	해제일	소재지	시대
	문화유산-보물				
1	서울 흥인지문	1963-01-21		서울 종로구	조선
2	옛 보신각 동종	1963-01-21		서울 용산구	조선
3	서울 원각사지 대원각사비	1963-01-21		서울 종로구	조선
4	안양 중초사지 당간지주	1963-01-21		경기 안양시	통일신라
5	안양 중초사지 삼층석탑	1963-01-21	1997-01-01	경기 안양시	고려
6	여주 고달사지 원종대사탑비	1963-01-21		경기 여주군	고려
7	여주 고달사지 원종대사탑	1963-01-21		경기 여주군	고려
8	여주 고달사지 석조대좌	1963-01-21		경기 여주군	고려
9	용인 서봉사지 현오국사탑비	1963-01-21		경기 용인시	고려
10	강화 장정리 오층석탑	1963-01-21		인천 강화군	고려

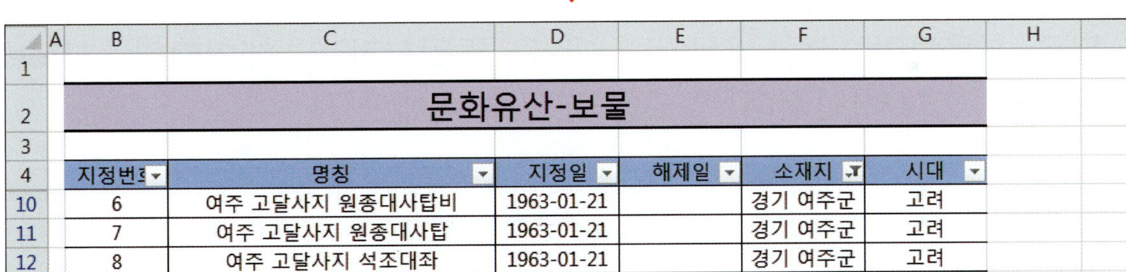

지정번호	명칭	지정일	해제일	소재지	시대
	문화유산-보물				
6	여주 고달사지 원종대사탑비	1963-01-21		경기 여주군	고려
7	여주 고달사지 원종대사탑	1963-01-21		경기 여주군	고려
8	여주 고달사지 석조대좌	1963-01-21		경기 여주군	고려

02 다음과 같이 자동 필터에 지정되어 있는 조건을 모두 지운 후 사용자 지정 자동 필터를 사용하여 지정번호가 9 이상이거나 2 이하인 데이터만 표시해 보세요.

지정번호	명칭	지정일	해제일	소재지	시대
	문화유산-보물				
1	서울 흥인지문	1963-01-21		서울 종로구	조선
2	옛 보신각 동종	1963-01-21		서울 용산구	조선
9	용인 서봉사지 현오국사탑비	1963-01-21		경기 용인시	고려
10	강화 장정리 오층석탑	1963-01-21		인천 강화군	고려

03 다음과 같이 자동 필터를 해제한 후 고급 필터를 사용하여 현재 위치에 명칭이 '비'로 끝나거나 소재지가 '서울'로 시작하는 데이터만 표시해 보세요.

지정번호	명칭	지정일	해제일	소재지	시대		명칭	소재지
1	서울 흥인지문	1963-01-21		서울 종로구	조선		*비	
2	옛 보신각 동종	1963-01-21		서울 용산구	조선			서울*
3	서울 원각사지 대원각사비	1963-01-21		서울 종로구	조선			
6	여주 고달사지 원종대사탑비	1963-01-21		경기 여주군	고려			
9	용인 서봉사지 현오국사탑비	1963-01-21		경기 용인시	고려			

준비 10개 중 5개의 레코드가 있습니다.

04 다음과 같이 고급 필터에 지정되어 있는 조건을 모두 지운 후 고급 필터를 사용하여 다른 위치에 시대가 '통일신라'인 데이터의 [지정번호], [명칭], [소재지], [시대] 필드만 표시해 보세요.

지정번호	명칭	지정일	해제일	소재지	시대		시대
1	서울 흥인지문	1963-01-21		서울 종로구	조선		통일신라
2	옛 보신각 동종	1963-01-21		서울 용산구	조선		
3	서울 원각사지 대원각사비	1963-01-21		서울 종로구	조선		
4	안양 중초사지 당간지주	1963-01-21		경기 안양시	통일신라		
5	안양 중초사지 삼층석탑	1963-01-21	1997-01-01	경기 안양시	고려		
6	여주 고달사지 원종대사탑비	1963-01-21		경기 여주군	고려		
7	여주 고달사지 원종대사탑	1963-01-21		경기 여주군	고려		
8	여주 고달사지 석조대좌	1963-01-21		경기 여주군	고려		
9	용인 서봉사지 현오국사탑비	1963-01-21		경기 용인시	고려		
10	강화 장정리 오층석탑	1963-01-21		인천 강화군	고려		

지정번호	명칭	소재지	시대
4	안양 중초사지 당간지주	경기 안양시	통일신라

Hint
고급 필터를 사용하기 전에 B16:E16셀 범위에 필드명을 입력해야 합니다.

제1강　엑셀 2010 시작하기

문서 작성하기-9페이지

엑셀에서는 데이터(한글, 영문, 숫자 등)를 셀(행과 열이 교차하면서 생긴 영역)에 입력하여 문서를 작성합니다.

제2강　데이터 입력하기

한자 입력하기-23페이지

① 한자로 변환할 한글을 드래그하여 선택한 후 [검토] 탭-[언어] 그룹에서 [한글/한자 변환]을 클릭합니다.
② [한글/한자 변환] 대화상자가 나타나면 한자와 입력 형태를 선택한 후 [변환] 단추를 클릭합니다.

기호 입력하기-25페이지

① 기호가 삽입될 위치에 커서를 둔 후 [삽입] 탭-[기호] 그룹에서 [기호]를 클릭합니다.
② [기호] 대화상자가 나타나면 [기호] 탭에서 글꼴과 하위 집합을 지정한 후 기호를 선택한 다음 [삽입] 단추를 클릭하여 기호가 삽입되면 [닫기] 단추를 클릭합니다.

제3강　셀 서식 지정하기

셀 서식 지정하기-37페이지

셀을 선택한 후 [셀 서식] 대화상자의 해당 탭에서 해당 셀 서식을 지정합니다. [홈] 탭-[글꼴] 그룹에서 ▣[추가 옵션]을 클릭하면 [셀 서식] 대화상자의 [글꼴] 탭, [맞춤] 그룹에서 ▣[추가 옵션]을 클릭하면 [셀 서식] 대화상자의 [맞춤] 탭, [표시 형식] 그룹에서 ▣[추가 옵션]을 클릭하면 [셀 서식] 대화상자의 [표시 형식] 탭이 나타납니다. 테두리 서식을 지정하려면 [셀 서식] 대화상자에서 [테두리] 탭, 채우기 서식을 지정하려면 [셀 서식] 대화상자에서 [채우기] 탭을 클릭하면 됩니다.

제4강　자동 서식과 조건부 서식 지정하고 인쇄하기

셀 스타일 적용하기-51페이지

셀을 선택한 후 [홈] 탭-[스타일] 그룹에서 [셀 스타일]을 클릭한 다음 적용할 셀 스타일을 클릭합니다.

표 서식 지정하기-52페이지

① 셀 범위를 선택한 후 [홈] 탭-[스타일] 그룹에서 [표 서식]을 클릭한 다음 적용할 표 스타일을 클릭합니다.
② [표 서식] 대화상자가 나타나면 [확인] 단추를 클릭합니다.

조건부 서식 지정하기-54페이지

셀 범위를 선택한 후 [홈] 탭-[스타일] 그룹에서 [조건부 서식]을 클릭한 다음 사용할 조건부 서식을 클릭합니다.

인쇄하기-57페이지

① [파일] 탭에서 [인쇄]를 클릭합니다.
② 인쇄 백스테이지 보기로 전환되면 [인쇄] 단추를 클릭합니다.

제5강　수식 알아보기

수식 알아보기-64페이지

엑셀에서 수식은 셀 값을 계산하기 위한 식을 말하며 등호, 함수, 연산자, 참조, 상수로 구성되어 있습니다.

- 등호는 다음 내용이 수식이라는 것을 나타내는 기호입니다.
- 함수는 수식을 손쉽게 입력할 수 있도록 미리 정의되어 있는 수식입니다.
- 연산자는 계산의 종류를 나타내는 기호로 산술 연산자(+, −, *, / 등), 비교 연산자(),)=, <, <= 등), 텍스트 연결 연산자(&) 등이 있습니다.
- A7셀 값이 2인 경우, 셀 주소인 'A7'을 입력하면 A7셀 값인 2를 가져오는데, 이렇게 셀 주소를 사용하여 셀 값을 가져오는 것을 '참조'라고 합니다.
- 상수는 수식에 직접 입력하는 문자나 숫자입니다.

자동 합계 사용하기-73페이지

① 셀을 선택한 후 [수식] 탭-[함수 라이브러리] 그룹에서 [자동 합계]의 ▾[목록] 단추를 클릭한 다음 구하려는 값을 클릭합니다.
② 셀에 함수식이 나타나면 인수를 입력한 후 Enter 를 누릅니다.

함수 마법사 사용하기-76페이지

① 셀을 선택한 후 [수식] 탭-[함수 라이브러리] 그룹에서 [함수 삽입]을 클릭합니다.
② [함수 마법사] 대화상자가 나타나면 범주를 지정한 후 함수를 선택한 다음 [확인] 단추를 클릭합니다.
③ [함수 인수] 대화상자가 나타나면 인수를 입력한 후 [확인] 단추를 클릭합니다.